胡译文 —— 著

复古与自牧

北宋蓝田吕氏家族墓研究

GUANGXI NORMAL UNIVERSITY PRESS
广西师范大学出版社
· 桂林 ·

本研究成果受中央美术学院自主科研项目

《北宋士大夫古器物的研究与实践——以陕西蓝田吕氏家族墓为中心》

资助（项目编号：20KYYB011）

序

　　复古是贯穿中国文学和艺术发展始终的核心问题，北宋是中国复古浪潮的一次高峰。从皇家的礼乐建设到文人间收藏和研究古器的盛行，使复古风尚一时兴起，古器物学家吕大临正是文人的重要代表，并有古器物图谱《考古图》存世。据吕大忠夫人樊氏墓志载述，蓝田吕氏一家数代复古学礼，"宾、祭、婚、丧莫不仿古"。北宋复古问题长期备受学界关注，但囿于实物材料的缺乏，以往研究主要集中在观念层面，2005年陕西蓝田吕氏家族墓的发掘为研究北宋复古观念与实践提供了一个绝佳案例。

　　蓝田吕氏家族墓埋葬了吕大临及吕氏五代嫡系成员，世系清晰，是一次十分难得的考古发现，不仅墓地布局规整、排列有序，而且遗存丰富，并有大量古器和仿古器随葬。胡译文敏锐地洞察到这批考古新材料的重要性，并以复古实践为主题展开讨论，选题具有重要学术价值和前瞻性。从目前考古发掘北宋墓葬的整体情况来看，无论墓地布局还是随葬品，蓝田吕氏家族墓都较为特殊，而如何处理这批材料，则是美术史研究关注的问题。本书正是结合美术史和考古学的研究之作。

以考古材料为基础，从美术史的视角出发，试图回答观念层面恪守古礼的蓝田吕氏如何在具体实践中践行古礼，是胡译文在书中着力解决的问题。她注意到吕氏在墓园布局和墓位排列上追慕先秦昭穆之制，采用竖穴木椁制度，而随葬的仿古器又刻意与三代古礼保持距离，"复古"实为"变古"，正是吕大临"行礼而知变"的具体体现，富有洞见。胡译文关注吕氏墓古器和仿古器铭文的视觉性，同时考虑到蓝田吕氏作为文人的特殊身份，将考古材料置于北宋文人文化和交往中进行讨论，提出吕氏的复古实践既是其家族尊古复礼理想的体现，更寄托着其家族借由学习和追复古礼，修养德行的君子之志，颇有新意。以往美术史关于宋代文人艺术的研究主要聚焦于文人画，运用墓葬遗存探讨文人性的研究则十分有限，本书是在这方面的一次有益探索。

胡译文本科、硕士、博士皆就读于中央美术学院人文学院，硕士和博士阶段随我攻读文化遗产与美术考古以及中国古代物质文化研究。她学术功底扎实，视野开阔，训练有素。本书在她博士论文的基础上修改完成，该论文获得中央美术学院 2021 届优秀博士学位论文，具有学术开拓意义。相信本书的出版将有助于推进北宋复古问题的深入讨论。希望她再接再厉，取得更好成绩。

中央美术学院人文学院教授、博士生导师

贺西林

2022 年 11 月 5 日

目 录

绪 论
古器物学与宋代复古问题

　　2005 年冬，陕西蓝田五里头村北一座古墓被盗掘，出土大批精美瓷器和青铜器。陕西省考古研究院随后对该区域进行抢救性发掘，发现吕氏嫡系家族成员五代人的 29 座墓[1]。墓葬群自南向北横向分为 4 排，排列辈分明确、尊卑有序，其中，M2 墓主为《考古图》作者、北宋礼学家和古器物学家吕大临。墓葬群还出土了多件刻有铭文的古器、仿古器。考古发现公布后，引起了学术界广泛关注，关注点主要集中在墓地主人的特殊身份与墓地布局、随葬品间的对应关系。以往关于吕氏家族礼学和古器物研究的讨论主要集中在观念层面，其家族墓的系统发掘为吕氏复古问题在实践层面的讨论提供了重要契机。在进入吕氏复古实践的讨论之前，需对中国古器物学的发展脉络做简要梳理。

　　从历史传统角度，吕大临《考古图》属于中国古器物学的重要部分，吕氏家族的复古观念和实践自然与这一传统密不可分。北宋的古器物

1　陕西省考古研究院：《陕西蓝田县五里头北宋吕氏家族墓地》，《考古》2010 年第 8 期；陕西省考古研究院、西安市文物保护考古研究院、陕西历史博物馆编著《蓝田吕氏家族墓园》，文物出版社，2018。

学[1]一般被认为是中国考古学[2]的前身,这一传统一直延续到清代。张光直曾明确提出以考古学研究中国历史,有两个十分重要的标志:一个是成书于 1092 年的吕大临《考古图》,它标志着中国传统的古器物学的开始;一个是 1920 年中国石器时代遗址的首次确认,它揭开了中国科学考古研究的序幕。[3] 尽管古器物学和考古学在研究方法和目的等方面截然不同,但在研究对象上多有重合,因此将吕氏家族墓放在整个中国古器物学的学术研究脉络下进行讨论,既为吕氏复古的讨论设定了明确的基调,又有利于反思吕氏复古实践在整个中国古器物学发展中的位置和意义。

传统: 中国古器物学

古器物学建立在收藏的基础上。据考古发现,商代人已经开始收藏前代器物,如妇好墓随葬品中发现的新石器时代玉器[4]应为妇好的生前收藏。西汉时偶有古器出土,多被视为宝物。《汉书》记载汉武帝曾得鼎于汾水上,时人视之为祥瑞,武帝因而改元为"元鼎"。[5]南北朝至隋唐,古器出土较前代频繁,亦见于时人收藏,南朝梁刘之遴"好古爱奇,在荆州聚古器数十百种……又献古器四种于东宫"[6];唐代韦述"家聚书至二万卷""兼古今朝臣图、历代知名人画,魏、晋以来草隶真迹数百卷,古碑、古器、药方、格式、钱谱、玺谱之类,当代名公

---

1 一般称金石学,因本书基本不涉及碑石的讨论,故称为古器物学。

2 考古学的主要研究对象为人类社会的实物遗存,包括遗迹和遗物,摘自《中国大百科全书》总编委会《中国大百科全书》编辑部编《中国大百科全书:精华本》,中国大百科全书出版社,2002,第 2162—2164 页。

3 张光直:《考古学和中国历史学》,陈星灿译,《考古与文物》1995 年第 3 期,第 1 页。

4 中国社会科学院考古研究所编著《殷墟妇好墓》,文物出版社,1980。

5 〔汉〕班固撰,〔唐〕颜师古注《汉书》卷六《武帝纪》,中华书局,1962,第 182 页。

6 〔唐〕姚思廉:《梁书》卷四十《刘之遴传》,中华书局,1973,第 573 页。

尺题，无不毕备"[1]。因去夏、商、周三代（以下简称"三代"）已远且经过秦焚书坑儒，汉唐人对商周古器的了解相当有限，且不够重视，因而直至唐代，虽古器常有出土，但相关著录之书十分罕见。

真正意义上的传统古器物学始于北宋。

北宋伊始，皇家制礼作乐、复三代之典。聂崇义博采《三礼图》，凡得六本，完成《新定三礼图》，虽该书主要依据来源于对古代三礼的传抄而非实物本身，但无疑是时人了解古代器物的重要来源。北宋中期开始，部分士大夫开始收藏和研究古器，著录者有刘敞《先秦古器图》、欧阳修《集古录》、李公麟《考古图》等，惜均已不存。现存者有刘敞《先秦古器记》、欧阳修《集古录跋尾》、吕大临《考古图》和王黼《宣和博古图》。

刘敞《先秦古器记》收录了嘉祐中他在长安任职时所得的 11 件先秦古器[2]，并指出古器的重要性在于"礼家明其制度，小学正其文字，谱牒次其世谥，乃为能尽之"[3]，即证经补史。刘敞的好友欧阳修既关注古器，还收集碑刻拓片，曾于庆历乙酉（1045）至嘉祐壬寅（1062）间将收集所得（拓片）千卷[4]，汇为《集古录》，并为拓片撰写跋尾，于嘉祐八年（1063）集成《集古录跋尾》，使跋尾留存至今。欧阳修在跋尾中指出古器实物正古传之谬。可见，欧阳修与刘敞均把古器作为研究古代的史料。

吕大临《考古图》是现存最早的古器物图谱，收录宫廷和私人所收藏的古代铜器和玉器，共计列目 224 件。吕大临在自序中明确记录了该书收录古器的来源、方式和目的，即传摹图写士大夫家所见古器，

---

1 〔后晋〕刘昫等：《旧唐书》卷一百二《韦述传》，中华书局，1975，第 3184 页。

2 〔宋〕欧阳修、欧阳棐：《集古录跋尾 集古录目》卷一，上海古籍出版社，2020，第 53 页。

3 〔宋〕刘敞：《先秦古器记》，载王云五主编《丛书集成初编》，《公是集》卷三十六，商务印书馆，1935，第 437 页。

4 〔宋〕欧阳修：《与蔡君谟求书集古录目序书》（一），载〔宋〕欧阳修：《欧阳修全集》卷七十《居士外集》卷二十，中华书局，2001，第 1022—1023 页。

观其器，诵其言，形容仿佛，以追三代遗风[1]。与欧阳修侧重于铭文的著录不同，吕大临将当时他所见到的古器物以图谱的方式著录，包括器型、纹样、铭文图版及释文等，同时对器物的大小、功用、来源以及其分类和定名加以说明，保留了十分珍贵的一手材料，成为今天中国古器物学的基础，容庚曾明确提出古器之分类始于《考古图》[2]。

时间稍后的《宣和博古图》为王黼奉宋徽宗之命编纂，亦是古器物图谱的重要代表，由皇家支持，因而收录古器规模更大。该书体例与吕大临《考古图》十分相似，也将古器分类，每类有总说，并以图示，同时记录古器大小、铭文及纹饰等，部分做简要评说。《宣和博古图》是当时徽宗朝仿造礼乐器的重要参照，部分有明确记录，如崇宁三年至四年（1104—1105）铸造的大晟钟，取睢阳出土春秋时期宋公成钟为参照原型，"由是作乐之初，特诏大晟府取是为式，遂成有宋一代之乐焉"[3]。

南宋时期关于古器物的著录和研究之书并未间断，见于书者有赵明诚《金石录》、张抡《绍兴内府古器评》、薛尚功《历代钟鼎彝器款识法帖》和王俅《啸堂集古录》等，但研究重点又回到铭文的著录和考证上，古器物图谱著录中断。李清照在《金石录》后序中记录了金兵入侵前，丈夫赵明诚就她逃难时如何取舍其家藏的嘱咐，"去古器之无款识者"，"独所谓宗器者，可自负抱，与身俱存亡"[4]，真实地反映了当时士大夫对于刻铭古器和宗器的重视程度。据南宋翟耆年《籀史》[5]统计，有宋一代古器物著录和考释之书共 34 种，清代李遇孙《金石学

1　〔宋〕吕大临等：《考古图：外五种》，廖莲婷整理校点，上海书店出版社，2016，第 2 页。

2　容庚：《商周彝器通考》，上海人民出版社，2008，第 15 页。

3　〔宋〕王黼：《宣和博古图》卷二十二，诸莉君整理校点，上海书店出版社，2017，第 405 页。

4　〔宋〕李清照：《金石录·后序》，载赵明诚《金石录》，刘晓东、崔燕南点校，齐鲁书社，2009，第 258 页。

5　〔宋〕翟耆年：《籀史》，载〔清〕纪昀、永瑢等编《景印文渊阁四库全书》第 681 册，台湾商务印书馆，1986，第 427—442 页。

录》记宋代金石著录书籍有 60 余种[1]，可见宋代古器物学的盛况。

元明时期虽没有古器研究的重要著作，但青铜器的收藏和鉴赏因文人爱好的深化而愈发盛行，且范围逐渐扩大，从《宣和博古图》和《考古图》多次刊行可见一斑。[2]清代是继宋代之后古器物学又一鼎盛时期，清初考据学派创始人顾炎武的《金石文字记》是当时古器物学的开山之作，主要侧重铭文的考证；乾隆年间官修的《西清古鉴》收录清宫所藏铜器，注重以图的方式著录，配以图说，并标明大小、质量等信息，为图谱类著录。清代金石学著作的另一特点是研究范围的拓宽，除传统青铜器、石刻外，造像、画像石、题名、墓志、度量衡、钱币等，甚至明器中的陶俑也被纳入著录和研究的范围。[3]此外，访古是这一时期文人间一大突出现象，如黄易、阮元、毕沅、冯云鹏、冯云鹓等人热衷探访古迹，模拓古物，部分著录成书或绘于书画，但相比于对古物本身的收藏，这些学者更倾向于收藏和研究拓本。清末吴大澂、端方亦热衷于古物收藏并有重要的著录研究传世，稍晚的罗振玉不仅是晚清民国古物收藏和研究的集大成者，还主张将"金石学"改为"古器物学"，较早提出古物保存理念[4]。

由此可见，宋代是古器物收藏与研究的关键时期，尽管宋人的古物研究主要出于证经补史的目的，注重文字和名物的考订，但其间所形成的研究方法和图谱模式对后世乃至当下的学术研究都有着重要的启示意义，尤其为现代学科体系下的考古学和美术史研究奠定了重要基石。

1　〔清〕李遇孙、陆心源、褚德彝：《金石学录三种》，桑椹点校，浙江人民美术出版社，2017，第 99—125 页。
2　〔日〕林巳奈夫：《殷周青铜器综览·第一卷，殷周时代青铜器的研究》，〔日〕广濑薰雄等译，郭永秉润文，上海古籍出版社，2017，第 9 页。
3　陈星灿：《金石学及其向近代考古学的过渡》，载《中国史前考古学史研究（1895—1949）》，生活·读书·新知三联书店，1997，第 59 页。
4　罗振玉：《与友人论古器物学书》，载《雪堂类稿》，辽宁教育出版社，2003，第 77 页。

语境：考古学与美术史

材料重合是传统古器物学与现代考古学和美术史研究的共性。除材料的共有之外，传统古器物学所注重的对于器物出土地、分类、定名和铭文的考证，亦是考古学研究的重要方面；而对于器型、纹样的重视及其间形成的图谱模式，又与美术史研究不谋而合。因此，从考古学和美术史两种语境审视古器物学的发展与演变，有助于更深刻地认识宋代复古问题，同时也为进一步思考考古学和美术史研究的内涵提供了有力支撑。

考古学

20 世纪前半叶的中国，清代乾嘉考据学派的辨伪传统继续发展，与此同时，西方现代学术体系传入，因政治上受到西方冲击，史学界开始思考西方科学方法的先进性，为中国文化寻找出路，因而出现了主张科学实证主义的兰克学派，其代表人物傅斯年曾提出"史学便是史料学"，将史料分为直接的史料和间接的史料，认为以出土品为主的直接史料较为可信。与此同时，以顾颉刚为首的古史辨派，对上古史进行了深刻的检讨。此外，1921 年瑞典人安特生在河南渑池县仰韶村发现彩陶，命名为仰韶文化，揭示了中国新石器时代的存在。1928 年李济亲自主持河南安阳殷墟的发掘；同年，吴金鼎开始对山东章丘城子崖展开发掘，真正意义上拉开了中国现代考古学的序幕。

这一时期的考古学仍附属于史学，主要致力于对古史的考证，正如殷墟发掘之初是为了寻找甲骨文，青铜器主要被作为"史料"。顾颉刚在《古史辨》的《自序》中说，祖父一生喜欢金石和小学，终日勾摹古铭、椎拓古器，因此他自幼有志于史学，愿作以科学为据的史学家。

顾颉刚指出，许多古代文献都是伪书，其间记载的古史皆为伪史[1]，并提出"层累地造成的中国古史观"的假设[2]，质疑伏羲、神农、黄帝、尧、舜、禹等一系列以传世文献为基础的古史系统，同时指出古史研究主要分三方面：其一是考古学方面，其二是辩证伪古史方面，其三是民俗学方面[3]。顾颉刚把考古学放在其古史研究计划的首位，可见他对于考古学的重视程度。疑古派对中国传统古史的强烈质疑，使得史学家们认识到从地下材料中寻找历史源头的迫切性，甚至在民国初期古史问题的争论中，有学者提出考古学是解决古史问题的唯一方法。[4]

1925 年王国维在清华研究院讲授《古史新证》时提出"二重证据法"，即研究中国古史要以地下之新材料来补正纸上之材料，即使证明古书之某部分全为实录，也不免为一面之事实。[5]他所谓的地下之材料仅有两种，一为"甲骨文字殷时物"，二为"金文殷周二代"[6]，主张以地下之材料重建古史。"二重证据法"的提出在当时无疑具有开创性意义，为史学研究提供了新方向，且就当时刚刚起步的考古学来说意义重大，也为商周时期青铜器的发掘与研究提供了重要契机。

古史辨派对整个中国现代学术的走向都产生了十分重要的影响，但仅就现代学术体系下考古学的发展来看，上述古史重建的方法未免局限。从根本上讲，顾颉刚和王国维所重视的仍是地下出土之文字材料，并没有突破前代古器物学研究的局限，只是二者目的不同：前者为证经补史，而顾、王二人质疑古史的可信度，希望重建古史。总体上看，二者都将古器物上的文字作为史料，用于考证古史，落脚点均为历史的建构，而非古器物本身。

1　顾颉刚：《与钱玄同先生论古史书》（1923 ），载顾颉刚编著《古史辨》，上海古籍出版社，1982，第 59—66 页。

2　顾颉刚：《自序》，载顾颉刚编著《古史辨》，第 52 页。

3　顾颉刚编著《古史辨》，第 57—77 页。

4　李玄伯：《古史问题的唯一解决办法》（1924 年），载顾颉刚编著《古史辨》，第 268—270 页。

5　王国维：《古史新证》第一二章，载顾颉刚编著《古史辨》，第 264—268 页。

6　顾颉刚编著《古史辨》，第 266 页。

　　这一时期，另一重要推进是对宋人古器研究的重新认识和相关著作的整理与评述。王国维在《说觥》中肯定了宋人在古器物定名方面的贡献："凡传世古礼器之名，皆宋人所定也……知宋代古器之学，其说虽疏，其识则不可及也。"[1] 梁启超在 1926 年发表的《中国考古学之过去及将来》中对现存北宋古器物研究的著述有简要介绍[2]。关于宋人古器著作整理较为完备且具有代表性的有王国维 1914 年发表的《宋代金文著录表》[3]、1927 年发表的《宋代之金石学》[4]，以及杨殿珣、容庚 1936 年发表的《宋代金石书考目》《宋代金石佚书目》[5] 等。王国维在《宋代金文著录表》中将古代金文著作分为三类："今就诸书之存者论之，其别有三：与叔考古之图，宣和博古之录，既写其形，复摹其款，此一类也；啸堂集录，薛氏法帖，但以录文为主，不以图谱为名，此二类也；欧、赵金石之目，才甫古器之评，长睿东观之论，彦远广川之跋，虽无关图谱而颇存名目，此三类也。"[6] 容庚在 1933 年首次发表、1963 年修改的《宋代吉金书籍述评》详述了宋代古铜器的著作情况，包括存者和佚者，并加以评述，存者包括吕大临《考古图》十卷及其释文一卷、赵九成《续考古图》五卷、宋徽宗《博古图》三十卷、薛尚功《历代钟鼎彝器款识法帖》二十卷、王俅《啸堂集古录》二卷、王厚之《钟鼎款识》一卷、张抡《绍兴内府古器评》二卷，在介绍每部著作基本内容的同时，对其舛误、版本优劣进行评述。[7] 上述研究主要是关于宋

1　《观堂集林》初版于 1923 年，本书引用者为新版本，王国维：《观堂集林（外二种）》，河北教育出版社，2003，第 70 页。

2　梁启超：《中国考古学之过去及将来》，载《梁启超全集》，北京出版社，1999，第 4919—4925 页。

3　谢维扬、房鑫亮主编《王国维全集》第四卷，浙江教育出版社，2010，第 231—299 页。容庚在此基础上修改形成最终版本。

4　王国维：《宋代之金石学》，《国学论刊》1927 年第 1 卷第 3 期，第 45—49 页。

5　杨殿珣、容庚：《宋代金石书考目》《宋代金石佚书目》，载《考古社刊》1936 年第 4 期，第 191—203 页，第 204—228 页。

6　王国维：《宋代金文著录表》，载谢维扬、房鑫亮主编《王国维全集》第四卷，第 233 页。

7　曾宪通编《容庚文集》，中山大学出版社，2004，第 47—99 页。

代古器物面貌的整体性考察，注重著作的收录、评述和对具体器物名
目的考订，但仍属纸上之学问而未涉及器物本身。关于民国时期古器
物学研究的大体情况，顾颉刚曾有专论。[1]

容庚著的《商周彝器通考》初版于 1941 年，是目前已知较早且较
为全面的关于商周青铜器的综合性研究，不仅对青铜器的起源、发现、
铭文、收藏、著录和考证等进行了系统论述，而且对器物本身的形制、
花纹、铸法、仿造、辨伪等方面同样关注[2]，突破了宋代以来古器物学
的研究模式，其间关注的很多问题不仅仅限于考古学的研究范畴，具
有开创性意义。

随着田野考古发掘的不断深入，学界逐步关注包括商周青铜器
在内的考古出土文物，但目光主要集中于古器物上的文字，如郭沫若
1930 年出版的《两周金文辞大系》，书中虽对器型分期有所讨论，但
主要为汇集青铜器铭文，这一做法在当时具有普遍性。总体上看，偏
重古器物所承载的文字，忽视器物本身是北宋以来传统古器物学 20 世
纪上半叶中国考古学研究的共同局限。早在 20 世纪 20 年代梁启超已
经意识到考古学（金石学）的局限，并提出两个发展方向，一是发掘，
一是方法的进步[3]。李济在 1948 年发表的《中国古器物学的新基础》一
文中进一步指出这一局限，并提出古器物学的范围不能以三代为限度，
更不能封锁在三代有文字的吉金内；古器物学的原始材料，必须经过
有计划的搜求、采集及发掘，最详细的记录及尽可能的校勘和广泛的
比较。[4]

20 世纪下半叶以来，关于以往古器物学重要问题的研究仍在不断

1　该专论写于 1945 年，本书引用者为 2002 年版图书，见顾颉刚：《当代中国史学》，上海古籍出版社，
2002，第 57—61 页。

2　容庚：《商周彝器通考》。

3　梁启超：《中国考古学之过去及将来》，载《梁启超全集》，第 4924—4925 页。

4　李济：《中国古器物学的新基础》，载张光直主编《李济文集》，上海人民出版社，2006，第 334—344 页。

推进[1]。与此同时，学者关注到中国历代金石学发展的总体情况，陈星灿在《金石学及其向近代考古学的过渡》一文中有简要讨论，他还论述了金石学与考古学的本质区别和转向的契机[2]。这一阶段关于中国青铜器的整体研究中，学者们往往专辟一章论述宋代仿古器物问题，如马承源主编的《中国青铜器》，其中，《传世伪作青铜器的鉴定》一章简述了宋代伪作青铜器的著录情况[3]；杜廼松的《中国青铜器发展史》专设一章讨论宋元明清时期的仿古铜器[4]。台湾学者叶国良于20世纪80年代发表的博士论文及专论《宋代金石学研究》[5]，是较早关于宋代金石学的全面专题性研究。宋代古器物学兴起的原因、制礼作乐以及图学成就也是这一时期学者关注的重要问题，如夏超雄在其文章中举要现存的金石学著作，并简述了金石学的研究方法以及兴起的原因，即皇家证经补史的需要、文人需求以及城市经济的繁盛和文化传播等[6]。以上关于宋代古器物的研究大多基于传世文献记载，较少直接关注器物本身，基本没有对器物的视觉观察。刘克明关于《考古图》和《宣和博古图》中古器物图样的讨论[7]虽部分涉及视觉因素，但讨论仍基本在考古学框架内。此外，关于器物学如何从传统的"金石学"向现代学科"考古学"转变，王正华有详细的讨论，同时指出了民国时期文人士大夫古器物观念的全新转向。[8]

1　杜廼松：《青铜器与金文书目简述》，《故宫博物院院刊》1984年第3期，第30—38页。

2　陈星灿：《金石学及其向近代考古学的过渡》，载《中国史前考古学史研究》(1895—1949)，第52—62页。

3　马承源主编《中国青铜器》，上海古籍出版社，1988。

4　杜廼松：《中国青铜器发展史》，紫禁城出版社，1995。

5　叶国良：《宋代金石学研究》，博士学位论文，台湾大学，1982。该文2011年由台湾书房出版有限公司出版。

6　夏超雄：《宋代金石学的主要贡献及其兴起的原因》，《北京大学学报》1982年第1期，第66—76页。

7　刘克明：《宋代金石学著作中的图学成就：读〈考古图〉和〈宣和博古图〉等》，《江汉考古》1989年第3期，第41—47页。

8　王正华：《罗振玉的收藏与出版："器物""器物学"在民国初年的成立》，《美术史研究集刊》2011年第31期，第277—312页。

美术史

唐代张彦远的《历代名画记》为现存最早的绘画通史专著，一般被认为是中国艺术史的开山之作，但该书只涉及绘画，而未涉及其他艺术门类，《新唐书·艺文志》将其收录在子部而非史部，且就研究方法和体例而言，《历代名画记》属传统画史范畴，被包摄于画学理论之中，结合了绘画品评、画家传略和作品著录[1]，并非独立学科，因此与现代学科体系下的美术史并没有接续性。事实上，20 世纪初，相当一部分中国美术史写作延续了《历代名画记》的体例，即注重画学和著录的传统画史写作方式，如郑午昌《中国画学全史》、潘天寿《中国绘画史》、陈师曾《中国绘画史》等。关于这一问题，前辈学者已有相当完备的讨论，此不赘述。

先后留学日本和德国的滕固于 1926 年出版的《中国美术小史》为现代学科意义上第一本中国美术史。滕固的写作直接受到梁启超新史学观的影响，后者与西方进化史观和科学实证主义的引入密切相关。因此可以看到，滕固在《中国美术小史》中将艺术的发展看成从生长、繁盛到衰亡的进化过程，同时注重实证，如在介绍汉代美术时，他并非完全摘录文献，更以实物遗存为依托，详细介绍了孝堂山石祠，尤其是武梁祠的画像布局和内容[2]。尽管囿于时代，滕固几乎未使用考古出土品作为证据，但他在行文中已流露出对于"遗物无存"[3]的遗憾，反映出对考古材料的重视，且在稍后的美术史写作中，他更是大力发掘并使用考古材料[4]，这一认识相较于同时期其他中国美术史写作主要

1　陈平：《从传统画史到现代艺术史学的转变——张彦远、郑午昌与滕固的绘画史写作方法之比较》，载卢辅圣主编《中国美术史学研究》，上海书画出版社，2008，第 39 页。

2　潘天寿在《中国绘画史》中介绍汉代绘画时虽已经使用武梁祠、孝堂山石祠等材料，但主要依托于文献中对于二者的记载，且介绍泛泛。潘天寿：《中国绘画史》，上海人民美术出版社，1983，第 21—22 页；滕固：《中国美术小史》，载滕固著，沈宁编《滕固美术史论著三种》，商务印书馆，2011，第 8—9 页。

3　滕固：《中国美术小史》，载《滕固美术史论著三种》，第 12 页。

4　薛永年：《滕固与近代美术史学》，《美术研究》2002 年第 1 期，第 8 页。

依据文献或画论而言，是为重大突破，具有开创性意义。与此同时，该书还关注到青铜器上的图形，并将其纳入美术史范畴，十分敏锐，开时代之先。

1928年河南安阳殷墟的发掘，使得青铜器开始进入学界视野。1929年，郭沫若出版译作《美术考古一世纪》[1]，但书中"美术"一词并未引起他的重视，因此在稍后的青铜器研究中，尽管他已开始注意到青铜器的纹饰，但正如郑岩所指出，郭沫若关于青铜器的研究主要是在史学的框架内展开，而非艺术风格学的讨论。[2]从美术史角度研究青铜器始于西方，关于殷墟发掘的译介和1935年青铜器在伦敦的展览无疑起到了推波助澜的作用。瑞典学者 Klas Bernhard Johannes Karlgren（高本汉）是较早关注青铜器艺术风格的西方学者，20世纪30年代他已开始对青铜器的纹饰风格进行分类，用以判断年代[3]。完全专注于青铜器艺术风格研究的是 Ludwig Bachhofer（巴霍菲尔）、Max Loehr（罗樾）和 J. Leroy Davidson（戴维森）等人，关于西方中国艺术史领域早期学者对青铜器的研究状况，Robert Bagley（贝格利）、方闻曾有专论[4]。其中对当今中国艺术史研究影响最大的莫过于曾求学于德国慕尼黑大学，后任教于美国哈佛大学的罗樾，他是巴霍菲尔的学生，后者为 Heinrich Wölfflin（沃尔夫林）的高足，因此艺术风格理论是二者解释中国青铜器艺术的核心方法，但与老师不同的是，罗樾并非机械套用老师的理论，而是将安阳殷墟青铜器划分为五个连续的风格发

1　1929年初版时书名为《美术考古学发现史》，1948年再版时更名为《美术考古一世纪》，关于此书的详细讨论，见郑岩：《论"美术考古学"一词的由来》，《美术研究》2010年第1期，第16—25页。

2　郑岩：《论"美术考古学"一词的由来》，《美术研究》2010年第1期，第19页。

3　Bernhard Karlgren, "Yin and Chou in Chinese Bronzes," *Bulletin of the Museum of Far Eastern Antiquities*, no.8, 1936; Bernhard Karlgren, "New Studies on Chinese Bronzes", *Bulletin of the Museum of Far Eastern Antiquities*, no.9, 1935.

4　Robert Bagley, *Max Loehr and the Study of Chinese Bronzes：Style and Classification in the History of Art*, (Cornell University East Asia Program, 2008)，该书中译本于2019年出版，见［美］贝格利：《罗樾与中国青铜器研究：艺术史中的风格与分类》，王海城译，浙江大学出版社，2019；［美］方闻：《中国青铜时代的艺术：研究方法与途径》，黄厚明、谈晟广译，《西北美术》2015年第1期，第56—69页。

展序列——从细线纹饰到轮廓鲜明的塑形性装饰，即著名的"罗樾五期论"。[1]罗樾的风格分期理论不仅被后来陆续出土的考古材料所验证，更成为当今研究中国青铜艺术最为重要的理论参照。罗樾将青铜器带入美术史的研究视野，并在之后相当长的一段时间里，成为西方学者研究中国美术史的一类核心问题，其研究方法亦为西方学者继承并发展，影响整个西方学界的中国艺术史研究。

随着考古发掘的不断推进和受西方相关人文学科的影响，20 世纪50 年代以来，国内美术史学者开始在介绍中国早期美术时运用考古材料，如王逊在《出土古文物与美术史的研究》中强调出土文物对美术史研究的重要价值 [2]，并在 1956 年写成的《中国美术史讲义》[3] 隋唐以前的美术史写作中率先使用大量考古材料，以出土青铜器为材料介绍商周美术，以墓室壁画、画像石介绍秦汉美术，大大拓展了美术史研究的材料和类型，其间形成的框架和模式一直影响到今天的中国古代美术史写作。20 世纪七八十年代以来，金维诺、汤池两位先生陆续发表一系列有关墓室壁画和出土陶俑的专论，对中国早期美术史做了大量材料的积累和研究的推进，成为后来学者相关研究的重要参照 [4]。就青铜器艺术而言，20 世纪 90 年代李松为《中国美术史·夏商周卷》第一章撰写初稿《中国古代青铜器艺术》[5] 一文，随后李松、贺西林的《中

---

1 ［美］方闻：《中国青铜时代的艺术：研究方法与途径》，黄厚明、谈晟广译，《西北美术》2015 年第 1 期，第 61 页，罗樾文章见 "Max Loehr, Beiträge zur Chronologie der älteren chinesischen Bronzen", *Ostariatische Zeitschrift* 22 (Journal-April 1936), pp.1-41; Max Loehr, "The Bronze Styles of the Anyang Period(1300—1028 B.C.)", *Archives of the Chinese Art Society of America*, Vol.7(1953), pp.42-53.

2 王逊：《出土古文物与美术史的研究》，《美术》1954 年第 7 期，第 38—41 页。

3 《中国美术史讲义》最初为中央美术学院内部使用讲义，20 世纪 80 年代由薄松年、陈少丰修订并增补明清美术部分，于上海人民美术出版社出版《中国美术史》（1989 年再版），后有人民美术出版社 2018 年版。

4 两位先生的文章均汇集成书，参见金维诺：《中国美术史论集》（中），黑龙江美术出版社，2003 ；汤池：《轨迹：中国美术考古研究》，陕西人民美术出版社，2014。

5 李松：《中国古代青铜器艺术》，《艺术探索》1991 年第 2 期，第 38—53 页。

国古代青铜器艺术》[1]，均为较早从艺术史的角度对中国青铜器的形制、纹样艺术风格做系统梳理的论著。

与此同时，部分考古学家也开始从美术史研究的视角探究考古出土品，大大推进了中国早期美术史的研究。刘敦愿先生是国内较早关注考古出土品上画像，尤其是青铜器艺术的考古学家，其著作《美术考古与古代文明》和《刘敦愿文集》（收录论文 115 篇）基本涵盖了其研究的总体面貌。杨泓先生也是较早关注美术史的考古学家，在早期考古品如墓室壁画、具体器物和石窟寺艺术等方面的研究成果斐然[2]，还曾在《中国大百科全书·美术》中撰写"美术考古学"词条。两位先生均培养了多位活跃于当下美术史领域的重要学者。此外，Jessica Rawson（罗森）、Lothar von Falkenhausen（罗泰）、雷德侯、杨晓能等专注于青铜器艺术研究的西方学者多有考古学学习背景，西方学科体系下艺术史与考古学常被置于一个系别，因此以上学者关于青铜器的研究往往带有考古学和艺术史的双重视角。

至此，尽管古器物学一般被认为是考古学的前身，但就其研究对象——青铜器和研究者——文人而言，亦与传统艺术史密切相关。具体来说，青铜器常被作为博古、品古的核心对象，鼎彝常与书画一并为文人收藏之列[3]，而文人更是传统书画史研究的核心对象，因此，古器物学自古即联结了考古学和美术史。不同的是，对于考古学来说，青铜器作为历史遗物，承载了包括时间、地域、类别等物质存在信息；对于美术史而言，青铜器则作为以视觉图像呈现的艺术品，最能体现人类的精神世界。而北宋吕大临的《考古图》，既记录古器的形制、尺寸、铭文等物质信息，又图绘其形，以图谱形式描绘古器全貌，同时

1　李松、贺西林：《中国古代青铜器艺术》，陕西人民美术出版社，2002。
2　具体成果见《杨泓先生著作目录》，载杨泓先生八秩华诞纪念文集编委会编《考古、艺术与历史——杨泓先生八秩华诞纪念文集》，文物出版社，2018。
3　如李清照自述购求书画、鼎彝，见〔宋〕李清照：《金石录·后序》，载〔宋〕赵明诚：《金石录》，第257页。

以物质形式和视觉图像两种方式记录古器，无疑是现代学科意义上考古学与艺术史的首次联结，而对于该书及作者家族古礼实践的深入讨论，对了解这一时期文人复古文化有着重要意义。

宋代复古问题

对于古的追复与模仿是贯穿中国文化始终的核心问题，在历代社会和思想、文化间有不同的表现，与中国传统儒家文化的稽古心态以及经学传统密切相关。早在商周时期，礼器已出现仿古特征，如安阳殷墟妇好墓出土的玉器虽制作于商晚期，但其形式却效仿新石器时代原型[1]；天马曲村晋侯墓群 62 号和 93 号墓（西周晚期墓）出土部分明器模仿早期青铜礼器，并常与古式礼器并置以突出其仿古特征[2]。但这些仿古现象多为零星出现，且直至汉唐之际都没有形成系统风尚。北宋伊始，太祖"治定功成，制礼作乐"，仁宗时开始全面系统的礼乐建设，与此同时，文人间掀起古器物的收藏和研究之风，如前文所述，以刘敞、欧阳修为首，李公麟、吕大临相继接续，一时兴起复古风尚。

由于欧洲古物学的传统和欧美大学的学科设置，欧美学者和有欧美学习背景的中国学者较早关注到中国文化中关于过去的观念和古物观。Stephen Owen（宇文所安）从文学的角度，讨论了中国古典文学对于过去的表达[3]；Pierre Ryckmans（雷克曼）和罗森都曾撰专文讨论

1　Jessica Rawson, *Chinese Jade: From the Neolithic to the Qing* (London: British Museum, 1995), p.43.

2　Lothar von Falkenhausen, "Antiquarianism in Eastern Zhou Bronzes and It's Significance", in *Reinventing the past: Archaism and Antiquarianism in Chinese art and Visual Culture*, edited by Wu Hung, (Chicago: CAEA Art Media Resources, 2010), pp.85-89.

3　Stephen Owen，*Remembrances: The Experience of the Past in Classical Chinese Literature* (Harvard University Press, 1986).

中国艺术中对于过去的态度和观念[1];李零在《铄古铸今:考古发现和复古艺术》中从考古发现的角度讨论了复古艺术的概念、古迹的凭吊和想象以及早期"古董",并选取三个标本进行专题讨论[2];巫鸿在《废墟的故事:中国美术和视觉文化中的"在场"与"缺席"》中以废墟为主题讨论了中国传统文化中对于往昔的视觉再现及相关问题[3]。以上研究从中国文化的宏观视角出发,虽时间和内容跨度较大,但切入角度富有新意,且对过去观念进行整体性把握,无疑对于思考中国艺术中的复古问题具有重要意义。

罗森、罗泰都曾关注到东周青铜器对早期青铜器的模仿,为了解早期中国艺术中的复古问题提供了重要积累。罗森专文讨论了商代晚期、西周晚期及东周时期墓葬中发现的青铜器对更早期青铜器器型及纹饰的复兴,并以复古维新为题,从"再造""古物研究"和"复古"三个方面探讨了古代青铜器及其复制品的接受问题,指出三个方面的不同方式和目的[4]。与此同时,罗森还讨论了中国青铜器的延续性,不同于以往研究,她关注到汉唐以至宋元明清青铜器研究与收藏对于士大夫们的重要意义。[5]罗森的研究不仅为我们呈现出早期中国青铜器艺术中的复古形式及其受众,还对后代相关问题做以讨论,在研究方法和视角上都给出了重要启示。罗泰《宗子维城:从考古材料的角度看公元前1000至前250年的中国社会》从考古材料的角度探讨了中国青铜时代晚期的社会,包括社会等级制度和不同时期社会内部个人与群

1　Pierre Ryckmans, "The Chinese attitude towards the Past", The Forty-seventh Morrison Lecture on 16 July 1986;［英］罗森:《过去在中国的多种含义》,载［英］罗森:《中国古代的艺术与文化》,北京大学出版社,2002。

2　该书源于作者2003年在香港中文大学举办的专题讲座,成书于2007年,见李零:《铄古铸今:考古发现和复古艺术》,生活·读书·新知三联书店,2007,第11页。

3　［美］巫鸿:《废墟的故事:中国美术和视觉文化中的"在场"与"缺席"》,肖铁译,上海人民出版社,2012。

4　［英］杰西卡·罗森:《祖先与永恒:杰西卡·罗森中国考古艺术文集》,邓菲等译,生活·读书·新知三联书店,2011,第101—155页。

5　同上书,第160—163页。

体关系的变化模式，其中在讨论东周时期的宗教转变时注意到东周墓葬中出土的微型仿古器，指出这些仿铜陶器后来成为主流在整个周文化圈范围内流行，不仅见于贵族墓，还见于平民墓葬[1]，并以此观察这一时期周文化圈社会结构的转变。此外，陈芳妹、朱凤瀚也曾关注到东周青铜器的复古问题[2]，苏芳淑曾对西方学者关于东周青铜器复古的研究有部分梳理。[3]

相较于早期中国复古艺术的零散研究，关于宋代仿古、复古现象的讨论受关注程度较高且开始时间较早。

至迟在宋代，学者已注意到古器的仿造和伪作现象[4]。20 世纪 40年代，容庚在《商周彝器通考》中对宋代青铜器的仿造实例做系统介绍[5]，著录器物款识并做简要评说，还一并介绍了明代的仿古铜器，为后来研究提供了重要的资料积累。随后，宋代仿古器问题受到越来越多关注，陆续有学者就相关问题做个案或专题研究，关注点主要集中在徽宗朝仿古器的制作与参照来源，如 Richard C. Rudolph（鲁德福）、李文信和陈梦家分别就加拿大皇家安大略考古博物馆、辽宁省博物馆和故宫博物院等地收藏的宋大晟编钟做以考述，探讨了不同收藏地大晟编钟的流转、使用和被改造过程[6]，相关问题在 21 世纪初伊佩霞关于

1　［美］罗泰：《宗子维城：从考古材料的角度看公元前 1000 至前 250 年的中国社会》，吴长青、张莉等译，上海古籍出版社，2017，第 328—329 页。罗泰自述该书根据 2002—2003 年在京都大学作访问教授时的授课讲义发展而成，英文版完成于 2005 年。

2　陈芳妹：《盆、敦与簋——论春秋早、中期间青铜粢盛器的转变》，《故宫文物季刊》1985 年第 2 卷第 3 期，第 63—118 页；朱凤瀚：《中国青铜器综论》，科学出版社，2009，第 1533—2115 页。

3　苏芳淑：《古人拟古：近年西方学者看东周青铜器》，载《故宫学术讲谈录》（第 1 辑），紫禁城出版社，2010，第 351—359 页。

4　〔宋〕赵希鹄：《古钟鼎彝器辨》，载〔宋〕赵希鹄等：《洞天清录：外二种》，尹意点校，浙江人民美术出版社，2016，第 23—26 页。

5　容庚：《商周彝器通考》，第 148—156 页。

6　Richard C. Rudolph, "Dynastic Booty: An Altered Chinese Bronze", *Harvard Journal of Asiatic Studies*, Vol.11, No.1/2(Jun. 1948), pp.174-180；李文信：《上京款大晟南吕编钟》，《文物》1963 年第 5 期，第 42—44 页；陈梦家：《宋大晟编钟考述》，《文物》1964 年第 2 期，第 42—44 页。

北宋宫廷制作仿周代铜钟的研究文章中亦有深入讨论。[1]

　　20 世纪 60 年代初开始，关于仿古器的研究更为集中并得到进一步推进，鲁德福对宋代古器收藏和研究的大体情况做简要介绍，并肯定了宋人对于实物资料（考古材料）的重视[2]。Robert Poor（罗伯特·普尔）较早从艺术史的角度关注宋代古器物图谱和仿古器，通过比对不同版本图谱中同一器物的形象差异，指出图谱为仿古器制作的参照来源[3]；Noel Barnard（诺埃尔·巴纳德）曾专文讨论中国古代青铜器的仿造问题，并对中西方学界关于仿造器物的研究成果做以整理和介绍[4]；William Watson（威廉·沃特森）亦从仿古的角度，首先对仿古的形式进行分类，提出宋人制作仿古器以接近真实古器为目的，注重准确性，属于忠实模仿（close imitations），并指出《考古图》和《宣和博古图》为宋以后仿古器制作的重要参照[5]；Rose Kerr（柯玫瑰）和 Robert D. Mowry（罗伯特·莫瑞）聚焦中国晚期的青铜器，对宋元明清时期仿古器的风格特征有系统研究[6]。随着宋代仿古研究日益深入，Robert E. Harrist（韩文彬）率先从古物学家的角度研究李公

1　Patricia C.Ebrey, "Replicating Zhou Bells at the Northern Song Court", *in Reinventing the past: Archaism and Antiquarianism in Chinese art and Visual Culture*, edited by Wu Hung, (Chicago: CAEA Art Media Resources, 2010), pp.179-199.

2　Richard C. Rudolph, "Preliminary Notes on Sung Archaeology", *The Journal of Asia Studies*, Vol.22, No.2(1963), pp.169-177.

3　Robert Poor, "Notes on the Sung Dynasty Archaeological Catalogs", *Archives of the Chinese Art Society of America*, Vol.19(1965), pp.33-44.

4　Noel Barnard, "The incidence of forgery amongst archaic Chinese bronzes: Some Preliminary Notes", *Monumenta Serica*, Vol.27(1968), pp.91-168.

5　William Watson, "On Some Categories of Archaism in Chinese Bronze", *Art Orientals*, Vol.9, Freer Gallery of Art Fiftieth Anniversary Volume(1973), pp.1-13.

6　Rose Kerr, "The Evolution of Bronze style in the Jin, Yuan and Early Ming Dynasties", *Oriental Art*, Vol.28, No.2(1982), pp.146-158；Rose Kerr, "Metalwork and Song Design: A Bronze Vase Inscribed in 1173", *Oriental Art*, Vol.32, No.2(1986), pp.146-158;Rose Kerr, "Later Chinese Bronzes", *Victoria and Albert Museum, Far Eastern Series*, 1990; Robert D. Mowry, "China's Renaissance in Bronze", *The Robert H.Clague Collection of Later Chinese Bronzes 1100—1900*, The Phoenix Art Museum, 1993.

麟作品的艺术特征。[1]

  21世纪以来，学界对复古问题的讨论在深度和广度上都有重要拓展，这在相当程度上得益于这一时期海峡两岸相继举办的关于宋代古物和以复古、仿古为主题的展览：2000年台北故宫博物院举办"千禧年宋代文物大展"，分"道与艺""师法自然""朴素之美""生活与艺术""文化融合"五个单元展出书画、器用、图书等宋代文物[2]；2003年台北故宫博物院举办"古色：十六至十八世纪艺术的仿古风"，展出以往被视为伪作的晚明清初仿古器物与书画，从创新的角度重新审视复古艺术[3]；2006年中国国家博物馆举办"宋韵——四川窖藏文物精品展"，展出包括瓷器、金银器和青铜器在内的宋代四川地区窖藏器物，其中"古调新风"单元集中展示了35件两宋仿古器，集中呈现出宋器的复古面貌[4]；2006年台北故宫博物院举办"大观：北宋书画、汝窑、宋版图书特展"，展出馆藏北宋文物名迹；2010年台北故宫博物院举办"文艺绍兴——南宋艺术与文化特展"[5]，是继"大观：北宋书画、汝窑、宋版图书特展"之后，台北故宫博物院对包括馆藏南宋文物在内的一次集中展示；2013年北京大学赛克勒考古与艺术博物馆建馆20周年时举办特别展"异世同调：陕西省蓝田吕氏家族墓地出土文物精品展"，集中展示了自2006年蓝田吕氏家族墓被发掘以来的考古成果[6]，同年出版的《金锡璆琳——蓝田吕氏家族墓出土文物》收录了2007年陕西历史博物馆基本陈列"陕西古代文明"展出的吕氏家族墓出土文物中的部分珍品，其中大部分

---

1 Robert E.Harrist, "The Artist as Antiquarian—Li Gonglin and His Study of Early Chinese Art", *Artibus Asiae*, Vol.55, No.3/4(1995), pp.237-280.

2 台北故宫博物院编委会编《千禧年宋代文物大展》，台北故宫博物院，2000。

3 李玉珉主编《古色：十六至十八世纪艺术的仿古风》，台北故宫博物院，2003。

4 中国国家博物馆主编《宋韵：四川窖藏文物辑粹》，中国社会科学出版社，2006。

5 其中器物见蔡玫芬主编《文艺绍兴：南宋艺术与文化·器物卷》，台北故宫博物院，2010。

6 陕西省考古研究院、陕西历史博物馆、北京大学考古文博学院编《异世同调：陕西省蓝田吕氏家族墓地出土文物》，中华书局，2013。

文物相继参加了 2011 年"全国打击文物犯罪成果展"和"陕西历史博物馆新入藏文物展"等展览[1];2013 在湖南省博物馆举办"复兴的铜器艺术——湖南晚期铜器展",展出部分馆藏宋元明清铜器[2];2015 年浙江省博物馆举办"中兴纪胜——南宋风物观止"特展,展出南宋时期礼器、饰品、茶具、瓷器、文房、玉器等近 500 件文物,其中很多器物涉及仿古问题[3]。

上述展览的举办使得更多古器、仿古器材料进入学界视野,一方面积累了丰富的实物材料,另一方面引发了学界更为广泛和深入的讨论,随展图录均收录有关于展品或仿古问题的研究文章。如 2000 年《千禧年宋代文物大展》中,张临生、陈芳妹、蔡玫芬等学者分别就李公麟与北宋古器物、宋代仿古器再现三代、宋代瓷器官样等问题进行了研究,是关于宋代复古问题较早的一次相对集中的讨论;2004 年,为配合"古色:十六至十八世纪艺术的仿古风"展,台北故宫博物院举办了相关研讨会,许雅惠、杨美莉、何传馨、余佩瑾、陈慧霞等学者就晚明清初器物和书画的仿古问题做了专门讨论,相关文章随图录出版,虽讨论焦点为明清艺术的仿古问题,但对研究宋代复古艺术具有启示意义;2006 年《宋韵:四川窖藏文物辑粹》中,徐苹芳、齐东方、谢涛和韩巍等学者就四川宋代窖藏出土器及其仿古现象有专文研究,对了解宋代的好古风尚及仿古器的制作工艺、水平和功用有重要意义[4];为配合"大观:北宋书画、汝窑、宋版图书特展",于 2007 年举办了"开创典范:北宋的艺术与文化"研讨会[5],学者就北宋时期的绘

1 程旭编著《金锡璆琳——蓝田吕氏家族墓出土文物》,三秦出版社,2013。
2 陈建明主编《复兴的铜器艺术——湖南晚期铜器展》,中华书局,2013。
3 王宣艳主编,浙江省博物馆编《中兴纪胜:南宋风物观止》,中国书店,2015。
4 关于四川窖藏文物研究,另见谢明良:《探索四川宋元器物窖藏》,载区域与网络国际学术研讨会论文集编辑委员会编《区域与网络——近千年来中国美术史研究国际学术研讨会论文集》,台湾大学艺术史研究所,2001,第 141—169 页。
5 王耀庭主编《开创典范:北宋的艺术与文化研讨会论文集》,台北故宫博物院,2008。

画、法书、图书、器物展开讨论，其中刘静贞、伊佩霞、苏芳淑、陈
芳妹、蔡玫芬、屈志仁等学者分别从北宋宫廷文化、收藏、玉器、金
石学以及时代精神等角度，不同程度谈及北宋的复古问题；2010 年《文
艺绍兴：南宋艺术与文化·器物卷》中邓淑萍的《写实与仿古交会下
的南宋玉器》一文讨论了南宋玉器的仿古特征；2013 年《金锡璆琳——
蓝田吕氏家族墓出土文物》中收录多篇关于吕氏家族出土青铜器、吕
氏家族墓、吕氏家学和著作等方面的研究文章，是关于吕氏家族首次
相对集中的一次讨论；2013 年《复兴的铜器艺术——湖南晚期铜器展》
中"探索与研究"部分，李学勤、李零、苏荣誉、王牧等学者分别从
文本、实物等角度探讨了晚期青铜器的仿古（造）问题；2015 年浙江
省博物馆为配合"中兴纪胜——南宋风物观止"展举办了学术研讨会，
与会学者从南宋官窑、窖藏金银器和青铜器、墓葬和佛塔地宫出土器
物以及宋画等方面讨论了南宋的艺术与文化，其中许雅惠《南宋"中兴"
的物质文化观察——论古铜风格的流布与扩散》一文，讨论了南宋仿
古器的制作、参照来源与风格流传。

　　欧美学界亦曾就中国文化艺术中的古物观和复古问题举办专题研
讨会。

　　2004 年 5 月在德国维尔茨堡大学举办的 "Perceptions of Antiquity
in Chinese Civilization"（中华文明中的古代观念）研讨会，Peter K.
Bol（包弼德）、罗泰、Michael Puett（普鸣）等诸多国际著名学者从
历史学、考古学、思想史等不同角度讨论了中国不同时期对于古的认
识问题[1]，其中包弼德、Philip Clart（柯若朴）、Christian Lamouroux（蓝
克利）等学者分别从唐宋转型、司马光礼学思想以及宫廷文化等方面
讨论了宋代的古代观念。

1　Dieter Kuhn, Helga Stahl edit, *Perceptions of Antiquity in Chinese Civilization*, Heidelberg: edition forum, 2008.

　　2006 年 6 月在芝加哥大学举办的 "东亚艺术与视觉文化中的古物研究和复古" 研讨会，是又一次关于复古艺术的集中讨论，罗森、罗泰、包华石、蒋人和、伊佩霞、陈云倩、柯律格、曾蓝莹、白谦慎、王正华、胡素馨等多位学者就自商周以来，直至近代社会艺术中的古物研究和复古问题展开讨论，于 2010 年结集出版了会议论文集[1]，其中伊佩霞关于北宋宫廷仿古铜钟、陈云倩关于《考古图》和《博古图》比较的研究，分别从仿古和图谱制作的角度反思了北宋的复古问题。巫鸿为会议论文集撰写的序言《中国艺术和视觉文化中的 "复古" 模式》，后收录在《时空中的美术：巫鸿中国美术史文编二集》一书中，他在文章中对 "复古" 和北宋金石学研究做了整体性反思，首先提出复古的两个语境，即礼仪和收藏[2]，并从书写方式的视角，提出 "复古的历史化"，通过对《礼记》、张怀瓘《书断》以及张彦远《历代名画记》叙事角度和分类标准的分析，指出其都是以当下为出发点对古史进行整理和重修，是一种历史化的书写，而北宋末年兴起的金石学研究并没有突破这一书写框架，而是表现为以往复古框架中的 "历史化" 惯性的发展和更新。[3] 这一认识十分重要，为宋代复古问题的讨论提供了基本视角。

　　2013 年 12 月出版的 *World Antiquarianism: Comparative Perspectives*（《世界古物研究：比较视角》），从比较的视野，讨论了世界范围内尤其是亚洲国家对于古物的认知，追溯了古物观念在古代近东地区的起源、在早期欧洲和东亚的繁荣等，收录罗泰、许雅惠、陈云倩等多位学者关于中国复古问题的研究文章。[4]

　　除以上较为集中的专题讨论外，21 世纪以来与宋代复古相关的个

1　Wu Hung edited, *Reinventing the past: Archaism and Antiquarianism in Chinese art and Visual Culture*, (Chicago: CAEA Art Media Resources, 2010).

2　[美] 巫鸿：《时空中的美术：巫鸿中国美术史文编二集》，梅枚等译，生活·读书·新知三联书店，2009，第 10 页。

3　同上书，第 13—15 页。

4　Alain Schnapp edited, *World Antiquarianism: Comparative Perspectives*, Getty Research Institute, 2013.

人研究成果迭出：一方面体现在对仿古相关问题的深入挖掘和宋代古器物学材料的综合辑录上 [1]，与此同时学界开始关注到仿古铜器的工艺和技术问题 [2]；另一方面，古器物图谱成为学界关注的另一焦点，且突破了以往集中关注的徽宗朝复古活动，在既有研究基础上 [3]，不断深化拓展研究视角，如关于李公麟及其《考古图》的重新审定 [4]、吕大临《考古图》的专门研究 [5]、古器物图谱的制作 [6]与流传 [7]等。经过近一个世纪的

1　林欢：《宋代古器物学笔记材料辑录》，上海人民出版社，2013。

2　孟絜予：《宋代青铜器工艺史的重新思考：以彭州青铜器窖藏为例》，硕士学位论文，台湾大学，2010。另有苏荣誉：《磨戛：苏荣誉自选集》，上海人民出版社，2012，该书虽未谈及宋代青铜器，但关于青铜器铸造技术的研究十分重要。

3　20 世纪上半叶，学者已关注到北宋古器物图谱，但主要就成书问题如作者、年代等方面提出不同意见，直至 20 世纪末不断有相关讨论，王国维、容庚、岑仲勉、陈梦家和叶国良等学者均有考证，分别见王国维：《书〈宣和博古图〉后》，载王国维：《观堂集林（外二种）》卷十八，第 454—455 页；容庚：《宋代吉金书籍述评》（1933 年首次发表，1963 年修改），载曾宪通编《容庚文集》，第 47—99 页；岑仲勉：《〈宣和博古图〉撰人》，《历史语言研究所集刊》1948 年第 12 本，第 353—361 页；陈梦家遗著，王世民整理《博古图考述》，《湖南省博物馆文集》第 4 辑，船山学刊杂志社，1998，第 8—20 页；叶国良：《〈博古图〉修撰始末及其相关问题》，《幼狮学志》1984 年第 18 卷第 1 期，第 130—142 页。目前基本认为《宣和博古图》为大观初年（1107）初修，经十余载积累，最后成书为《宣和重修博古图录》，参与其事者有宋徽宗、王黼、刘炳、董迫以及黄伯思，见王世民：《北宋时期的制礼作乐与古器研究》，载《考古学史与商周铜器研究》，社科文献出版社，2017，第 72—78 页。

4　在韩文彬和张临生关于李公麟与古器物学研究的基础上，史正浩对李公麟的金石研究做个案讨论，见史正浩：《北宋画家李公麟的金石收藏与著述》，《艺术探索》2016 年第 2 期。

5　郭永禧：《吕大临（1046—1092）〈考古图〉研究》，硕士学位论文，香港大学，2004；金玲：《吕大临〈考古图〉研究》，硕士学位论文，北京大学，2009；李小旋：《吕大临〈考古图〉研究》，硕士学位论文，中央美术学院，2009。

6　史正浩：《宋代金石图谱研究》（根据作者南京艺术学院 2013 年博士学位论文《宋代金石图谱的兴起、演进与艺术影响》整理修改），河南大学出版社，2017；黎晟：《宋人三代古物图像知识的形成、传播与重构》，《民族艺术》2018 年第 1 期，第 112—123、129 页。

7　陈芳妹关于朱熹《释奠仪式》形成与影响的讨论，见《与三代同风》：朱熹对"释奠仪式"的形成与影响》，《美术史研究集刊》2011 年第 31 期，第 61—118 页，载陈芳妹：《青铜器与宋代文化史》，台大出版中心，2015，第 191—255 页；谢明良指出陕甘地区元代墓葬出土仿古明器模仿《三礼图》中礼器，洛阳地区元代赛葬陶器则模仿北宋《宣和博古图》的系统，见谢明良：《北方部分地区元墓出土陶器的区域性观察——从漳县汪世显家族墓出土陶器谈起》，《故宫学术季刊》2002 年第 19 卷第 4 期，第 143—168 页；许雅惠将出土器物与图谱相对照，提出《博古图》除了直接印行成为金石古玩参考书籍之外，也借由礼图的转化，间接对民间祭器的制作产生影响，详见许雅惠：《〈宣和博古图〉的"间接"流传——以元代赛因赤答忽墓出土的陶器与〈绍熙州县释奠仪图〉为例》，《美术史研究集刊》第十四期，2003；另见许雅惠博士论文 Hsu, Ya-hwei, "Reshaping Chinese material culture: The revival of antiquity in the era of print, 960-1279" (PhD. dissertation, Yale University, 2010)；陈云倩博士论文第四部分"制造古物"（Appropriating Antiquity），见 Sena, Yun-Chiahn Chen, "Pursuing antiquity: Chinese antiquarianism from the tenth to the thirteenth century") PhD. dissertation, The University of Chicago, 2007. 图谱的制作与流传联系紧密，相关研究往往互有关联，如上述陈芳妹、谢明良、许雅惠、陈云倩等多位学者的研究即兼及这两方面。

积累，许雅惠对 20 世纪 20 年代至 2011 年关于宋代古物学的研究成果进行了较为完备的整理。[1] 此外，这一时期另一值得注意的现象是不断有学者从舆服制度、古物收藏与研究、仿古器制作、图谱流传等方面对宋代复古文化做综合研究，从历史学、考古学、文化史、艺术史、思想史等多角度审视宋代复古问题，不囿于单一方法和材料，大大拓宽了研究视域，复古问题渐成学界热点。

阎步克依据史料记载，探讨各朝代服制对《周礼》中六冕制度的采纳应用与变迁，揭示了历代帝王如何对待古礼传统，其间多论及复古问题。[2]

谢明良曾就器物的复古问题发表多篇专论[3]，时间上横跨唐宋元。他从考古出土实物出发，通过与相关图谱的比对，探究不同器物的参照来源，对了解不同时代和不同地域间复古文化的延续性和差异性特征提供了重要参考。

李零在《铄古铸今：考古发现和复古艺术》一书中将宋代金石学作为中国复古艺术的标本之二，将其归纳为三个阶段分别论述[4]，虽总体论述较为简略，但深入浅出，对宋代金石学乃至整个中国复古艺术轮廓的把握较为精准，所谓"复古"实为"变古"的认识富有创见且影响深远。

陈芳妹对宋代复古文化有较为全面且细致的讨论，自 2001 年以来

---

1 许雅惠：《关于宋代古物学之研究与讨论》，《中国史学》2011 年第 21 卷，第 67—77 页。

2 阎步克：《宗经、复古与尊君、实用（上）——中古〈周礼〉六冕制度的兴衰变异》，《北京大学学报（哲学社会科学版）》2005 年第 6 期，第 94—106 页；《宗经、复古与尊君、实用（中）——〈周礼〉六冕制度的兴衰变异》，《北京大学学报（哲学社会科学版）》2006 年第 1 期，第 95—108 页；《宗经、复古与尊君、实用（下）——〈周礼〉六冕制度的兴衰变异》，《北京大学学报（哲学社会科学版）》2006 年第 2 期，第 92—103 页。

3 谢明良：《探索四川宋元器物窖藏》，载区域与网络国际学术研讨会论文集编辑委员会《区域与网络——近千年来中国美术史研究国际学术研讨会论文集》，第 141—169 页；谢明良：《北方部分地区元墓出土陶器的区域性观察——从漳县汪世显家族墓出土陶器谈起》，《故宫学术季刊》2002 年第 19 卷第 4 期，第 143—168 页；谢明良：《记唐恭陵哀皇后墓出土的陶器》，《故宫文物月刊》2006 年第 279 期，第 68—83 页。

4 李零：《铄古铸今：考古发现和复古艺术》，第 64—99 页。

陆续发表数篇文章 [1]，后集结成《青铜器与宋代文化史》一书。她将古器物研究放在整个宋代社会文化背景下，追溯宋代古物学的兴起、古器物图谱和仿古铜器的制作与流传，同时对从士大夫到皇家"再现三代"的具体举措，及从考古到玩古的转变有具体讨论，并关注到礼器样式从中央到地方州县府学的传播，总体勾勒出宋代复古运动的轮廓。该书搜罗材料全面，研究视角和方法多元，为讨论宋代复古文化的经典之作。[2]

伊佩霞从收藏者和文化策略的视角讨论宋徽宗及其宫廷收藏和艺术活动，对古器物、书法和绘画三大著录书籍做系统梳理和介绍 [3]，其中专辟一章讨论宋徽宗的古物收藏和图谱《宣和博古图》。

孔令伟在新著中系统梳理了古物的观念变迁及其图像表达方式 [4]，在以往研究主要致力于宋代古器物和图谱的基础上，他还将与古物相关的鉴古、博古画以及拓本纳入讨论范围，材料丰富，视野广阔。该书关注到古器物及其图像的历史感与美感的关系问题，并以此反思中国自身的艺术史传统和研究方法，对中国艺术史学科而言具有相当重要的启示意义。

2010 年前后，美国大学陆续有博士学位论文以宋代古物或复古运动为主题展开研究：芝加哥大学 Sena, Yun-Chiahn Chen（陈云倩）以中西方古物研究的比较视角，从古物收藏、研究著作和制造古物等方

1 陈芳妹：《宋古器物学的兴起与宋仿古铜器》，《美术史研究集刊》2001 年第 10 期，第 37—160 页；《追三代于鼎彝之间——宋代从"考古"到"玩古"的转变》，《故宫学术季刊》2005 年第 23 卷第 1 期，第 267—332 页；《金学、石刻与法帖传统的交会——〈历代钟鼎彝器款识法帖〉宋拓石本残叶的文化史意义》，《美术史研究集刊》2008 年第 24 期，第 67—146 页；《"与三代同风"：朱熹对东亚文化意象的形塑初探》，《美术史研究集刊》2011 年第 31 期，第 61—118 页。

2 陈芳妹：《青铜器与宋代文化史》。

3 Patrica B. Ebrey, *Accumulating Culture: The Collections of Emperor Huizong*（University of Washington Press, 2008）；另有 "The Palace and the Collection of Cultural Relics at the Court of Song Huizong"，该文未出版，于 2003 年 11 月发表演讲于德国波恩。

4 孔令伟：《悦古：中国艺术史中的古器物及其图像表达》，上海书画出版社，2020。

面探讨宋代古物运动和物质文化，该论文已于 2019 年出版 [1]；哈佛大学 Jeffrey Moser（孟絜予）在其博士学位论文中首先指出周礼经典和古铜器的发现在 11 世纪的汇合，并试图揭示北宋古铜器的重新发现如何改变传统经学的阐释方式，他主张将古物研究与礼学思想相关联，进而探讨古铜器如何影响宋代士大夫生活 [2]；耶鲁大学 Hsu, Ya-hwei（许雅惠）的博士学位论文系统阐释了两宋时期的古物复兴运动对中国物质文化的重塑，从古器收藏、仿古器制作与流传的角度讨论复古文化理想如何从北宋宫廷传播到南宋民间，从而对中国物质文化产生改变，同时指出印刷时代对图谱传播的影响 [3]，其中对北宋时期从士大夫到皇家古物收藏与研究的政治意图、古物图谱与仿古器的制作及其在不同时期和不同地域间的传播等问题有细致且深入的讨论。三位学者的研究各有侧重，共同为宋代复古运动的研究推进了重要一步。

近年来，越来越多的学者关注到宋以外的复古现象，如张闻捷对于战国时代铜器复古的讨论 [4]，巫鸿对房形椁的讨论 [5]，范淑英对隋唐墓

1 Sena, Yun—Chiahn Chen, "Pursuing antiquity: Chinese antiquarianism from the tenth to the thirteenth century" (PhD. dissertation, The University of Chicago, 2007). Sena, Yun—Chiahn Chen, *Bronze and Stone: The Cult of Antiquity in Song Dynasty China*, (University of Washington Press, 2019). 该书中文版《金石：宋朝的重古之风》已于 2022 年 8 月由社会科学文献出版社出版。

2 Jeffrey Moser, Recasting Antiquity: Ancient Bronzes and Ritual Hermeneutics in the Song Dynasty (PhD. dissertation, Harvard University, 2010).

3 Hsu, Yahwei, Rechaping Chinese material culture: The revival of antiquity in the era of print, 960—1279 (PhD. dissertation, Yale University, 2010). 许雅惠就宋代复古问题发表有多篇文章：《〈宣和博古图〉的"间接"流传——以元代赛奥赤答忽墓出土的陶器与〈绍熙州县释奠仪图〉为例》，《美术史研究集刊》2003 年第 14 期，第 1—26 页；《南宋金石收藏与中兴情节》，《美术史研究集刊》2011 年第 31 期；《评 Patricia B.Ebrey, Accumulating Culture: The Collections of Emperor Huizong》，《新史学》2010 年第 3 期；《关于宋代古物学之研究与讨论》，《中国史学》2011 年第 21 卷，第 67—77 页；"Antiquities, Ritual Reform, and the Shaping of New Taste at Huizong's Court", *Artibus Asiae*, Vol.73, No.1(2013), pp.137—180；《宋、元〈三礼图〉的版面形式与使用——兼论新旧礼器变革》，《台大历史学报》2017 年第 60 期，第 57—117 页；《北宋晚期金石收藏的社会网络分析》，《新史学》2018 年第 4 期，第 71—124 页；《宋代士大夫的金石收藏与礼仪实践——以蓝田吕氏家族为例》，载浙江大学艺术与考古研究中心编《浙江大学艺术与考古研究（第三辑）》，浙江大学出版社，2018，第 131—163 页。

4 张闻捷：《战国时代的铜器复古》，《考古》2017 年第 4 期，第 91—102 页。

5 ［美］巫鸿：《"华化"与"复古"——房形椁的启示》，郑岩译，《南京艺术学院学报（美术与设计版）》2005 年第 2 期，第 1—6 页。后载［美］巫鸿著，郑岩、王睿译《礼仪中的美术：巫鸿中国古代美术史文编》，生活·读书·新知三联书店，2005，第 659—671 页。

中"古镜"的关注[1]，李明对于潼关税村隋墓石棺升仙题材复古现象的解读[2]，杨效俊对于中古墓葬中复古现象的讨论[3]等。袁泉长期关注元代墓葬的仿古现象[4]，在《蒙元时期中原北方地区墓葬研究》中专设一章，从地域特征、政治与文化、所属人群等角度讨论"洛—渭"流域元朝墓葬的复古问题。王屹峰的《古砖花供：六舟与 19 世纪的学术和艺术》[5]和薛龙春的《古欢：黄易与乾嘉金石时尚》均从具体人物及其作品和活动的视角讨论清代的复古问题，后者关注到金石学在清代向艺术的转向[6]。此外，新近出版的《孔庙文物与政治：东亚视野中的台湾府学文物》[7]和《琢玉成器：考古艺术史中的玉文化》[8]，亦对反思不同时代、不同场域和媒介间的复古问题有启示意义。

因家学背景和礼学家的特殊身份，吕大临及蓝田吕氏一直为学界所关注，研究成果涉及历史学、考古学、美术史、思想史等多个领域。对蓝田吕氏遗著的整理是学术研究的基础，陈俊民对蓝田吕氏遗著进行了综合整理和校对[9]，曹树明点校整理的《蓝田吕氏集》补充了《蓝田吕氏遗著辑校》未收录部分[10]。在此基础上，学界展开了对蓝田吕氏

1 范淑英：《隋唐墓出土的"古镜"——兼论隋唐铜镜图文的复古问题》，《故宫博物院院刊》2010 年第 6 期，第 104—125 页；范淑英：《〈古镜记〉于中晚唐道教的"古镜"再造》，载荣新江主编《唐研究》（第 18 卷），北京大学出版社，2012，第 173—200 页。

2 李明：《潼关税村隋代壁画墓石棺图像试读》，《考古与文物》2008 年第 3 期，第 48—52 页。

3 杨效俊：《中古墓葬中的复古现象研究》，载《陕西历史博物馆馆刊》（第 23 辑），三秦出版社，2016，第 62—77 页。

4 袁泉：《洛渭地区蒙元墓随葬明器之政治与文化考》，《中国国家博物馆馆刊》2013 年第 10 期，第 61—78 页；《略论"洛—渭"流域蒙元墓葬的区域与时代特征》，《华夏考古》2013 年第 3 期，第 105—114 页；《复古维新：洛—渭地区蒙元墓葬"复古化"的再思》，载北京大学中国考古学研究中心编《两个世界的徘徊：中古时期丧葬观念风俗与礼仪制度学术研讨会论文集》，科学出版社，2016，第 343—366 页。

5 王屹峰：《古砖花供：六舟与 19 世纪的学术和艺术》，浙江人民美术出版社，2017。

6 如薛龙春在《古欢：黄易与乾嘉金石时尚》中指出，乾嘉时期黄易的一系列访古、访碑活动以及与金石有关的信札、书画实践，客观上促进了这一时期金石学的转向，由北宋金石学注重铭文考证与证经补史，转向对金石拓本的艺术性的重视，成为金石学研究的崭新方向。见薛龙春：《古欢：黄易与乾嘉金石时尚》，生活·读书·新知三联书店，2019，第 210—211 页。

7 陈芳妹：《孔庙文物与政治：东亚视野中的台湾府学文物》，台大出版中心，2020。

8 苏芳淑：《琢玉成器：考古艺术史中的玉文化》，褚馨、代丽鹏、许晓东译，上海书画出版社，2021。

9 陈俊民辑校《蓝田吕氏遗著辑校》，中华书局，1993。

10 〔宋〕吕大临等：《蓝田吕氏集》，曹树明点校整理，西北大学出版社，2015。

家族[1]、著作和思想的研究，如关于蓝田四吕著作的专题讨论[2]，对吕大临《中庸解》及礼学思想的系统梳理[3]，刘丰在《北宋礼学研究》中将礼学放在整个北宋儒学发展和思想史的演变脉络中，提出宋代礼学的三个派别，将吕大临的《考古图》和王黼的《宣和博古图》作为礼图学派发展的重要代表[4]，并在"礼学与理学的互动"中专辟一节论述吕大临的《礼记解》[5]。

吕大临及其《考古图》是考古学和美术史关注的焦点，除前文所述专论中的相关部分外，多位学者曾就《考古图》的成书作专文讨论：程旭在关学的思想背景下讨论了吕大临及其《考古图》成书[6]；曾有 3 篇硕士学位论文以《吕大临〈考古图〉研究》为题，其中李小旋的论文从视觉视角研究吕大临《考古图》的编写特征和古器物形象在不同作品中的再现，以此揭示《考古图》对人们视觉文化生活的影响[7]；孟絜予将《考古图》放在吕大临礼学思想的语境下，提出古物研究是其践行"礼"的一部分，而非仅仅出于对古物的兴趣，因此充分了解吕大临的礼学思想是研究《考古图》的关键[8]。吕大临关于青铜器的定名也是研究者关注的重点之一。[9]另有多位学者对《考古图》的版本问题进行考

1 潘静：《北宋蓝田吕氏家族内部人际规范的构想与运行》，硕士学位论文，西北大学，2018。

2 李如冰：《宋代蓝田四吕及其著述研究》，人民出版社，2012。

3 李红霞：《吕大临〈中庸解〉简论》，载陈来主编《早期道学话语的形成与演变》，安徽教育出版社，2007，第 63—69 页；文碧方：《关洛之间：以吕大临思想为中心》，中华书局，2011。

4 刘丰：《北宋礼学研究》，中国社会科学出版社，2016，第 7—68 页。

5 同上书，第 480—507 页。

6 程旭：《吕大临与关学及〈考古图〉》，《文博》2007 年第 6 期，第 59—61 页。

7 李小旋：《吕大临〈考古图〉研究》，硕士学位论文，中央美术学院，2009；另有郭永禧：《吕大临（1046—1092）〈考古图〉研究》，硕士学位论文，香港大学，2004；金玲：《吕大临〈考古图〉研究》，硕士学位论文，北京大学，2009 年。相对于李小旋的论文，后两篇硕士论文偏重对《考古图》版本的考察和内容的考订。

8 Jeffrey Moser, The Ethics of immutable Things: Interpreting Lü Dalin's "Illustrated Investigations of Antiquity", *Harvard Journal of Asiatic Studies*, Vol.72, No.2 (December 2012), pp.259-293.

9 姚草鲜：《论吕大临〈考古图〉对先秦青铜器的定名》，《文物春秋》2015 年第 3 期，第 36—40 页；高会彬：《吕大临的铜器铭文研究》，硕士学位论文，西南大学，2015。

察。[1] 此外，对于吕大临的生卒年和学术思想的关注不断[2]，新近出版的《道由中出：吕大临的道学阐释》，对吕大临的道学思想做了深入且系统的阐释[3]。

以上关于吕大临及《考古图》的研究主要集中在观念层面，突破性进展得益于 2006 年蓝田吕氏家族墓的考古发掘，排列有序的墓地布局，大量精美随葬品及古器、仿古器的出土，大大拓宽了研究视野，为讨论蓝田吕氏及其复古研究打开了新局面，新材料的出土为从实践层面讨论吕氏的复古问题提供了重要基石[4]。

吕氏家族墓发掘者张蕴率先对吕大临墓形制，吕氏墓出土古器、仿古器与《考古图》的关系等问题进行探究，还讨论了吕氏墓出土的瓷器[5]。许雅惠从实践的角度，探讨了墓地布局、随葬古器和仿古器与吕氏收藏，为吕氏家族的礼仪实践研究推进了重要一步[6]，她指出北宋中晚期士大夫研究金石古器追求的不仅是纯粹的纸上学问，还具有强烈的实践面向，且在徽宗朝礼制改革的刺激下，最终也进入礼仪实践的场域。王小蒙等学者就吕氏家族墓形制及分期、随葬品组合和功能进行探究[7]，使得学界对于吕氏墓有更进一步的认识。另有对

---

1 李玉奇:《〈考古图〉钱曾藏本非影宋本考》,《古籍整理研究学刊》2001 年第 5 期, 第 50—54 页；范祯:《北宋吕大临考古图的版本考察》,《艺术生活》2014 年第 2 期, 第 74—77 页。

2 李如冰:《吕大临生卒年及有关问题考辨》,《宝鸡文理学院学报（社会科学版）》2009 年第 6 期, 第 28—30 页；张波:《吕大临生卒年及有关其〈祭文〉之作者考辨》,《唐都学刊》2009 年第 2 期, 第 92—94 页；王文娟:《吕大临的"礼"论》,《兰州学刊》2010 年第 6 期, 第 12—16 页；王文娟:《吕大临早期思想研究》, 硕士学位论文, 北京大学, 2007；陈海红:《吕大临理学思想研究——兼论浙东学派的学术进程》, 浙江工商大学出版社, 2013；石磊:《吕大临学术思想研究》, 硕士学位论文, 南昌大学, 2007；王亚楠:《吕大临礼学思想研究》, 硕士学位论文, 陕西师范大学, 2017。

3 邸利平:《道由中出：吕大临的道学阐释》, 中华书局, 2020。

4 陕西省考古研究院:《陕西蓝田县五里头北宋吕氏家族墓地》,《考古》2010 年第 8 期, 第 46—52 页；陕西省考古研究院、西安市文物保护考古研究院、陕西历史博物馆编著《蓝田吕氏家族墓园》。

5 张蕴:《蓝田墓地与北宋藏家吕大临的〈考古图〉》,《美成在久》2016 年第 1 期, 第 6—19 页；张蕴:《陕西蓝田北宋吕氏家族墓出土瓷器综述》,《中国陶瓷》2017 年第 12 期, 第 182—187 页。

6 许雅惠:《宋代士大夫的金石收藏与礼仪实践——以蓝田吕氏家族为例》, 载浙江大学艺术与考古研究中心编《浙江大学艺术与考古研究》（第三辑）, 第 131—163 页。

7 王小蒙、于春雷:《北宋吕氏家族墓及随葬品的若干问题》, 载沈岳明、郑建明主编《两宋之际的中国制瓷业》, 文物出版社, 2019, 第 42—52 页。

吕氏墓出土具体器物如瓷器、古器的专门研究和对具体墓葬的专门讨论。[1]

上述研究虽大多对吕氏的墓葬和古器、仿古器有所谈及，但部分文章发表时吕氏家族墓考古报告尚未发表，墓葬信息披露并不完整，因此相关研究相对简略，如许雅惠文章中涉及吕氏古物实践的部分，只讨论了个别出土仿古器，且主要从观念层面谈到《考古图》对《宣和博古图》的影响以及徽宗礼仪改革的问题，而对吕大临及吕氏家族本身的古物实践未着太多笔墨。因此整体上看，目前学界对吕氏家族复古实践缺乏专门系统的讨论，而蓝田吕氏作为北宋中后期主张复古士大夫的重要代表，对其古器物研究和复古实践的深入挖掘，将为了解北宋时期复古进程的大体面貌提供重要剖面。

研究思路与方法

在艺术史研究领域，相比以往备受关注的宋代文人画，关于文人复古观念与实践的讨论缺少长期深厚的积累，尽管近年来一些重要学者陆续发表了富有创见的研究，但尚未形成系统的成果。本书对于北宋复古问题的讨论，至少包含两个维度：一是复古文化本身，这一传统从古至今都有延续，且存在于观念和实践两个层面，本书主要侧重实践层面的讨论；二是文化生产主体，历代复古文化中，主要有皇家和文人两个阶层，本书着重于对文人阶层的讨论，文人阶层是北宋文化生产的新生亦是核心力量，从兴起之初就与艺术、复古有着密切联系，因此北宋文人文化亦是历来艺术史研究的核心问题。

就复古文化而言，复古存在于多个方面，所谓的"古"可以是

---

1 刘涛：《吕氏家族墓出土的北宋耀州瓷》，《收藏》2016 年第 5 期，第 46—53 页。张懋镕、师小群：《收藏世家 珍玩荟萃——陕西蓝田吕氏家族墓地出土青铜器撷英》，张临生：《北宋蓝田吕氏家族墓出土吕岅墓考辨》，分别载程旭编著《金锡璆琳——蓝田吕氏家族墓出土文物》，第 115—117、118—129 页。

某个时代、某个人／物、某种风格，具体到某个器物上，又可以是某类器型和纹饰。而对这些不同方面的追复，又与不同个人和群体的特质和面向有一定关联，是了解不同社会和群体文化的重要途径。吕大临《考古图》成书的北宋中后期为古器物学发展的重要时期。在此之前，古器物书籍只是零星出现，且书籍本身不成系统和规模，社会上复古浪潮尚不成风；在此之后，尤其《宣和博古图》的出版及宋徽宗时期大力求购古器，使得朝野之间、中央及地方州县，搜求和仿制古器之风大盛，《考古图》成书的北宋中后期正处于这一转变的关键节点上，因此对吕大临及吕氏家族复古实践的讨论，为了解这一时期文人的复古文化有着重要意义。

因吕氏的特殊身份和礼学的家学背景，吕氏家族墓一经发现就受到诸多关注，学者多将墓葬材料与文献记载进行对读，试图勾勒出吕氏更为鲜明的礼学实践者身份，进而夯实其既定形象。但事实上，墓葬材料（包括文字材料和实物材料）和传世文献之间能否形成一致的对应关系，抑或为本来单纯清晰的吕氏形象增添另一层面貌，墓葬材料与文献记载之间的张力，正是本书研究的关键所在。

本书的核心问题是蓝田吕氏的复古实践，包括吕氏为什么复古、复什么样的古和如何复古三个层面的问题，对以上问题的思考贯穿本书始终，并通过四章的论述，在本书最后反思吕氏复古的面向。

具体来说，吕氏的复古实践包括丧葬实践和古器物实践两方面，本书注重复古问题在实践层面的讨论，即从实际可见的器物和现象出发，辅以传世文献，同时关注文本、实物与图像之间的关系，试图构建一种以实物为主体的叙事模式，通过对具体实体／物，如墓地布局、葬制选择，古器、仿古器实践和古物改造，以及相关现象，如铭文题写方式和内容的细致观察，剖析其背后反映的观念和文化，并试图阐释这些观念是如何运用于实践的。

总体思路上，本书关注实物、现象本身，同时注重其背后的人及二者间的关系，既透物见人，又见时代，见文化，将吕氏家族的复古实践放在整个北宋文人文化中考察，是本书的基本视角。

第一章以墓主为着眼点，关注蓝田吕氏本身及其所处时代的文化面貌。以出土墓志为核心勾勒出清晰、具体的家族世系传承，并对蓝田吕氏生活的北宋中后期的复古趋势和古器物研究情况加以铺陈，建立历史语境，与此同时，探讨吕大临《考古图》的成书背景和具体特征。

第二章聚焦吕氏家族墓，讨论吕氏复古实践中的丧葬实践问题。首先指出吕氏墓园和墓葬在规划布局和具体设置上的诸多特别之处，并试图揭示产生这些现象背后的观念和思想来源，同时关注随葬品的普遍性特征。对女性的态度亦是古代礼制的重要部分，因此在第二章第三节主要讨论吕氏家族女性墓的设置和随葬品，并对其反映的时代文化特征做出剖析。本章三节之间在视角上呈现出从宏观到微观的转变，从墓园布局到墓葬设置再到女性墓葬的专门讨论，层层递进，节节缩微；由面到点，既关注整体的布局，又注意见微知著。

第三章则转向吕氏墓中"藏品"，讨论吕氏复古实践中的古器物实践问题，尝试将考古发掘的古器和仿古器作为吕氏藏品的核心部分进行讨论，对比同时期士大夫墓葬随葬品，从器类、形制、归属及功能等角度阐述这批材料的特别之处，并对其中有代表性且频繁出现的器物，如敦、磬，以及特别现象如古物改造，做专门讨论，试图揭示这些实践背后潜在的观念和意图。本章四节平铺并列，彼此间独立，各自成节。

第四章就吕氏墓随葬仿古器铭文的具体形式和特殊的处理方式，即题写行为做细致观察和分析，并与北宋时期的文化风尚如器物题铭、文人题壁和书画题跋相互联系，进而反观吕氏家族古器物实践的面向乃至整个复古实践问题。

最后，通过以上对于吕氏家族复古实践的分析，重新回到原初的问题，进一步反思对于蓝田吕氏来说，复古究竟意味着什么，相比于吕氏家族墓发掘之前，我们的认识发生了怎样的改变？

正是因为吕氏家族墓的发现，文献记载的吕氏复古观念不再是"空谈"，也正因为吕氏遗著的传世，吕氏墓遗物也不会是"失语的孤儿"，二者的有机结合，既为我们勾勒出生动鲜活的吕氏家族及其复古实践的整体面貌，更为我们进一步了解北宋时期的复古研究与实践提供了绝佳的契机，同时通过对具体实践的细微观察与视觉剖析，呈现出北宋文化的多样性，为审视时代文化提供了另一种视角。

蓝田吕氏为北宋书香世家，以躬行古礼著称。"四吕"（吕大忠、吕大防、吕大钧、吕大临）在《宋史》中有传[1]，并有遗著存世。吕氏家族显赫一时，其中吕大防官至宰相。除"四吕"外，以往学界对吕氏其他成员和家族脉络知之甚少。2006年吕氏家族墓被发现，呈现出排列有序的墓地布局，出土古器、仿古器等随葬品：一方面，弥补了长期以来实物材料的缺憾，大量吕氏墓志的出土为了解吕氏世系和具体的人物形象提供了更为丰富且翔实的资料；另一方面，墓葬材料（包括文字材料和实物材料）和传世文献之间能否形成一致的对应关系，抑或为本来单纯清晰的吕氏形象增添另一层面貌，多重视角下的吕氏形象是否一致成为新的课题。

蓝田吕氏生活的时代历经仁宗、英宗、神宗、哲宗和徽宗前期，主要为北宋中期，正是皇家制礼作乐肇始、士大夫古器收藏之风渐行、古器不断被发现的时代。吕大临在《考古图·自序》中已明确提出他对所处时代的看法："斯文已丧，古礼尽失。"因此，礼失何求成为吕大临及其时代士人所面临的共同问题，而追复古礼，从古器古迹中寻求出路无疑是一条重要途径。就这一途径而言，不同人群又有不同方式，而对其间差异的大体了解，有助于我们更为客观地看待吕氏家族的复古实践，亦将吕氏的复古实践纳入历史的语境中。

1 〔元〕脱脱等：《宋史》卷三百四十《吕大防传》，中华书局，1985，第 10839—10849 页。

礼失何求

蓝田吕氏与北宋中期古器物研究

第一章

第一节

吕氏家族墓的发现与蓝田吕氏

吕氏家族墓的发现

2006 年，陕西省考古研究院对蓝田县三里镇五里头村吕氏家族墓园进行系统发掘[1]，园内建有家庙[2]、神道、石刻、兆沟等，北部为家族墓群，共发掘墓葬 29 座，出土文物 665 件（组），是迄今为止发现的最完整的北宋家族墓地。墓地布局排列规整，自南向北横向分为 4 排，以中轴线对称分布吕氏嫡系家族成员五代人的 29 座墓（图1-1），辈分明确，长幼有序。墓中出土了丰富的随葬品，以瓷器数量最多且最为精美，随葬品十分显著的特征是古器、仿古器的出土，种类涉及磬、敦、鼎、簋、匜、盘、炉、玉璧等，仿古器中尤以磬和敦数量最多（图1-2），部分器物表面刻有长篇铭文，为同时期其他墓葬所不见，十分特别。

---

1 陕西省考古研究院：《陕西蓝田县五里头北宋吕氏家族墓地》，《考古》2010 年第 8 期；陕西省考古研究院、西安市文物保护考古研究院、陕西历史博物馆：《蓝田吕氏家族墓园》。

2 原报告《蓝田吕氏家族墓园》称墓园内的祭祀建筑为家庙，本书此处引述考古发掘成果时，直接引用原报告中"家庙"的称谓。相关研究详见第二章第一节。

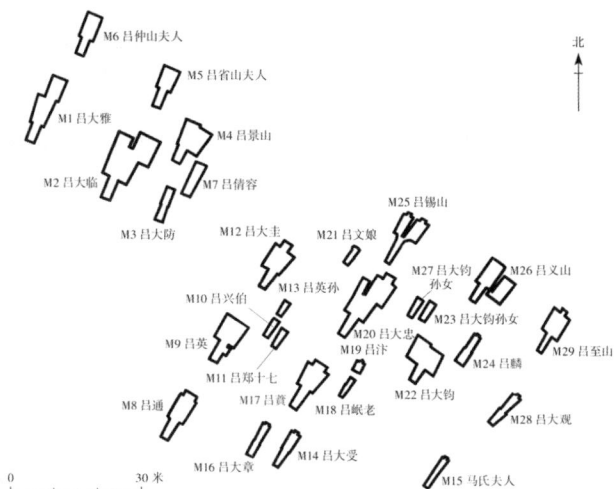

图 1-1　蓝田吕氏家族墓园墓葬分布平面图

　　吕大临《考古图》中收录大量三代至秦汉古器，其中 10 件为其家族所藏 [1]，遗憾的是，这 10 件古器均没有出现在吕氏墓中，且墓中出土仿古器，从材质、形制、纹饰到铭文，都与三代古器相去甚远，多为形似。虽不排除受材料获得、制作工艺的难度限制，但这一现象恰恰印证了吕大临"形容仿佛以追三代遗风"的自述，即求其形似和遗风，而非复现三代。相比于文献中恪守古礼的鲜明形象，墓中的仿古器反映出吕氏"行礼知变"的一面，因而吕氏的形象也变得立体多面，关于这一问题，将在第三章中详细论述。

　　吕氏家族墓发现以前，因特殊的家族身份和家学背景，吕氏已受到诸多关注，相关研究主要依据文献记载。从传世文献中可大体勾勒出蓝田吕氏的面貌：吕氏祖籍河南汲郡（今河南卫辉），世代书香，家

---

[1] 分别为父己鬲、散季敦、兽环细文壶二、兽环壶二、特钟、编钟、首山宫雁足灯、甘泉上林宫灯、螭首平底豆、螭首平底三足镜，参见〔宋〕吕大临等：《考古图：外五种》。

图 1-2
上：吕大雅墓室
下：吕义山墓室（局部）

族多位成员曾登科入仕，深谙古礼，德才兼备，尤以"蓝田四吕"最为著名。但关于"四吕"的先祖与后辈，传世文献着墨不多或不见记载，使学界对其家族整体脉络了解有限。陕西蓝田吕氏家族墓的系统发掘和墓志的发现，不仅印证了传世文献的相关记载，还补充了大量具体的细节材料，勾画出吕氏清晰的家族谱系。

吕氏的祖父辈与家学

据墓志，吕氏世居汲郡，"起家俱至大官士族，衣冠之盛，世莫能比"[1]，先祖为五代吕咸休，号称三院吕氏之一，史料记载有"五代时吕姓为侍郎者三人，皆名族，俱有后，仕本朝为相"，其中之一即吕咸休，"周显德间户部侍郎，七世孙正愍大防相哲宗"[2]，另两人为吕琦和吕梦奇，分别为吕端和吕蒙正、吕夷简的先祖。墓志记载吕咸休历任"给事中，左散骑常侍，迁户部侍郎"[3]，"周尚书户部侍郎，赠右仆射"[4]，更正并补充了五代史中的部分记载[5]。另据《河南通志》载，可知吕咸休墓在新乡县城东南吕公村[6]。

吕咸休子吕鹄，太子中允，赠太傅，开宝七年（974）因坐盗被决杖除名。[7]吕鹄子吕通，举进士，登淳化二年（991）甲科，真宗时除

1　吕大雅墓志，载陕西省考古研究院、西安市文物保护考古研究院、陕西历史博物馆编著《蓝田吕氏家族墓园》，第 232 页。
2　丁传靖辑《宋人轶事汇编》卷六《吕夷简》，中华书局，2003，第 265 页。
3　吕大雅墓志，载陕西省考古研究院、西安市文物保护考古研究院、陕西历史博物馆编著《蓝田吕氏家族墓园》，第 232 页。
4　吕通墓志，载陕西省考古研究院、西安市文物保护考古研究院、陕西历史博物馆编著《蓝田吕氏家族墓园》，第 435 页。
5　如后晋高祖时任礼部郎中，见〔宋〕薛居正等：《旧五代史》卷七八《晋书四·高祖纪第四》，中华书局，1976，第 1026 页；后周太祖时为左散骑常侍，见〔宋〕薛居正等：《旧五代史》卷一百一十二《周书三·太祖纪第三》，第 1478 页。
6　〔清〕田文镜：《河南通志》卷四十九，载〔清〕纪昀、永瑢等编《景印文渊阁四库全书》第 537 册，第 61 页。
7　〔宋〕李焘：《续资治通鉴长编》（第 1 册）卷十五，中华书局，2004，第 318 页。

太常博士。吕通子男二人，为吕英和吕蕡；女三人；孙九人。通过吕通、吕英、吕蕡墓志可大体建构出吕氏家族支系脉络 [1]。

长子吕英终著作佐郎、赠朝散大夫，举进士，天圣八年（1030）登第，在郏城任职后迁居于此。生男三人——吕大圭，右宣德郎、朝散郎；吕大章早夭；吕大雅陈州南顿县主簿，承务郎。生女三人。

次子吕蕡曾任朝奉郎、尚书比部郎中、赠太师，追封莘国公。生男六人——长吕大忠，秘书丞、宝文阁直学士、朝散大夫；次吕大防，尚书度支员外郎；次吕大钧，光禄寺丞、秦州右；次吕大受，同进士出身；次吕大临，颍州团练推官；次吕大观，不仕；其中吕大受和吕大观皆早卒。女二人。孙男四人，女六人。曾孙三人。

吕通咸平五年（1002）三十七岁卒，赠尚书祠部郎中。吕英卒于皇祐二年（1050），享年五十有六。二人去世后于嘉祐六年（1061）九月首葬于蓝田骊山李村，后于熙宁五年（1072）改葬于县北五里太尉塬。吕蕡熙宁七年（1074）卒于家，享年七十有五。吕蕡自任职京兆后便举家迁居于此，并提出"骊山西原道险非计，当迁于平易地，使世世不以葬劳人"，故死后选址蓝田太尉塬营建家族墓园，自吕蕡开始，至其曾孙辈，吕氏家族成员多安葬于此。

由此，吕氏自吕咸休起家，经吕鹄和吕通，在吕蕡一支达到兴盛显贵。吕蕡六子皆贤明，均为进士出身，部分登科入仕，其中吕大防官至宰相，其余几人除早夭者外皆以才学名于乡里，为关中衣冠谱弟之首。吕蕡之兄吕英一支虽身居颍城，但卒后均返葬蓝田先茔，且吕英及其夫人王氏的墓志铭均由吕蕡一支子辈撰写，如吕英墓志为吕大忠撰，吕大受书，王氏墓志为吕大防撰并书，也侧面反映出吕蕡一脉在吕氏家族中的显赫地位和被认同。

1　吕通、吕英、吕蕡墓志，载陕西省考古研究院、西安市文物保护考古研究院、陕西历史博物馆编著《蓝田吕氏家族墓园》，第435、471、605页。

蓝田吕氏家学深厚，自吕咸休始已初有显露，《河南通志》记载吕咸休"器度宏伟，幼即超迈不群，稍长锐志，学问博通古今"[1]。吕通刻苦自立，精文学，有文集十卷藏于家。吕蕡弱冠时文辞学问已高，在乡贤中崭露头角，居乡以道义教育子弟后进，注重道义忠信。吕英身居颍城，"沉默仁厚，平居隐几，终日不出一言，顾名利淡疏如有所避，遇事矫矫不可夺也"。其忠厚隐幽、淡泊名利之志向，也是吕氏后辈家风的另一特色。至吕蕡子辈时，吕氏已名扬关中，六子均为进士，知名当世，吕通墓志记载："诸孙烨然，皆以文章才德自进，关西号多豪杰，至语士族则莫敢与吕氏为比"，可见其家族当时声名之大。吕氏十分注重复古学礼，如吕大忠夫人樊氏墓志记："吕氏世学礼，宾、祭、婚、丧莫不仿古，平居贵贱长幼必恭。"[2] 此外，蓝田吕氏成员之婚配也多出于士族之家或京师名门，受过良好的儒家教育，皆以才德和孝悌著称。据墓志，吕通妻张夫人、吕蕡夫人方氏、吕大钧夫人种氏都出身名门，吕大忠夫人为姚氏，世为京兆右姓，与当世贤豪交好。夫人们均秉持闺门懿范与淑德，卓尔不群，这也是吕氏得以数代传承家学的原因之一。

迁居关中蓝田

吕氏家族自吕蕡羁旅入关而迁居京兆府蓝田，并葬其父吕通于蓝田，吕英虽官于汝而率其子孙居于颍城，但因吕蕡诸子仕益显贵，吕英一支去世后均返葬蓝田，即墓志记载："家颍城者必反（返）葬从先茔也。"[3] 蓝田山清水秀的自然地理因素是吕蕡因家并选葬于此的直接原

1　〔清〕田文镜：《河南通志》卷五十八，载〔清〕纪昀、永瑢等编《景印文渊阁四库全书》第537册，第463页。
2　樊氏墓志，载陕西省考古研究院、西安市文物保护考古研究院、陕西历史博物馆编著《蓝田吕氏家族墓园》，第657页。
3　吕大雅墓志，载陕西省考古研究院、西安市文物保护考古研究院、陕西历史博物馆编著《蓝田吕氏家族墓园》，第232页。

因,如文献记载吕蕡"过蓝田,爱其山川风景,遂葬通于蓝田,因家焉"[1]。又如吕大防撰吕英夫人王氏墓志铭云:"周原之丘,千载是图。"蓝田所处之陕西关中,系多朝京畿所在,唐代时为两京之一,为南北要冲,有着深厚的文化底蕴,历代生于蓝田或任官于此的文化士人辈出[2],如唐代柳宗元曾任蓝田尉、贾岛由渭南主簿迁蓝田令,最为著名的要数居于蓝田辋川的唐代诗人王维。北宋以来,包括蓝田在内的关中地区士人崇尚古礼,宋敏求《长安志》记载"(长安)世家则好礼文"[3],《蓝田县志》明隆庆五年(1571)刻本中专设"礼制"一节,分述"正旦朝贺礼""迎诏礼""鞭春礼""救日食礼""祭先师礼""祭启圣公礼""祭县社稷礼""祭丝风云雷雨山川城隍礼""祭名宦乡贤礼""祭县厉礼"等[4],为其他地方志所不设,即便在陕西地区也为特例,可见古代蓝田地区对于礼制的重视。另"县俗"一节记"(当地)民性质直,习俗淳雅……宋儒吕氏行有乡约,即今民间朔望有会,婚丧有助,又先儒之遗风也"[5],可见吕氏之学风和思想在蓝田的盛行。吕氏家族中吕大钧、吕大临、吕大观均从学于张载,吕大防曾举荐张载。张载曾讲学关中,听者甚众,追随者众多,对于张载之躬行礼教、复古主张的了解有助于更深入地把握北宋时期关中的地域学风。[6]

张载,字子厚,长安人,与吕大钧同于嘉祐二年(1057)举进士,少年时喜读兵书,后受范仲淹指点,始读《中庸》。熙宁初,御史中丞吕公著言其有古学,向神宗举荐,张载因朝廷之新政而请辞。[7]后移居

---

1 〔清〕刘于义:《陕西通志》卷七十,载〔清〕纪昀、永瑢等编《景印文渊阁四库全书》第555册,第153页。

2 〔明〕《蓝田县志》卷之上,明隆庆五年(1571)刻本。

3 〔宋〕宋敏求、〔元〕李好文:《长安志·长安志图》卷第一《风俗》,辛德勇、朗洁点校,三秦出版社,2013,第125页。

4 〔明〕《蓝田县志》卷之上,明隆庆五年(1571)刻本,第27页。

5 同上。

6 本书仅对张载复古和礼教主张做简单铺陈,关于张载思想主张的全面研究,见陈俊民:《张载哲学思想及关学学派》,人民出版社,1986。

7 〔明〕冯从吾:《关学编·附续编》卷一《宋·横渠张先生》,陈俊民、徐兴海点校,中华书局,1987,第2页。

终南山下，终日危坐读书思考，弊衣疏食，与门人诸生讲学，每告以知礼成性，变化气质之道，学必如圣人，并指出秦汉以来学者之大弊在于知人而不知天，求为贤人而不求为圣人。因此提出，尊礼贵德乐天安命，以易为宗，以中庸为体，以礼为教，以孔孟为法。[1]

在丧祭礼法方面，张载勉修古礼，"为薄俗倡，期功而下，为制服，轻重如仪实；始行四时之荐，曲尽诚洁。教童子以洒扫应对，给侍长者；女子未嫁者，必使观于祭祀，纳酒浆，以养逊弟，而就成德"[2]，改变了之前"丧仅隆三年，期以下，恬未有衰麻之变"和"祀先之礼，用流俗节序"的局面，仿效者甚众，关中风俗为之大变。此外，张载主张立宗子法，以便"收宗族、厚风俗，使人不忘本"[3]。张载学古力行，笃志好礼，为关中士人宗师。

此外，从墓志记载来看，参与蓝田吕氏墓志、志盖撰写者，除了吕氏家族内部成员，还有一些当时著名的儒士文人，他们大多曾在关中及周边任官，在《宋史》中有传，且也多主张尊古复礼，如为吕大受和吕大观墓志撰铭、作《吕和叔墓表》的范育，为吕大钧夫人种氏撰写墓志的苏昞，为吕大忠夫人樊氏墓志篆盖的游师雄，均从学于张载，与吕大钧、吕大临、吕大观同为张载门生；为吕大圭墓志篆盖的邵伯温，为理学家邵雍之子，与蓝田吕氏、程颐、程颢多有交往，有《邵氏闻见录》传世；曾为吕大雅撰写墓志的张阌中，虽《宋史》无传，但文献记载程颐有《答张阌中书》，吕大雅墓志记"阌中实受室于吕氏，顷年从君游且久"，可知张阌中应为研习礼学之士人；曾为吕通撰写墓志铭的赵

---

1 〔元〕脱脱等：《宋史》卷四百二十七《张载传》，第 12723—12724 页；〔明〕冯从吾：《关学编·附续编》卷一《宋·横渠张先生》，第 2—3 页。

2 〔明〕冯从吾：《关学编·附续编》卷一《宋·横渠张先生》，第 3 页。

3 〔宋〕张载：《宗法》，载〔宋〕张载：《张载集·经学理窟》，章锡琛点校，中华书局，1978，第 258 页。

良规，曾多次参与仁宗朝的礼制建设，对古礼有系统研究。[1] 可见北宋时期关中地域古礼学风浓厚，正如张载所谓："关中学者用礼渐成俗。"[2] 但对这一学风，关中以外士人有不同看法。

熙宁五年（1072）王安石和冯京答神宗关于西北士人之问的一段话，传达出另一种声音。王安石道："西北人旧为学究，所习无义理，今改为进士，所习有义理。以学究为进士，于士人不为不悦；去无义理就有义理，其旧合放解额并还本路，东南士人不能侵夺，于士人乃无所损，既无所损，而令士人去无义理就有义理，脱学究名为进士，此亦新法于西北士人可谓无负矣。"[3] 冯京进而言："西北人鲁难变。"[4] 王安石著有《三经新义》，以新义自负，虽然他这段话的重点在于指责新法在西北士人间推行无负，但他和冯京的话都反映出关中以外士人对西北地域学风的看法，即西北士人最为学究，守旧不求变。在礼制问题上，王安石讲究实用善于变通，如他曾指出："士大夫无宗，其嫡孙传重之属，不可纯用周制。"[5] 另冯京曾对神宗提到的"闻举人多盗王安石父子文字"[6]，说明王安石父子文字多为应试考生援引，侧面反映出当时应举态势的文化趋向。

"蓝田四吕"

吕蕡之子吕大防为哲宗朝宰相，大忠、大钧和大临以博学著称，

1　如赵良规对仁宗朝荐新礼、禘祫礼的见解，见〔元〕脱脱等：《宋史》卷一百八《礼志十一》，第 2602 页；《宋史》卷一百七《礼志十》，第 2580 页。另对古礼昭穆制度、宗庙祭祀有具体言说，见〔宋〕李焘：《续资治通鉴长编》（第 8 册）卷一八九，第 4568 页。

2　〔宋〕张载：《张载集》，第 337 页。

3　〔宋〕李焘：《续资治通鉴长编》（第 9 册）卷二三三，第 5660 页。

4　同上。

5　曾枣庄、刘琳主编《全宋文》（第 64 册）卷一三八三《王安石二一·议服劄子》，上海辞书出版社，2006，第 22 页。

6　〔宋〕李焘：《续资治通鉴长编》（第 9 册）卷二三三，第 5659—5660 页。

好学强识，一本于古，四人在宋史中有传，当时人称"四吕"，有遗著存世[1]。除吕大忠外，其余三人墓中未见墓志，仅旁人墓志中有简略介绍，结合文献记载，可具体了解四人的宦仕经历和思想主张。

据墓志，吕大忠，字进伯，于皇祐五年（1053）中进士第，绍圣四年（1097）以宝文阁待制致士，元符三年（1100）寝疾而殁，享年七十六岁。吕大忠为人刚毅直言，注重自身修养，《宋史》记载，他在讨论当时科举取仕时，强调注重修身之学："状元云者，及第未除官之称也，既为判官则不可。今科举之习既无用，修身为己之学，不可不勉。"[2]他还十分崇尚圣人言行，当时谢良佐在教授州学，大忠每过之，听讲论语，必正襟敛容曰："圣人言行在焉，吾不敢不肃。"[3]元祐五年（1090），吕大忠任陕西转运副使时，将弃于野之《石经》置于学官[4]，即西安碑林的前身。吕大忠著有《辋川集》五卷和《奏议》十卷。

吕大防，字微仲，为人持重，经常与同好考礼论道，一切行事以古为参照，皇祐元年（1049）进士及第，曾任哲宗朝宰相。据《宋史》记载，吕大防十分注重祖宗家法，曾为推广祖宗家法向宋哲宗进言："自三代以后，唯本朝百二十年中外无事，盖由祖宗所立家法最善……前代宫室多尚华侈，本朝宫殿止用赤白，此尚俭之法也。前代人君虽在宫禁，出舆入辇，祖宗皆步自内庭，出御后殿。岂乏人力哉，亦欲涉猎广庭，稍冒寒暑，此勤身之法也。前代人主，在禁中冠服苟简，祖宗以来，燕居必以礼。窃闻陛下昨郊礼毕，具礼谢太皇太后，此尚礼之法也。前代多深于用刑，大者诛戮，小者远窜。唯本朝用法最轻，

1　关于吕氏遗著的整理，详见陈俊民辑校《蓝田吕氏遗著辑校》；李如冰：《宋代蓝田四吕著述考》，《古籍整理研究学刊》2010年第5期，第93—100页；〔宋〕吕大临等：《蓝田吕氏集》。关于蓝田吕氏家族主要成员的思想主张，可参见潘静：《北宋蓝田吕氏家族内部人际规范的构想与运行》，硕士学位论文，西北大学，2018。
2　〔元〕脱脱等：《宋史》卷三百四十《吕大忠传》，第10846页。
3　同上。
4　即《石台孝经》和《开成石经》，见〔清〕舒其绅等修，〔清〕严长明等纂《西安府志：乾隆四十四年》卷第十九，何炳武、高叶青、党斌校点，董健桥审校，三秦出版社，2011，第344页。

臣下有罪，止于罢黜，此宽仁之法也。至于虚已纳谏，不好畋猎，不尚玩好，不用玉器，不贵异味，此皆祖宗家法，所以致太平者。陛下不须远法前代，但尽行家法，足以为天下。"[1]

吕大防还十分注重读书、藏书。据《郡斋读书志》记载，"大防既拜相，常分其俸之半以录书，故所藏甚富"，[2]且"其在翰林，书命典丽，议者谓在元绛之上云"[3]，时人评价吕大防的文章甚至超过当时著名文学家元绛，可见吕大防不但在政治上有独到见解，而且在考礼问道和读书做文章上也有深厚造诣。此外，吕大防还曾主持绘制了《长安图》，并在题记中赞赏了隋建长安城的规划布局。

吕大钧和吕大临为以才学和尊古复礼著称的重要学者。

吕大钧，字和叔，嘉祐二年（1057）进士，虽未见吕大钧墓志[4]，但夫人种氏墓志记载，吕大钧进士中第，至宣议郎，晚节以三代绝学自任，望圣人德业欲一朝而至焉，故同门诔其志行，号诚德君子。从学于张载，以谓道德性命之微，则存乎致知，若推之行事诚之，着义之实，莫盛于礼，凡丧、祭、冠、婚至于乡饮，相见之仪，莫不推明讲习，可以想见古风，关中士大夫纷纷仿效。吕大钧依据古礼治其父吕蕡之丧，继妻种氏也一本于礼治其葬祭。[5]

吕大钧为人刚直，无意于仕途，一心为学，主张身体力行修身复古，曾道："始学，行其所知而已，道德性命之际，躬行久则自至焉。"[6]张载初倡道于关中，寂寥无有和者，大钧和张载为同年进士，对其学

1　〔元〕脱脱等：《宋史》卷三百四十《吕大防传》，第 10843 页。

2　〔宋〕晁公武：《郡斋读书志校证》，孙猛校证，上海古籍出版社，1990，第 1011 页。

3　同上。

4　报告称未发现吕大钧墓志，推测生土隔梁北端放置的，由唐代翁仲改制、未錾刻文字的光面墓志，或为吕大钧所有，载陕西省考古研究院、西安市文物保护考古研究院、陕西历史博物馆编著《蓝田吕氏家族墓园》，第 705 页。

5　种氏墓志，载陕西省考古研究院、西安市文物保护考古研究院、陕西历史博物馆编著《蓝田吕氏家族墓园》，第 700 页。

6　〔清〕黄宗羲原著，〔清〕全祖望补修《宋元学案》卷三十一，陈金生、梁运华点校，中华书局，1986，第 1097 页。

问心悦而好之，故执弟子礼而从学于张载。[1] 吕大钧依据古礼作《吕氏乡约乡仪》，由德业相劝、过失相规、礼俗相交、患难相恤四部分和宝仪、吉仪、嘉仪、凶仪四部分组成[2]，使得关中风俗为之一变。范育于吕大钧墓表云："唯君明善志学，性之所得者尽之心，心之所知者践之身，可谓至诚敏德矣。"[3] 朱熹评价大钧："以圣门事业为己任……诚明为本，以礼乐为行。"[4] 可见吕大钧严格践行古礼，在当时儒者心目中为君子之典范。除《乡约乡仪》外，还著有《天下为一家赋》《诚德集》三十卷等，晁公武谓其"赡学博文，无所不该，其文非义理不发"[5]。

吕大临，字与叔，以荫入仕，元祐中为太学博士，迁秘书省正字[6]，虽未见其墓志，但M2出土石敦上铭文记其官职为"左奉议郎秘书省正字"。少从学于张载，后东见于"二程"先生，通六经，尤遂于礼，好学修身如古人，每欲掇习三代遗文旧制，十分注重其可行性，不为空言，同时对古礼之君臣、尊卑、义利、君子小人等诸多问题有独到见解。著有《礼记解》《易章句》《论语解》《孟子解》《中庸解》《东见录》《蓝田仪礼说》《蓝田礼记说》《蓝田语要》《考古图》《克己铭》《老子注》等。关于吕大临的礼学思想，已有学者做深入研究，此处仅从吕大临学如古人角度简单勾勒，为后文吕氏家族复古实践的讨论做铺垫。

《朱子语类》记载："与叔亦曾立庙，用古器。然其祭以古玄服，乃作大袖皂衫，亦怪，不如着公服。今五礼新仪亦简，唐人祭礼极详。"[7] 可见在朱熹看来，当时冠昏丧礼流行简易之风，而吕大临在宗庙中用古器穿古服，严格践行古礼，是十分古怪的。不仅是朱熹，即便在老

1　〔清〕黄宗羲原著，〔清〕全祖望补修《宋元学案》卷三十一，第1097页。
2　陈俊民辑校《蓝田吕氏遗著辑校》，第563—584页。
3　〔清〕黄宗羲撰，〔清〕全祖望补修《宋元学案》卷三十一，第1097页。
4　〔宋〕朱熹：《伊洛渊源录·蓝田吕氏兄弟·宣义行状略》，载陈俊民辑校《蓝田吕氏遗著辑校》，第614页。
5　〔宋〕晁公武：《郡斋读书志校证》，第1011页。
6　〔元〕脱脱等：《宋史》卷三百四十《吕大临传》，第10848页。
7　〔宋〕黎靖德编《朱子语类》卷八九《礼六·冠昏丧·总论》，王星贤点校，中华书局，1986，第2272页。

师程颐看来，吕大临虽以礼行事却较为拘谨，如程颐曾说道："昔吕与叔六月中来缑氏，闲居中某尝窥之，必见其俨然危坐，可谓敦笃矣。学者须恭敬，但不可令拘迫，拘迫则难久也。"[1]

而从吕大临著书立说来看，他也讲究"行礼而知变"，如他在早期文集《礼记解》中明确提道："君子之于礼，不责人之所不能备……不责人之所不能行……礼者，敬而已矣，心苟在敬，财力之不足，非礼之訾也。"[2] 即主张在行礼的同时可有所变通，比如"贫者不以货财为礼""老者不以筋力为礼""男女不授受，嫂溺则援之以手"，"君子正其衣冠，同室有斗，则被发缨冠而救之"。可见，吕大临并非刻板遵行古礼，而会根据具体情况变通处理，这或与吕大临曾注老子，受老子思想影响有关。[3] 此外，吕大临还读佛书，曾与富弼通信讨论佛氏之学。

可见吕大临躬行礼教，涉猎广泛，佛、道经典多有研读。他一心为学，注重自身德行，无意于功名，在解孔子"古之学者为己，今之学者为人"时提出："为己者，心存乎德行而无意于功名；为人者，心存乎功名而未及乎德行。"[4] 曾自赋诗云："学如元凯方成癖，辞类相如始近俳。独倚圣门无一事，愿同回也日心斋。"[5] 表达了学为贤者才士，摒除功利一心向学的理想。

"四吕"之后，除吕省山、吕义山外，吕氏后人在金辽之乱后南渡，再无考意，隐居不仕，因此寂尔无闻，无显达者。[6]

至此，综合墓志和文献记载，我们可以看到十分注重自身德行和修养的"蓝田四吕"，从学于张载、程颐等礼学大家，学习古代圣人，

---

1 〔宋〕程颢、〔宋〕程颐撰，〔宋〕李籲、〔宋〕吕大临等辑录，〔宋〕朱熹编定《程氏遗书》第十八《刘元承手编》，载朱杰人、严佐之、刘永翔主编《朱子全书外编2》，华东师范大学出版社，2010，第244页。

2 《吕大临文集·礼记解》，载〔宋〕吕大临等：《蓝田吕氏集》，第22页。

3 吕大临曾有《吕氏老子注》二卷，且认为老子之言体现道体，是为智见，见〔宋〕晁公武：《郡斋读书志校证》，第472页。

4 《吕大临文集·礼记解·中庸第三十一》，载〔宋〕吕大临等：《蓝田吕氏集》，第83页。

5 〔宋〕晁公武：《郡斋读书志校证》，第1012页。

6 〔宋〕《蓝田县志》卷之下，明隆庆五年（1571）刻本，第6页。

践行三代礼制，主张复古，形成了相对完备的礼制观。京兆吕为关中
衣冠谱弟之首，关中言礼学者首推吕氏，"四吕"均举进士，欧阳修曾
有诗云："焚香答进士，撤幕待经生"[1]，从礼制待遇上可见当时进士的
高贵，但除吕大防外，"四吕"多举进士而不仕，而以教学于乡里和著
书立说等方式公开发表言论，参与时势论辩，宣扬复古主张，其影响
程度和波及范围亦可深远。明代提副使学王云凤在《四吕遗祠》中写
道："独仰高风芸阁下，当年乡约至今谈"[2]，可见尽管相去"四吕"生活
的北宋已近四百年，但"四吕"遗风及其所留下来的乡约在明代蓝田
地区依旧有着重要影响。

1　〔宋〕欧阳修:《欧阳修全集》卷一百五十四，第 2543 页。
2　〔明〕《蓝田县志》卷之下，明隆庆五年（1571）刻本，第 46 页。

第二节

北宋中期的复古文化

　　蓝田吕氏生活的时代历经仁宗、英宗、神宗、哲宗和徽宗前期，主要为北宋中期，正值皇家制礼作乐肇始，古物不断被发现的时代。一方面，皇家依据儒家经典，建立礼乐制度；另一方面，古铜器和碑刻在京畿和地方州县不断被发现，并被纳入公私收藏，士大夫对其进行考订以证经补史。虽皇家制礼作乐离不开古礼研究，但侧重制度本身，目的是国家的政治制度建设，相比之下，士大夫古物考订则聚焦于文化研究意义，对二者区别讨论有助于更具体地了解当时尊古复礼的不同层次和方向，进而更准确地把握蓝田吕氏复古研究与实践在北宋文化中的位置。当然，热衷古器物研究的士大夫很多是当时的高层文士，他们参与政治制度的制定，如刘敞、欧阳修等，在了解他们的古器物研究主张之前，首先应对北宋中期皇家的复古主张有准确把握。

北宋中期皇家的复古主张

欧阳修曾指出五代之际，"君君臣臣父父子子之道乖，而宗庙、朝廷，人鬼皆失其序"[1]，"干戈贼乱之世也，礼崩乐坏，三纲五常之道绝，而先王之制度文章扫地而尽于是矣"[2]！因此，结束五代乱世局面的宋王朝，亟待重建礼乐制度，回归先王之制。

北宋建国伊始，太祖"治定功成，制礼作乐"。礼制方面，聂崇义博采六本《三礼图》参互考订，编纂《新定三礼图》；刘温叟、李昉等人以唐代《开元礼》为蓝本，编纂《开宝通礼》二百卷，继之又定《通礼义纂》一百卷。礼乐方面，"有宋之乐，自建隆讫崇宁，凡六改作"[3]，太祖时作和岘乐。总体上看，太祖、太宗及真宗前期的礼制受到唐代杜佑"通礼"思想的深刻影响[4]，本质上是以礼制制度为核心，而非探索儒家礼制自身的价值。

全面系统的礼乐建设开始于仁宗朝，这一时期有李照乐、阮逸乐，并相继有景祐四年（1037）贾昌朝撰《太常新礼》及《祀仪》，皇祐中文彦博撰《大享明堂记》二十卷，嘉祐中欧阳修纂《太常因革礼》一百卷等礼制典籍颁布。尽管以上礼制典籍仍未跳脱"通礼"的礼制沿革模式，但与此同时，兴起了"回向三代"的政治文化浪潮，朱熹曾道："国初人便已崇礼义，尊经术，欲复二帝三代。"[5]余英时指出"国初"大体指仁宗时期，提出"回向三代"的意识大盛于仁宗之世[6]，并引用南宋史浩对孝宗的进言以证明之："列圣传心，至仁宗而德化隆洽，

1　〔宋〕欧阳修：《新五代史》卷一六《唐废帝家人传》，中华书局，1974，第173页。
2　〔宋〕欧阳修：《新五代史》卷一七《晋家人传》，第188页。
3　〔元〕脱脱等：《宋史》卷一二六《乐志一》，第2937页。
4　冯茜：《唐宋之际礼学思想的转型》，生活·读书·新知三联书店，2020，第20页。
5　〔宋〕黎靖德编《朱子语类》卷一二九，第3085页。
6　余英时：《朱熹的历史世界：宋代士大夫政治文化的研究》，生活·读书·新知三联书店，2011，第184—197页。

至于朝廷之上，耻言人过，谓本朝之治，独与三代同风，此则祖宗之家法也。"[1] 前文引哲宗时吕大防进言祖宗家法时也提道："自三代以后，唯本朝百二十年中外无事，盖由祖宗所立家法最善。"[2] 可见，仁宗朝开始，三代礼制被置于绝对地位，皇家的礼制建设和尊古复礼以三代之制为蓝本，开启了以名物、制度为核心的礼学。[3] 仁宗时期的石介、尹洙、李觏、欧阳修，均以古文鸣于世，政治思想中体现出复归三代的明显倾向[4]，对此，余英时、冯茜有具体分析[5]。需要特别说明的是，这一时期参与政治制度建设的欧阳修、刘敞等人，同时热衷古器物收藏与研究，并以此来证经补史，复三代之制，这也是后来士大夫古器物学得以肇始的重要原因。

此外，宋仁宗大力搜求古物，赐宰执丞相金石拓本，曾于皇祐初年诏宰执在太清楼观书，并一同欣赏群国所呈三代旧器，后模拓古器铭文赐予近臣[6]；又于皇祐三年（1051）诏出秘阁及太常所藏三代钟鼎器，将拓本赐予宰执丞相[7]，仁宗此举无疑直接推动了当时古物收藏与研究的复古浪潮。

由此可以看出，北宋中期以前，恢复太平盛世是皇家的迫切愿望，在外部环境相对稳定的前提下，朝廷的关注点开始聚焦于国家的礼乐制度建设，大多礼乐典籍为皇家主持编纂，侧重于社会秩序的建立，

---

1 〔宋〕李心传：《建炎以来朝野杂记》乙集卷三《孝宗论用人择相》，徐规点校，中华书局，2000，第545页。

2 〔元〕脱脱等：《宋史》卷三百四十《吕大防传》，第10843页。

3 冯茜：《唐宋之际礼学思想的转型》，第206页。

4 余英时：《朱熹的历史世界：宋代士大夫政治文化的研究》，第184—197页。

5 余英时：《朱熹的历史世界：宋代士大夫政治文化的研究》，第184—197页；冯茜：《唐宋之际礼学思想的转型》，第162—185页。

6 翟耆年在介绍胡俛《古器图》时提道："皇祐初仁宗皇帝诏宰执观书太清楼，因阅群国所上三代旧器，命模款以赐近臣"，参见〔宋〕翟耆年：《籀史》，载〔清〕纪昀、永瑢等编《景印文渊阁四库全书》第681册，第436页。

7 翟耆年在介绍《皇祐三馆古器图》时记"皇祐三年诏出秘阁及太常所藏三代钟鼎器，付修太乐所参较其量，又诏墨款以赐宰执丞相"，见〔宋〕翟耆年：《籀史》，载〔清〕纪昀、永瑢等编《景印文渊阁四库全书》第681册，第436页。

为皇家礼仪、祭祀活动提供参照，如聂崇义《新定三礼图》编纂的初衷是周世宗命其详定郊庙器玉[1]，为郊庙祭器提供摹本。仁宗朝以后，皇家礼制建设虽大体摆脱了历代礼制沿袭的"通礼"模式，转向"回向三代"，追先王之制的复古主张，但从制度层面来看，仍具有明确的政治意图。尽管主持编纂新制的主体力量为当朝士大夫，但其主要以北宋官员的身份，站在国家的角度，因此他们的主张更多面向政治制度建设本身，而非作为文人的个人研究。

金石门类的确立

北宋中期以来，古器物被纳入复古研究中，拓宽了以往依据经典文本研究古制的传统，同时也孕育了金石学，那么金石学作为独立门类是何时开始设立的呢？

尽管如绪论所述，汉代以来古器出土不断，亦不乏收藏者，但直至唐代，著录古器物的书籍仍十分少见，可见者也多为古字声韵之书，如《隋书·经籍志》收录有汉魏石经拓本[2]，且史籍中虽有零星记录，但多十分简单且无系统研究。

宋代开始，私家藏书著录中大量收录金石书籍，如晁公武《郡斋读书志》将古器物相关书籍列入"经类"下设的"小学类"，收录《钟鼎篆韵》七卷、《考古图》十卷、《钟鼎款识》二十卷、《博古图》二十卷等[3]；陈振孙《直斋书录解题》将部分古器物书籍列入"小学类"，收录《石鼓文考》三卷、《啸堂集古录》二卷、《钟鼎篆韵》一卷[4]；部分列于"目录类"下，收录《京兆金石录》六卷、《集古录跋尾》十卷、

1 〔宋〕李焘：《续资治通鉴长编》（第 11 册）卷二，第 44—45 页。
2 〔唐〕魏征、〔唐〕令狐德棻：《隋书》卷三十二《经籍志一》，中华书局，1973，第 946—947 页。
3 〔宋〕晁公武：《郡斋读书志校证》，第 145—174 页。
4 〔宋〕陈振孙：《直斋书录解题》，徐小蛮、顾美华点校，上海古籍出版社，2015，第 93 页。

《集古目录》二十卷、《金石录》三十卷、《考古图》十卷、《博古图说》十一卷、《宣和博古图》三十卷、《隶释》一十七卷、《隶续》二十一卷、《集古系时录》十卷、《系地录》十一卷、《宝刻丛编》二十卷等[1]。

《宋史·艺文志》亦仿前史分经、史、子、集，将古器物学及相关书籍收录于"经类"下"小学类"，收录欧阳修《集古录跋尾》六卷又二卷、刘敞《先秦古器图》一卷、吕大临《考古图》十卷、李公麟《古器图》一卷、《政和甲午祭礼器款识》一卷、王楚《钟鼎篆韵》二卷、《宣和重修博古图录》三十卷、赵明诚《金石录》三十卷、薛尚功《重广钟鼎篆韵》七卷《历代钟鼎彝器款识法帖》二十卷、郑樵《石鼓文考》一卷、洪适《隶释》二十七卷《隶续》二十一卷、翟伯寿《籀史》二卷《庆元嘉定古器图》六卷等。[2]将古器物书籍置于经类之下，尽管从条目前后排列来看，小学位于经学十类最后，地位不及诗、书、礼、乐、春秋等儒家经典和诸儒章句之学，但从归类上已体现出时人对于古器物性质的定位，古器寄寓古之精义与礼度，为经学的一部分。

南宋初郑樵《通志》载："总天下之大学术而条其纲目，名之曰略。"[3]凡二十略，其中专列《金石略》，记录汉唐时期碑刻，虽并非收录金石著录之书，但至少从其分类上可以看出，至晚到南宋时期，金石作为独立门类已初步确立。另，翟耆年《籀史》中收录当时所见古器物图录和考释之书三十四种。[4]至明清时期，以古物为研究对象的金石学又盛一时，目录学书籍多专辟金石一类，出现专录金石书目之书，金石类书籍也愈加完备且进一步细分。关于明清之际金石目录的大体情况，可参见姚明达《中国目录学史》一书中"金石目录"一节，此处不赘述。[5]

1 〔宋〕陈振孙：《直斋书录解题》，第231—237页。
2 〔元〕脱脱等：《宋史》卷二二〇《艺文志一》，第5076—5078页。
3 〔宋〕郑樵：《通志总序》，载〔宋〕郑樵：《通志二十略》，王树民点校，中华书局，1995，第5页。
4 〔宋〕翟耆年：《籀史》，载〔清〕纪昀、永瑢等编《景印文渊阁四库全书》第681册，第427—442页。
5 姚明达：《中国目录学史》，严佐之导读，上海古籍出版社，2011。

北宋中期士大夫的古物收藏与研究

何为"士大夫"？这是本节开始讨论之前首先应该明确的问题。

自春秋战国时期"士"阶层兴起以来，这一称谓较为复杂，阎步克以现代语言做一简化的概括，将之定义为官僚与知识分子两种角色的结合[1]，这一概括清晰明了。就宋代社会而言，无论从政治还是文化层面，士大夫都是十分重要且独特的群体。一方面，他们通过科举登科入仕，参与国家政治制度建设，"致君行道"，成为与皇帝"同治天下"的核心力量；另一方面，以文人身份著书立说，通过宣扬思想主张实现自身的文化理想。二者虽相关却有别，有着不同的政治和文化面向。

北宋中期是士大夫收藏和研究古器物的关键时期。这一时期先秦古器物不断出土，尤为时人所重视[2]，长安宝货行是北宋古物流通的主要场所，《嘉祐杂志》记载长安宝货行"搜奇物者毕萃焉，唐诸陵经五代发掘皆空,太平兴国中具衣冠掩塞长老犹见之"[3]。士大夫家多收藏有古器物，如文彦博曾从长安宝货行重金购置一玛瑙，府中人不知为何用，多云墓中得之。[4] 又郑樵《通志二十略》引陆佃《礼象》所记，当时士大夫家大多有古铜爵，章惇家有古铜象尊，秘阁及文彦博、李公麟家皆有古铜爵。[5] 与此同时，部分士大夫开始收藏和研究古器，与皇家不同的是，士大夫关注古器本身，面向古器金石的考订，试图寻找古的真实面目，以"考古"实现复古，突破了以往依据经典文本研究古制和古礼的传统。这一时期的古器物收藏，由刘敞倡导，欧阳修接续，蔡襄、苏轼等人应和，即蔡絛所记："有刘原父侍读公为之倡，而成于

1　阎步克:《士大夫政治演生史稿》，北京大学出版社，2015，第 5 页。
2　蔡絛曾言:"独国朝来寖乃珍重。"见〔宋〕蔡絛:《铁围山丛谈》卷第四，沈锡麟、冯惠民校，中华书局，1983，第 79 页。
3　〔宋〕江休复:《嘉祐杂志》，载〔清〕纪昀、永瑢等编《景印文渊阁四库全书》第 1036 册，第 570 页。
4　同上书，第 571 页。
5　〔宋〕郑樵:《通志二十略》卷四十七《器服略》第一，第 800 页。

欧阳文忠公，又从而和之，则若伯父君谟、东坡数公云尔。"[1]其中刘敞著有《先秦古器图》、欧阳修著有《集古录》，李公麟著有《考古图》，惜均已不存。现存者有刘敞《先秦古器记》和欧阳修《集古录跋尾》。

　　刘敞博学好古，多藏古奇器物，能读古文铭识，嘉祐中在长安任职。长安为秦汉故都，经常发现古器，刘敞悉购而藏之[2]，并著《先秦古器记》[3]，收录他在长安所得 11 件先秦古器。在刘敞看来，面对古器上的文字，即便是专研古物的学者也未能尽识，古器因年代久远而被传为至宝，并非因其功用，因此他提议，"使工模其文，刻于石，又并图其象，以俟好古博雅君子焉"[4]，以便学者"多见而识之"，故而"礼家明其制度，小学正其文字，谱牒次其世谥，乃为能尽之"[5]。可见对于刘敞而言，古器物研究的功用在于证经补史。

　　刘敞好友欧阳修也热衷于收集古器物和碑刻等，"三代以来至宝"，制成拓片，汇为《集古录》，现已不存，但据他在写给蔡襄信中的自述可知，这些拓片为庆历乙酉（1045）至嘉祐壬寅（1062）十七年间收集所得，共计千卷。[6]欧阳修曾为收集的拓片撰写跋尾，于嘉祐八年（1063）集成《集古录跋尾》，留存至今。《跋尾》记录了古器和碑刻铭文并多有评论，如"叔高父煮簋"一条，在记录铭文和形制后，欧阳修评论道："今礼家作簋，内正圜外方正，刻盖正为龟形，犹有近也，不全与古同耳"[7]，"礼家作簋，传其说，不知其形制，故名存实亡，此器可正其缪也"[8]。可见《三礼图》中所记内圆外方、盖象龟形的簋是当

1　〔宋〕蔡絛：《铁围山丛谈》卷第四，第 79 页。
2　〔宋〕欧阳修、欧阳棐：《集古录跋尾 集古录目》卷一，第 47 页。
3　同上书，第 53 页。
4　〔元〕刘敞：《先秦古器记》，载王云五主编《丛书集成初编》，《公是集》卷三十六，第 437 页。
5　同上。
6　〔宋〕欧阳修：《与蔡君谟求书集古录目序书》（一），载〔宋〕欧阳修：《欧阳修全集》卷七十《居士外集》卷二十，第 1022—1023 页。
7　〔宋〕欧阳修、欧阳棐：《集古录跋尾 集古录目》，第 63 页。
8　同上书，第 63—64 页。

时礼家作篡的主流，而这在热衷金石的欧阳修看来，实为不古，需正其缪。从史学角度，欧阳修的古物收藏和研究有其重要的面向，他在《集古录目序》中明确指出，"可与史传正其阙谬者，以传后学，庶益于多闻"[1]，既注重自身学术，又考虑到后世传承。在古器物的史学功用上，欧阳修与刘敞有着一致的认知，二人交往甚密，欧阳修每于书有疑，都会请教刘敞，而刘敞更是"对其使挥笔，答之不停手"[2]，欧阳修十分佩服刘敞的博学。

从现存欧阳修金石研究的文献来看，他对金石的关注有几个突出特点。

种类上，不限于钟鼎古铜器，还包括石刻等"散弃于山崖墟莽之间未尝收拾者"、圣君贤士桓碑、序记，以至诸家之字书等历史文化遗迹，这些古物以往不受重视，为"世人之所弃者"。

时间、地点上，不限于三代，上自周穆王以来，下更秦、汉、隋、唐、五代，外至四海九州、名山大泽、穷崖绝谷、荒林破冢，神仙鬼物、诡怪所传，莫不皆有。

形式上，忠实抄录古物的文字，因担心转录失真，故保存其拓本，通常为刘敞藏其器，而欧阳修录其文[3]，并将拓本装裱收藏起来，"以谓转写失真，故因其石本，轴而藏之"[4]，同时意识到"聚多而终必散"，因此"撮其大要，别为录目"[5]。

与同时期皇家收藏最为不同的是，欧阳修《跋尾》中虽也对古铜器的形制做以介绍和评论，但从收录比例来看，他更偏向碑刻的收集，尤其注重石刻文字，他曾自述："因感夫物之终弊，虽金石之坚不能以

---

1 〔宋〕欧阳修：《集古录目序》，载〔宋〕欧阳修、欧阳棐：《集古录跋尾 集古录目》，第399—401页。

2 〔元〕脱脱等：《宋史》卷三一九《刘敞传》，第10383页。

3 〔宋〕欧阳修、欧阳棐：《集古录跋尾 集古录目》卷一，第70页。

4 〔宋〕欧阳修：《集古录目序》，载〔宋〕欧阳修、欧阳棐：《集古录跋尾 集古录目》，第399—401页。

5 同上。

自久，于是始欲集前世之遗文而藏之。"[1]与此同时，书法也是欧阳修关注的重点之一，"字书之法虽为学者之余事，亦有助于金石之传"，他曾撰有《集古录目序》，但自谦"文陋"，遂请书法家蔡襄誊写。

欧阳修在行文中多次强调自己收藏金石拓片的喜好与世俗之玩好不同，如他在给蔡襄的书信中写道："窃复自念，好嗜与俗异驰，乃独区区收拾世人之所弃者。"[2]《集古录目序》中也曾自述："予性颛而嗜古，凡世人之所贪者，皆无欲于其间，故得一其所好于斯。"[3]这一方面体现出欧阳修对于金石之物的态度，另一方面更反映出他对于自身喜好区别于其他士人的明确意识，以好"古"和"世人之所弃"为自豪。欧阳修好友苏轼也曾提到对于"物"的态度，在给王诜"宝绘堂"所作记文中苏轼提到，君子可以寓意于物，而不可留意于物[4]，欧阳修和苏轼反对的"世人之所贪者"和"留意于物者"，正是米芾所鄙夷的"有赀力，元非酷好，意作标韵至假耳目于人"的"好事者"。[5]

此外，需特别注意的是，欧阳修收集古器碑刻拓片并结集成册的大部分时间，正处于他被贬官出京之时，而非在朝参政时期。景祐三年（1036）欧阳修受范仲淹牵连，被贬为峡州令[6]，庆历五年（1045）落为龙图阁直学士，降知制诰、知滁州[7]，庆历五年正为前文欧阳修与蔡襄信中提到的庆历乙酉。他也曾自述在收录金石遗文之时，正是他仕途坎坷、颠沛流离之时，即"罪戾摈斥，水陆奔走，颠危困踣，兼

---

1 《唐孔子庙堂碑》，载〔宋〕欧阳修、欧阳棐：《集古录跋尾 集古录目》卷五，第223页。

2 《与蔡君谟求书集古录目序书》（一），载〔宋〕欧阳修：《欧阳修全集》（第三册），《居士外集》卷二十，第1023页。

3 〔宋〕欧阳修：《集古录目序》，载〔宋〕欧阳修、欧阳棐：《集古录跋尾 集古录目》，第400页。

4 〔宋〕苏轼：《宝绘堂记》，载〔宋〕苏轼：《苏轼文集》卷一一，孔凡礼点校，中华书局，1986，第356—357页。

5 〔宋〕米芾：《画史》，载于安澜编《画品丛书》，上海人民美术出版社，1982，第201页。

6 《欧阳修年谱》，载《欧阳修全集》附录卷一，第2599页。

7 同上书，第2603页。

之人事吉凶，忧患悲愁"[1]，而即便在这种困苦之下，他仍"未尝一日忘也"。从这一角度来看，《集古录》与他曾为皇家编修的《太常因革礼》《新唐书》《新五代史》完全不同，为欧阳修作为知识分子的个人学术研究，而非作为官僚的"业绩"，寄托着他作为文人的文化理想，或也是他标榜自身，区别于其他"好事者"的重要途径。苏轼曾评价欧阳修"以通经学古为高，以救时行道为贤，以犯颜纳谏为忠"[2]。

时代稍晚的李公麟，"好古博学，长于诗，多识奇字，自夏、商以来钟、鼎、尊、彝皆能考定世次，辨测款识，闻一妙品，虽捐千金不惜"[3]。翟耆年曾评价："士大夫知留意三代鼎彝之学，实始于伯时。"[4] 李公麟著有《考古图》《周鉴图》《古器图》《洗玉池古玉图》等，均已不存，其中《考古图》为已知较早的古器物图谱，为"（李公麟）取平生所得，暨其闻睹者，作为图状"[5]，"每卷每器各为图叙，其释制作镂文、款字训义及所用，复总为前序后赞，天下传之"[6]。可见《考古图》以图谱记录器物，著录铭文，并配图说评述，聚焦于古器物的考据，其编纂体例很可能影响了稍后的吕大临《考古图》的编写。

综上，相比于皇家制礼作乐、收藏古器以确立其正统性的复古主张，北宋中期士大夫古物收藏与研究开始转向金石本身，关注器物的形制、文字以及其与经传、史学之间的关系，至于是否拥有古器，则并非关键，虽刘敞、李公麟也收藏古器，但主要出于学术研究和传于后人。如赵明诚所述，这一时期士大夫的古物收藏与研究，"实始于原父，而

1　《与蔡君谟求书集古录目序书》（一），载〔宋〕欧阳修：《欧阳修全集》卷七十《居士外集》卷二十，第1022—1023页。
2　〔宋〕苏轼：《苏轼文集》卷十序《六一居士集序》，第316页。
3　〔元〕脱脱等：《宋史》卷四四四《李公麟传》，第13125—13126页。
4　〔宋〕翟耆年：《籀史》，载〔清〕纪昀、永瑢等编《景印文渊阁四库全书》第681册，第436页。
5　〔宋〕蔡絛：《铁围山丛谈》卷第四，第79页。
6　〔宋〕翟耆年：《籀史》，载〔清〕纪昀、永瑢等编《景印文渊阁四库全书》第681册，第436页。

图 1-3　（传）南宋　刘松年　《西园雅集图》（局部）　绢本设色　台北故宫博物院藏

集前代遗文，亦自文忠公发之"[1]，且在古物的史学价值之外，开始关注到碑刻文字的鉴赏和自身"性颛而嗜古"与世俗之嗜的不同。古物赏鉴自欧阳修开始为士大夫所重视，之后的苏轼、李公麟、米芾等人均热衷于古物书画的赏鉴，米芾十分推崇"赏鉴者"，传世绘画《西园雅集图》(图1-3)描绘了以苏轼为首的文人群体赏鉴书画古器的雅集文会活动，而这一时期部分士大夫开始有意识地建构其作为文人"博闻好古"的独特性，刻意与俗世相区别，米芾在《西园雅集图记》中所述"（画中）人物秀发，各肖其形，自有林下风味，无一点尘埃气"[2]，也侧面反映出这一点。不同于皇家制礼作乐以建立稳定的社会秩序，北宋中期以来士大夫则在复追三代的同时，转向对自身修养、学识独特性的建构。

1　〔宋〕赵明诚：《金石录》，第 107 页。

2　曾枣庄、刘琳主编《全宋文》（第 121 册）卷二六〇三《米芾七·西园雅集图记》，第 41 页。

第三节

吕大临《考古图》的成书

　　吕大临《考古图》成书之时，北宋的古器物研究已具备一定条件：一是古文字学研究的初步积累，如郭忠恕的《汉简》、夏竦的《古文四声韵》等，为古器物铭文的识读做出了准备；二是聂崇义《新定三礼图》的编纂，《三礼图》虽为经学图解，多有讹误，但为古器物的定名提供了基础。[1] 成书形式上，吕大临《考古图》为金石图谱，与以上字书和礼书有着根本性差异。

吕大临《考古图》成书前的图谱类书籍

　　何为图谱？《说文解字》记："图，画计难也"[2]，"谱，籍录也"[3]，又

---

1 李零将郭忠恕《汉简》和聂崇义《新定三礼图》归为"前金石学的时代"，见李零：《铄古铸今：考古发现和复古艺术》，第65—76页。

2 〔汉〕许慎：《说文解字》，〔宋〕徐铉校定，中华书局，1963，第129页。

3 同上书，第57页。

《释名》记："图，度也，画其品度也。"[1]简言之，图谱为画物象之辑录。郑樵《通志》中列"图谱略"，言明器用名物等十六类，均应有图，有书无图，不可用："有尊彝爵斝之制，有簠簋俎豆之制，有弓矢铁钺之制，有珪璋璧琮之制，有玺节之制……有明器祭器之制，有钩盾之制，凡器用之属，非图无以制器。"[2]聂崇义《新定三礼图》依据礼文图绘古代器物，虽目的为以图解经，而非古物研究本身，且无实物依据，但形式上属于图谱范畴，且就其推行范围和普及程度来看，为后来的古器物图谱提供了重要参照。

太祖建隆二年（961），聂崇义进《三礼图》[3]，后推行全国，范祖禹曾道："太祖时，以聂崇义所撰三礼图画于国子监讲堂。"[4]又北宋慕容彦逢《理会三礼图劄子》记："自国子监建三礼堂，暨州县学校，率绘其图，以示学者。"[5]可见《三礼图》颁行以来被绘于国子监和地方州县学校等场所，使学生耳濡目染儒家经典。宋代科举取士，士大夫登科前多从学于地方州学或国子监等机构，可以想见当时诸生对《三礼图》的熟悉程度。此外，英宗命欧阳修等撰《太常因革礼》和哲宗时太常博士陈道祥撰《礼书》都以聂著《三礼图》为主要参考依据。[6]由此，聂崇义《三礼图》在中央和地方读书人中推行之广，以及在经学上的重要程度，很有可能影响到后来士大夫古器物图谱的编纂。

翟耆年《籀史》中收录了当时所见古器物图（谱）录，后附评述，略释梗概，成书时间较早的有：徐铉《古钲铭碑》一卷成于开宝九年（976），从翟耆年记录来看，该书仅录一件古器铭文；《周秦古器铭碑》一卷成于天禧元年（1017），收录两件甗铭文，以上两书收录古器较少

1 〔汉〕刘熙撰，〔清〕毕沅疏证，〔清〕王先谦补：《释名疏证补》卷六，中华书局，2008，第212页。
2 〔宋〕郑樵：《通志二十略·图谱略》，第1829页。
3 〔宋〕李焘：《续资治通鉴长编》（第11册）卷二百六，中华书局，2004，第4993页。
4 〔宋〕李焘：《续资治通鉴长编》（第18册）卷四百五十，第10808页。
5 曾枣庄、刘琳主编《全宋文》（第136册）卷二九三四《慕容彦逢一三·理会三礼图劄子》，第178页。
6 谢明良：《记唐恭陵哀皇后墓出土的陶器》，《故宫文物月刊》2006年第279期，第69页。

不成系统,实际上只是图而非谱。《皇祐三馆古器图》和胡俨《古器图》为秘阁及太常所藏三代钟鼎器之铭文拓本集录,仁宗曾御赐这些金石拓本于近臣[1],虽未注明收录数量,但从翟耆年评述来看相比于前两种应具一定规模;且此二者主要收录范围为皇家收藏古器,属官方性质,而非私人收藏。

欧阳修《集古录》收录了他在参政之暇所收集的古器碑刻拓本。该书虽已不存,但参考现存吕大临《考古图》中模拓古器铭文的形式,以及《集古录跋尾》中题跋的行文方式,可推测《集古录》中所录拓本的大体样貌。因此,《集古录》很可能是目前已知较早的基于士大夫收藏的系统性图录著作。

与《集古录》同时成书的刘敞《先秦古器图》,收录他在长安所得11件先秦古器,虽也不存,但从刘敞自述:"使工模其文,刻于石,又并图其象,以俟好古博雅君子焉"[2],可确定该书为兼及古器图和文的集录之书,且预设的读者为好古博雅之君子,基本奠定了后来士大夫古器物图谱的形式和基调。

时间稍后李公麟的《考古图》《周鉴图》《古器图》《洗玉池古玉图》等,虽均不存,但很可能均属古器图谱,尤其《考古图》为"取平生所得,暨其闻睹者,作为图状"[3],"每卷每器各为图叙,其释制作镂文款字义训及所用,复总为前序后赞,天下传之","岂徒眩美资玩为悦目之具哉"[4]。无论从体例、细致深入程度还是受众面向上看,李公麟《考古图》都应为以上所有古器物图谱中最为完备的一部,该书或直接影响了吕大临的《考古图》。

---

1 〔宋〕翟耆年:《籀史》,载〔清〕纪昀、永瑢等编《景印文渊阁四库全书》第 681 册,第 436 页。
2 〔宋〕刘敞:《先秦古器记》,载王云五主编《丛书集成初编》,《公是集》卷三十六,第 437 页。
3 〔宋〕蔡絛:《铁围山丛谈》卷四,第 79 页。
4 〔宋〕翟耆年:《籀史》,载〔清〕纪昀、永瑢等编《景印文渊阁四库全书》第 681 册,第 436 页。

吕大临《考古图》的诞生

　　吕大临十分注重古代遗物遗迹,并主张稽古应求于"先王之陈迹",从古迹中追复古礼而非礼书经典,欧阳修早已提出,他在为收集的《石鼓文》所做跋尾中明确指出"(《石鼓文》为)诗书所传之外,三代文章真迹在者唯此而已"[1]。不同的是,欧阳修偏重古器碑刻上的文字,对形制虽有记录但并非重点。吕大临《考古图》对于古器的记录则是全方位的,除铭文外,古器的形制、纹饰、尺寸、量度、分类、定名均在考订范围内,并对器物时代加以推定,最为重要的是既模其文,也绘其象,即吕大临自序的"观其器,诵其言,形容仿佛",并加以评价,保留了十分重要的一手材料。

　　《考古图》收录吕大临所阅公私 40 家收藏的 200 多件古器(见附录 1),其中皇家宫廷收藏主要为秘阁、太常和内藏等收藏书画墨迹和古物之所,私家收藏主要来自京兆和河南两京地区及周边的士族之家,另有部分来自丹阳、庐江、成都、临江等地。

　　宫廷收藏方面,秘阁为端拱元年(988)崇文院中堂建阁,以三馆书籍真本并内出古画墨迹等藏之[2],崇文院即为太平兴国初建立的三馆书院,太平兴国三年(978)赐名崇文院,隶属于秘书省;太常为太常礼院,宋神宗元丰改制以前,太常礼院掌管国家礼乐制度建设和大型礼乐祭祀活动,"凡礼仪之事,悉归于太常礼院"[3],另一重要职能为保存礼乐文字并编修礼文[4];内藏为皇帝私藏,"凡四方贡赋之输于京师者,辨其名物,视其多寡,别而受之,储于内藏者,以待非常之用"[5]。吕大

1　〔宋〕欧阳修、欧阳棐:《集古录跋尾 集古录目》卷一,第 72 页。

2　〔元〕脱脱等:《宋史》卷一六四《职官志四》,第 3874 页。

3　〔清〕徐松辑《宋会要辑稿·职官十三》,中华书局,1957,第 2664 页。

4　张志云、汤勤福:《北宋太常礼院及礼仪院探究》,《求是学刊》2016 年第 3 期,第 148 页。

5　〔元〕脱脱等:《宋史》卷一六五《职官志五》,第 3906—3907 页。

临祖父吕通曾任太常博士，吕大临曾任秘书省正字，吕氏家族多人为文散官，为吕大临过眼秘阁、太常藏品提供了便利条件。

私人收藏方面，书中提到的士大夫多与吕大临有交往，如收录河南文彦博收藏的包括王子吴飤鼎、乙鼎、弇口甗、亡旅甗、垂环甗、文足甗等在内的 16 件古器，文彦博曾举荐吕大临，赞其"强学笃行，有古儒之风，杜门十年，以讲学自乐，经术通明，闻誉凤著，虽蒙召置太学，以亲嫌未极其用"[1]；收录新平张氏 13 件古器，张氏为陕西邠州张舜民，曾举荐吕大临的老师张载[2]，吕大忠夫人樊氏的墓志即为张舜民书[3]；收录临江刘敞 10 件藏品，吕大临《考古图》经常引用刘敞关于古器的见解；这一时期学坛领袖苏轼的家藏也被收录于《考古图》中。尤为值得注意的是，文彦博为王安石新法的坚决反对者[4]，文彦博、张舜民、苏轼与吕大临兄吕大防同为元祐党人。此外，《考古图》中收录李公麟家藏古器近 70 件，李公麟与苏轼私交甚好，据文献记载，两人曾一同到驸马王诜在开封的西园参加雅集[5]；另京兆范氏为范育，与吕大临兄吕大钧交好，曾为大钧撰写墓表赞其为"诚德君子"[6]、为吕大受撰写墓志，并同为张载门生。由此可见，吕大临《考古图》中收录的私人收藏古器，均来源于同道之士的家藏，这也从侧面反映出吕大临的交友圈和崇尚学风的特点。

相比于时间稍后的《宣和博古图》，吕大临十分注重记录古器物的出土地点，除部分未标明外，大部分古器出自京兆和河南地区，尤以京兆及周边地区出土最多（见附录 1），如秘阁藏宋君夫人餗釪鼎，河

1 〔宋〕文彦博：《文彦博集校注》卷四〇《举杜诉等》，中华书局，2006，第 942 页。
2 〔元〕马端临：《文献通考》卷二百十《经籍考三十七》，上海师范大学古籍研究所、华东师范大学古籍研究所点校，中华书局，2011，第 5920 页。
3 樊氏墓志，载陕西省考古研究院、西安市文物保护考古研究院、陕西历史博物馆编著《蓝田吕氏家族墓园》，第 657 页。
4 〔宋〕李焘：《续资治通鉴长编》卷二二一，第 5370 页。
5 曾枣庄、刘琳主编《全宋文》（第 121 册）卷二六〇三《米芾七·西园雅集图记》，第 41 页。
6 陈俊民辑校《蓝田吕氏遗著辑校》，第 623 页。

南文氏藏王子吴飤鼎、亾旅鬲、单伯彝、伯玉敦盉、季姬匜，临江刘氏藏歫中簠、歫伯旅匜，睢阳王氏藏寅簋、师艅象彝，庐江李氏藏主父己足迹彝、仲姞旅匜，京兆田氏藏虢叔彝、父癸方彝，京兆吕氏藏兽环壶，京兆孙氏藏轵家釜、轵家甑等均出自京兆。另有部分古器出土于好畤、冯翊、韩城、上雒、凤翔、扶风、骊山、岐山、永寿等京兆周边地区，这些地区皆为汉唐之故地，亦为周地。京兆地区好古之风极盛，如著有《先秦古器记》的刘敞，即在长安任职期间购藏古器，据欧阳修《集古录跋尾》记载，嘉祐中刘敞获二古器铭于蓝田[1]，在长安所得古奇器物数十种[2]；再如吕大临《考古图》中记载的京兆田氏田概，曾著有《京兆金石录》，京兆薛氏薛绍彭"好奇尚古"[3]，另有京兆范氏范育、孙氏孙求、陈氏以及吕氏家族，都收藏古器。总体上看，吕大临书中收录以京兆及周边地区藏家数量最多，河南京师及周边地区次之，可见吕大临收录的古器来源和交友范围主要集中在他所生活的京兆地区，同时与当时京师地区士大夫圈亦有交往。

从行文来看，吕大临《考古图》中古器知识来源除传统儒家经典和历史文献外，主要参考《礼图》、李氏《录》、杨南仲、刘敞、《集古》，以及皇祐中阮逸、胡瑗等言说。其中，"《礼图》"应兼有阮谌《三礼图》、晋唐以来《旧礼图》以及聂崇义《新定三礼图》，"《集古》"应为欧阳修《集古录》，"李氏《录》"应为李公麟《考古图》或《古器图》，有关刘敞的部分或来源于欧阳修转述，或来源于《先秦古器图》。当然，无论从收录古器数量还是引用观点来看，李公麟在吕大临《考古图》成书中扮演了重要角色，如《考古图》收录李公麟家藏古器近70件，为所有私家收藏数量之最，虽李公麟著作全部不存，但如前文所述，李公

---

1 〔宋〕欧阳修、欧阳棐:《集古录跋尾 集古录目》卷一，第70页。

2 同上书，第53页。

3 曾枣庄、刘琳主编《全宋文》(第117册)卷二五三〇《故南宫舍人米公墓志》，第288页。

麟《考古图》原有绘图，并配有图说评述和铭文著录，同时释其功用，且直到徽宗朝之前一直流传于世，显然吕大临不仅多处引用李公麟观点，在成书体例上也多参考李公麟《考古图》。

综合来看，与前人古器著作相比，吕大临《考古图》有以下几个特点。

注重图绘古器，依照过眼古器实物进行摹写，书中收录的每件古器均有图绘，部分还绘出局部或不同角度特写，如淮（睢）阳赵氏藏圆篆甗、河南文氏藏圜甗等器单独绘出其鼎口，扶风王氏藏造磬，庐江李氏藏玉杯、兽炉等多件绘有古器不同侧面形象。

根据实物，对古器型制、纹饰、尺寸、量度、铭文字数以及功用进行记录和探究，并对古器所属时代或功用进行推定，如在庐江李氏收藏的庚鼎、辛鼎和癸鼎的记录中，根据《史记》记载，此三鼎皆夏、商之器；再如在记录开封刘氏家藏的一件小方壶尺寸后指出，"此器型制甚小，疑是明器"[1]。

注重相类器物间的比较，观察其异同进行记录，并对以往古器知识进行质疑检讨，如在关于簋属之敦的阐述中，吕大临明确指出此图所载敦，形制不一，并给出解释："古人制器自为规模，皆在法度之中，亦容有小不同"，同时指出《礼图》所画敦形制单一的问题。

十分注重铭文的著录和考释，并多与前代礼学文献和当代古器研究著录相互比对，如在临江刘氏收藏晋姜鼎一条，首先指出该器在欧阳修《集古录》中作韩城鼎，并对其铭文进行释读，同时抄录《集古录》本和刘敞的释读，并将太常博士杨南仲的释文抄录其后。

大部分古器明确标注收藏地和出土地信息，从二者所属地域来看，京兆为其最主要来源，且如前文所述，相比于后来的《宣和博古图》，吕大临对于古器的出土地域尤为重视，收录的京兆及周边地区出土古

---

1 〔宋〕吕大临等：《考古图·外五种》，第85页。

器最多，这或与其家族生活区域有关，但更可能源于京兆为周代故地。

从金石学角度，《考古图》最为重要的贡献是为古器进行分类和定名。该书共分十卷，每卷分述一或多种器类，并依据铭文自名对古器进行定名，不载铭文的，参照《礼图》等书按其形制定名，如内藏牛鼎，无铭识，吕大临参照《礼图》所载牛、羊、豕鼎，各以其首饰其足，推定该鼎为牛鼎。再如《考古图》卷四收录 6 件"单夒从彝"[1]，虽铭文相同，均自名为彝，但很明显 6 件器物的形制差异很大，"彝"为统称而非特指，因此吕大临对其中 5 件的器类进行判定，分别确定为卣、鼎、觚、盉、甗。尽管吕大临的分类和定名多有讹误，但毫无疑问，他将传统古器物研究向前推进了重要的一步。

行文至此，还有一个十分重要的问题，相较于清代乾嘉时期金石学主要收藏和研究拓本而非古物，吕大临更注重亲近古物本身，如上文所述如实记录各项要素。那么在吕大临看来，什么样的古器最具价值呢？从《考古图》记录来看，首先，时代更古并非价值更高，吕大临虽然对不同时代的器物有一定区分，但并不评判优劣，夏器未必优于商周器；再者，同类器物形制不一也都一一如实记录，并以法度之中可有小不同进行解释；除此之外，收录数量上虽较前人多有增补，但并不以此自恃。显然，在吕大临看来，古器的年代、形制以及增补新发现和前人未记录者都不是判定古器价值高低的关键因素，而作为实物的古器最具价值，也就是说，他所质疑的是传统礼文、礼图中作为文本的古器，因此他对古器实物的重视受到这一因素的影响。正如自欧阳修、刘敞以来始辑三代鼎彝，张而明之"自古圣贤所以不朽者，未必有托于物，然（物）固有托于圣贤而取重于人者"[2]，对于器物本身的重视也是北宋中后期古器物研究的重要现象和突出特征。

---

1 〔宋〕吕大临等：《考古图·外五种》，第 57—63 页。
2 〔宋〕王明清：《挥麈录》，上海书店出版社，2009，第 248 页。

　　当然，毫无疑问，相比于前人，面对过眼之古器，吕大临具有极强的研究意识，在如实记录器物自身特性的同时，更为注重古器物的考订与研究，将古器研究作为知识和一门严谨的学问，体现出他致力于"学"的复古理想，并且言传身教，在创作之初已明确要将此书传于世，留与后人，正如他在《考古图自序》中所说："观其器，颂其言，形容仿佛，以追三代之遗风，如见其人矣。以意逆志，或探其制作之原，以补经传之阙亡，正诸儒之谬误，天下后世之君子，有意于古者，亦将有考焉。"[1] 那么，《考古图》在后世的传承过程中是否达到了吕大临的预期？此处暂提一点，在蔡絛关于北宋古器研究的记录中，只字未提吕大临《考古图》，而提出"及大观初，乃效公麟之《考古》，作《宣和博古图》"[2]。许雅惠曾就此指出，从两书内容来看，《考古图》一书是徽宗朝臣编辑《宣和博古图》时的重要参考，而《宣和博古图》和《铁围山丛谈》对于《考古图》的有意忽略，应与蔡絛为蔡京之子的特殊身份有关，也反映出新、旧党两大阵营间的冲突。[3] 这一论断有其合理性，延续这一思路，联系前文提到的吕大临交友圈的文化取向，或可对吕大临《考古图》的面向提出另一种解释，当然那将是一个更为宏大的话题。

1　〔宋〕吕大临等:《考古图:外五种》，第 2 页。
2　〔宋〕蔡絛:《铁围山丛谈》卷第四，第 79 页。
3　许雅惠:《评 Patricia B. Ebrey, Accumulating Culture: The Collections of Emperor Huizong》，《新史学》2010 年第 3 期，第 246 页。

蓝田吕氏家族墓的系统发掘，为吕氏复古问题在实践层面的讨论提供了重要依据。蓝田吕氏如何在丧葬实践中践行古礼，其背后又有着怎样的观念和思想来源，是本章着重讨论的问题。

　　与同时代其他士大夫家族墓相比，吕氏家族墓园和墓葬在规划布局、排列设置以及随葬品的选择上均呈现出诸多特别之处。与此同时，吕氏一族如何看待性别问题，在具体实践中又如何处理自身与女性之间的关系，亦是其古礼研究与实践的重要范畴。

第二章

葬以复礼

蓝田吕氏的丧葬实践

第一节

墓园布局与丧葬实践

陕西蓝田吕氏家族墓营建于北宋神宗熙宁七年（1074）至徽宗政和七年（1117），是目前考古发现中保存最完整的士大夫家族墓园。墓园从选址、布局到具体的墓葬排列和形制都十分规整，充分体现了蓝田吕氏尊古复礼的思想主张。

墓园布局与墓地祭祀建筑

吕氏家族墓园位于陕西省蓝田县三里镇五里头村，坐东北朝西南。蓝田依山傍水，东邻秦岭，西邻骊山，南面灞河，北依临潼山，自古为地理位置优越的富庶之地。园内建有祭祀建筑[1]、神道、石刻、兆沟等，北部为家族墓群。整个墓园北宽南窄，东西两边略收，平面呈倒置的

---

1 原报告《蓝田吕氏家族墓园》称墓园内的祭祀建筑为家庙。在宋代语境中，家庙应特指建于都城中的士大夫家庙，而墓前的祭祀建筑，文献中有亭、墓亭、祠堂、墓祠、祠庙等多种称呼，南方地区一般称墓祠（详见浙江省文物考古研究所编著《浙江宋墓》，科学出版社，2009），北方地区似乎并不统一。为行文方便，本书总体上使用"墓前祭祀建筑"这一描述性称谓，在具体语境中根据文献记载和实际需要或替换为祠堂、墓祠、祠庙等，至于北宋时期墓前祭祀建筑是否有一特定称谓，期待新研究的推进。

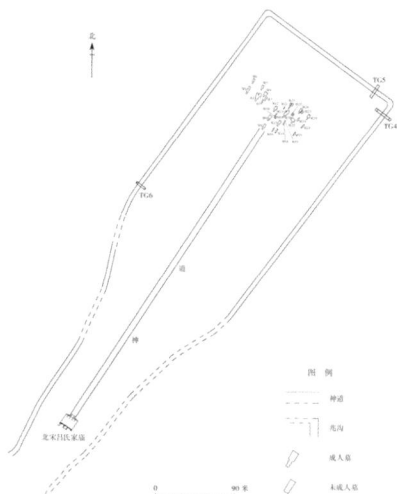

图 2-1　蓝田吕氏家族墓园平面图

酒瓶状（图2-1），地势呈东北高、西南低走向，即祭祀建筑所处地势较低，向墓群区逐步升高。神道和祭祀建筑位于整个墓园中轴线上，墓葬群沿中轴线对称分布，排列规律。那么，墓旁建祭祀建筑的方式在北宋是否流行呢？

　　北宋与蓝田吕氏家族身份相当的有安阳韩琦和洛阳富弼家族，这三个家族中均曾出有宰相，家族背景大体相似，其中以韩琦家族墓规格为最高。据文献记载，韩琦墓由国家出资修建，宋神宗赐有神道碑[1]，但因曾遭破坏，目前可见的韩琦和富弼家族墓园并不完整，仅从考古发掘成果来看未见墓前祭祀建筑[2]，其中韩琦家族墓墓上建筑有一处照壁遗址和拜殿基址。

1　〔宋〕李焘：《续资治通鉴长编》（第 11 册）卷二六五，第 6517 页。

2　河南省文物局编著《安阳韩琦家族墓地》，科学出版社，2012；洛阳市第二文物工作队编《富弼家族墓地》，中州古籍出版社，2009。

北宋司马光家族墓虽未经系统考古发掘，但据记载和调查，神道、神道碑等尚存，墓东侧置余庆禅院，因而可推测墓园原有祭祀建筑。蓝田吕氏家族墓发掘报告从墓园的选址、布局、墓葬群排列等角度，将司马氏家族墓园和蓝田吕氏墓园进行了对比[1]，发现其中祭祀建筑的设置是两家族墓园的共同要素。可见，北宋时期在墓园中建祭祀建筑虽非定制，但应有其依据。

第一章大体介绍了北宋中期重建礼乐制度、回归先王之制的相关情况，其中设立祭祀祖先的家庙即是复先王之制的重要一环。北宋群臣许立家庙，庆历元年（1041）仁宗诏："功臣不限品数，赐私门立戟，文武臣僚许立家庙。"[2]继而朝廷制定了群臣立家庙的方案，包括不同品阶官员家庙建制[3]，但家庙一般建于都城，"其在京师者，不得于里城及南郊御路之侧"[4]，文彦博仿杜佑家庙，将家庙建于西京[5]。

宋代墓地上的祭祀建筑，考古发现南宋品官及富庶大户墓园中多有遗存，称墓祠[6]，此类考古发现虽少见于北宋，但见于宋人文集。陆佃在《永慕亭记》中记，熙宁三年（1070），其友陈泽民葬其亲于州南龙塘之原，"而屋其墓之南向，以致孝飨，而命之曰'永慕之亭'"[7]；再如程颐曾提倡："既有墓祭，则祠堂之类，亦且为之可也。"[8]陆佃文中的"永慕亭"和程颐提倡的"祠堂"，应为墓地的祭祀建筑，虽不知此类建筑在北宋中后期是否流行，但至少并不罕见。

1　陕西省考古研究院、西安市文物保护考古研究院、陕西历史博物馆编著《蓝田吕氏家族墓园》，第1105—1109页。

2　〔宋〕李焘：《续资治通鉴长编》（第6册）卷一百三十四，第3199页。

3　〔宋〕李焘：《续资治通鉴长编》（第7册）卷一百六十九，第4072页。

4　同上。

5　李之亮笺注《司马温公集编年笺注》卷七九《文潞公家庙碑》，巴蜀书社，2009，第21页。

6　参见浙江省文物考古研究所编著《浙江宋墓》。

7　曾枣庄、刘琳主编《全宋文》（第101册）卷二二〇八《陆佃七·永慕亭记》，第222页。

8　〔宋〕程颐：《端伯传师说》，载〔宋〕程颢、〔宋〕程颐：《二程集·遗书卷第一》，王孝鱼点校，中华书局，1981，第6页。

　　蓝田吕氏墓园中的祭祀建筑始建于北宋，根据考古发掘，祭祀建筑遗址自上至下共有 9 层叠压，主要建筑遗址 11 座，遗址中出土的瓷片、陶片、建筑构件，以及铜、铁钱最早为北宋时期，其中 F11 房址应是熙宁七年（1074）前后与墓园同时建成的最早期吕氏祭祀建筑遗址主殿[1]，后毁于火，北宋晚期在原位上重建家庙（F10），经复原为面阔 16.15 米的五开间建筑，也就是说，吕氏建立墓园之初就同时建造了祭祀建筑。那么，吕氏这一做法出是于怎样的考虑，又源于何时的传统呢？

　　商周以来祭和葬有着严格的区分，宗庙是祭祀活动的重要场所，一般位于都城内，而墓葬则是埋葬死者的居所，往往建于郊外，但据考古发现，商周时期已出现墓上建筑，应为享堂[2]。也就是说，墓与庙毗邻建造，而不再完全分野于郊与城，这一发现对汉代以来"古不墓祭"的观念提出挑战。先秦时期是否已出现"墓祭"，自汉代以来就有分歧，杨宽和杨鸿勋两位学者曾就此有过争论[3]。二人均认同先秦时期已有墓上建筑，只是就墓上建筑的性质是"寝"还是"享堂"有不同意见，杨宽主要依据文献，而杨鸿勋则以考古发掘为论据，认为先秦时期墓上建筑用于祭祀，尤其战国中山王墓的《兆域图》上明确自名为"堂"，更是有力证明。

　　汉代已有墓上祭祀建筑称祠堂，这一点学界基本无异议。关于汉

1　陕西省考古研究院、西安市文物保护考古研究院、陕西历史博物馆编著《蓝田吕氏家族墓园》，第 33 页。

2　王仲殊先生认为，商代从王陵到一般贵族墓，有时在地面上建有房屋，可能是后世所谓的"享堂"，见王仲殊：《中国古代墓葬概说》，《考古》1981 年第 5 期，第 450 页；具体考古发现详见杨鸿勋：《关于秦代以前墓上建筑的问题》，《考古》1982 年第 4 期，第 402—406 页。

3　杨宽延续汉儒观点，主要依据文献记载，认为"古不墓祭"，并明确指出先秦墓上建筑应为陵寝的"寝"，参见杨宽：《先秦墓上建筑和陵寝制度》，《文物》1982 年第 1 期，第 31—37 页；杨宽：《先秦墓上建筑问题的再探讨》，《考古》1983 年第 7 期，第 636—640 页。杨鸿勋则认为"古有墓祭"，并以考古材料为依据，明确指出至迟在殷代已有墓祭，并进一步推断庙祀应从墓祭发展而来，参见杨鸿勋：《关于秦代以前墓上建筑的问题》，《考古》1982 年第 4 期，第 402—406 页；杨鸿勋：《〈关于秦代以前墓上建筑的问题〉要点的重申——答杨宽先生》，《考古》1983 年第 8 期，第 739—740 页。

代墓上祠堂遗存，信立祥先生有详细论述[1]。当然，在没有科学考古发掘的北宋，蓝田吕氏无法像今人一样看到这些墓上祭祀建筑实物，他们的古代知识主要来源于文献和当时偶然发现的墓葬盗掘品。在记述先秦礼制活动的文献中有关墓祭的记载很少，《周礼·春官·冢人》记述"凡祭墓为尸"[2]，杨宽曾引用郑玄、贾公彦、孔颖达等人对此句之注疏，认为古代礼制只有在墓旁祭祀地神，没有祭祀墓主[3]。"蓝田四吕"深惜古礼，对于古代礼书多有钻研，《宋史·艺文志》收录郑玄《古礼注》十七卷、《周礼注》十二卷、《礼记注》二十卷、《礼记月令注》一卷等[4]，孔颖达《正义》十四卷、《礼记正义》七十卷[5]，贾公彦《仪礼疏》五十卷、《礼记疏》五十卷、《周礼疏》五十卷[6]。以上礼书想必"四吕"都曾研读，因此对于汉唐礼学家"凡祭墓为尸"的注疏应该并不陌生。司马光在《资治通鉴》"熹平元年"记事中引用蔡邕"古不墓祭"的看法[7]，蔡邕曾在《独断》中提出："古不墓祭，至秦始皇出寝，起之于墓侧，汉因而不改。"[8]即自秦始皇开始墓旁建寝，一般认为陵墓祭祀始于东汉明帝举行的上陵礼，赵翼曾指出："盖又因上陵之制，士大夫仿之皆立祠堂于墓所，庶人之家不能立祠，则祭于墓，相习成俗也。"[9]朱熹亦曾提道："墓祭非古，虽周礼有'墓人为尸'之文，或是初间祭后土，亦未可知。"[10]这一观点明显受到了贾公彦和孔颖达注疏的影响。至于吕氏

1　信立祥：《论汉代的墓上祠堂及其画像》，载中国历史博物馆考古部编《中国历史博物馆考古部纪念文集》，科学出版社，2000，第180—202页。

2　〔清〕孙怡让：《周礼正义》卷四十一《春官·冢人》，王文锦、陈玉霞点校，中华书局，2013，第2053页。

3　贾公彦疏"祭后土"，孔颖达《正义》"礼地神"，见杨宽：《先秦墓上建筑和陵寝制度》，《文物》1982年第1期，第32页。

4　〔元〕脱脱等：《宋史》卷二〇二《艺文志一》，第5048页。

5　同上书，第5034、5049页。

6　同上书，第5049页。

7　〔宋〕司马光编著，〔元〕胡三省音注《资治通鉴》卷第五十七《汉纪·孝灵皇帝上之下》，中华书局，1956，第1827页。

8　〔宋〕程大昌：《雍录》卷第八《庙陵·蔡邕庙寝游衣冠说》，黄永年点校，中华书局，2002，第181页。

9　〔清〕赵翼：《陔余丛考》卷三十二《墓祭》，栾保群点校，中华书局，2019，第867页。

10　〔宋〕黎靖德编《朱子语类》卷第九十《礼七·祭》，第2321页。

是否认同"古不墓祭"的观念，根据现有材料无法推断，但至少可以肯定，在北宋文人知识系统中，汉代已经流行墓祭，且已有在墓所建祠堂的实例，正如司马光所称："汉世公卿贵人多建祠堂于墓所，在都邑则鲜焉。"[1]根据朱熹的记载："今风俗（墓祭）皆然，亦无大害，国家不免亦十月上陵"[2]，可知至迟在南宋时期，墓旁祭祀已成风俗。

那么，对于蓝田吕氏来说，"士祭其先"[3]，这一时期的北宋士大夫多仿唐制，将祭祀祖先的宗庙立于京师，到了朱熹时代的南宋，墓旁祭祀建筑已十分流行，而吕氏家族墓所处的北宋中后期，正值转折的关键期。蓝田吕氏选择在墓旁建祭祀建筑，可能与前文所引司马光所述"汉世公卿贵人多建祠堂于墓所"有关，且蓝田吕氏家族墓和司马光家族墓为目前仅见在墓地建祭祀建筑的北宋实例。无论墓祭产生于商周还是汉，对于北宋人，均属于"古"的范畴，而在墓前建祭祀建筑，亦是吕氏身体力行进行复古实践的重要方式。

墓葬排列与昭穆制和宗子法

吕氏墓葬群位于墓园北部正中，即神道中轴线的延长线上，并按照中轴线规律分布吕氏嫡系家族成员五代人共 29 座墓（图2-2），其中 20 座成人墓葬，9 座未成年人墓葬，自南向北横向分为 4 排，辈分明确、长幼有序。所有墓葬均为竖穴土洞墓，有单室、双室和多室几种形制。

据吕通墓志，吕氏上世皆葬于河南新乡，因从吕蕡开始宦学于秦，故吕通于嘉祐六年（1061）首葬于蓝田县玉山乡李村之原[4]。又据吕蕡

1　李之亮笺注《司马温公集编年笺注》卷七九《文潞公家庙碑》，第 20 页。

2　〔宋〕黎靖德编《朱子语类》卷第九十《礼七·祭》，第 2321 页。

3　〔宋〕吕大临等：《蓝田吕氏集》，第 61 页。

4　"嘉祐六，殿中以状来告曰，我上世皆葬于新乡，今子孙宦学在秦，又得吉地于骊山之麓，将以九月癸酉举公及夫人之丧葬于京兆府蓝田县玉山乡李村之原，愿得铭于墓。"吕通墓志，载陕西省考古研究院、西安市文物保护考古研究院、陕西历史博物馆编著《蓝田吕氏家族墓园》，第 435 页。

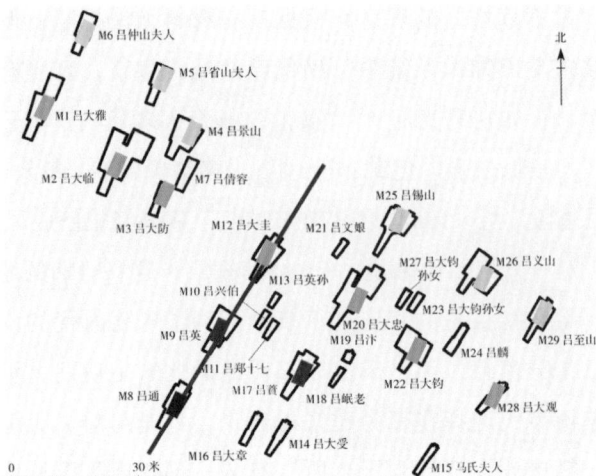

图 2-2　蓝田吕氏家族墓葬分布平面图（笔者根据考古报告所公布墓葬平面图绘制）

墓志，他曾嘱其后人选址蓝田太尉塬营建家族墓园[1]。因此，自吕賁熙宁七年（1074）去世开始，吕氏家族成员死后均安葬于太尉塬，而此前下葬的家族成员，如吕通、吕英以及大字辈成员早夭者吕大章、吕大受和吕大观，均于熙宁七年（1074）迁葬于此。

　　墓主辈分由高至低南北排列，长辈居南，子孙辈居北，由南向北依次为祖辈、父辈、大字辈和山字辈。M8 吕通夫妇墓位于家族墓的中轴线正中，位于中轴线居其后的分别为 M9 吕英夫妇墓和 M12 吕大圭夫妇墓，吕英为吕通嫡长子，吕大圭为吕英嫡长子，可见蓝田吕氏将家族始祖和嫡长子辈葬在中轴线上，虽然无论从官阶还是学术影响上吕賁一支均为显贵，但显然吕氏遵循以长子长孙为中心，突出嫡长子的大宗思想。

1　"骊山西原道险非计，当迁于平易地，使世世不以葬劳人。" 吕通墓志，载陕西省考古研究院、西安市文物保护考古研究院、陕西历史博物馆编著《蓝田吕氏家族墓园》，第 605 页。

　　横排上，第二排和第三排以嫡长子为中心，以左（东）为上，按照长幼顺序左右交互排列，如吕大忠为吕蕡长子，其墓葬毗邻吕大圭墓东侧，吕大防为吕蕡次子，其墓毗邻吕大圭墓西侧，大钧、大临、大观、大雅以此类推[1]。第四排则呈现出明确的父子继承关系，子在父后，发掘报告认为大字辈成员子嗣均为单传是造成这一局面的直接原因。[2]

　　另有一些规格较小的墓葬，不在四排的主线上，而位于前三排墓葬侧后方，这些墓均为早夭或未成年者，如吕大章和吕大受为吕通孙，二人葬于吕通墓东侧稍后；吕汴、吕岷老分别为吕大忠和吕大防殇子，皆葬于祖父吕蕡墓后东侧；吕兴伯和吕郑十七均为吕大雅子，祔葬于吕英墓后东侧；吕麟为吕义山子，葬于吕大钧墓后东侧。早夭女子则葬于祖父墓后西侧，如吕义山早夭二女、吕锡山女吕文娘分别葬于祖父吕大钧和吕大忠墓后西侧。

　　总体来看，吕氏墓葬群的排列呈现出：以长子长孙为中轴对称布局，由南向北按辈分由高至低排列，各辈不同排；前三排以长房嫡长子为核心、遵"左"为上；祔葬者按男女分别葬于祖父墓后左右等特征，整体上排列清晰，秩序严谨。这种墓地布局方式在北宋士大夫墓葬中处于怎样的位置，其背后又有着怎样的思想来源和丧葬观念呢？

（一）不同的声音：五音姓利说

　　根据考古发掘，北宋时期士大夫家族常以"五音姓利说"规划墓地，正是吕蕡墓志中明确反对的"术术家五姓语及浮图氏之斋荐者"，也侧面反映出"五音姓利"在当时的流行。"五音姓利"是根据音韵将各个姓氏分别归属于宫、商、角、徵、羽五姓，再与五行生克相联系，用

1　另大字辈成员吕大章和吕大受早夭，二人祔葬于祖辈吕通旁，关于祔葬问题，见后文详述。
2　陕西省考古研究院、西安市文物保护考古研究院、陕西历史博物馆编著《蓝田吕氏家族墓园》，第 1116 页。

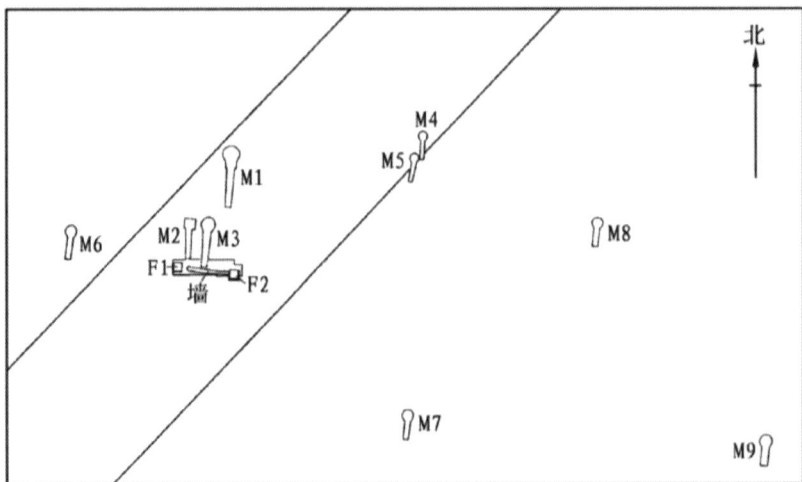

图 2-3　韩琦家族墓地平面图

以推断阴阳二宅建造的方位吉凶[1]。宋代皇陵的布局也受到"五音姓利说"的影响[2]。

北宋墓葬采用"五音姓利说"建造者可见于白沙宋墓[3]和韩琦家族墓等。以韩琦家族墓地为例,该墓群共有5座砖(石)墓,分为2组(图2-3),西侧一组 M1 葬韩琦和安国夫人崔氏,M3 和 M2 东西并列,位于 M1 西南,分别葬韩琦长子韩忠彦及其二夫人吕氏、韩琦次子韩端彦;东侧 M4 和 M5 一组,M4 为韩琦二夫人普安郡太君崔氏之墓,M5 墓主不明,但应与 M4 墓主身份接近[4]。5 座墓葬根据五音姓利的原则规划,

---

1　刘未:《昭穆贯鱼:北宋韩琦家族墓地》,载王煜主编《文物、文献与文化——历史考古青年论集》(第一辑),上海古籍出版社,2017,第 72 页。

2　刘未有专论,见刘未:《宋代皇陵布局与五音姓利说》,《浙江大学艺术与考古研究》(第三辑),第165—190 页。

3　宿白有具体讨论,见宿白:《白沙宋墓》,生活·读书·新知三联书店,2017,第 128—130 页。

4　安阳市文物考古研究所、河南省文物局南水北调文物保护办公室:《河南安阳市宋代韩琦家族墓地》,《考古》2012 年第 6 期,第 41—53 页;河南省文物局编著《安阳韩琦家族墓地》。

M1 为壬穴, M3 和 M2 分别为庚穴和外庚穴, M5 为壬穴, M4 为庚穴。[1]

　　然而, 不仅吕蕡, 当时虔心礼学的儒学家也多对这种地理之书以阴阳术数规划墓地的行为颇有微词, 如司马光就明确反对当时葬者"不厚于古, 而拘于阴阳禁忌"[2], 指出"阴阳家立邪说以惑众, 为世患, 于丧家尤甚"[3]。程颐也曾说到五姓没有古礼依据:"五姓之说, 验诸经典, 本无证据, 古阴阳书亦无此说, 直是野俗相传, 竟无所出之处"[4], 并明确指出:"世间术数多, 惟地理之书最无义理。"[5]崇礼的儒学家们多提倡以昭穆之法规划墓葬, 如程颐曾自述其家自祖父以后只用昭穆法[6], 并著有《葬说》[7], 详述葬地之说与昭穆之法。而蓝田吕氏墓葬, 正是昭穆法运用于墓葬具体实践的典型例证。

(二) 儒家复古者: 昭穆之制与宗子法

　　从历史文献记载来看, 昭穆制度为先秦宗庙制度的重要原则, 古礼"莫重于祭"[8],《礼记·祭统》记:"夫祭有昭穆, 昭穆者, 所以别父子、远近、长幼、亲疏之序而无乱也。"[9]郑玄注《周礼·春官·小宗伯》"辨庙祧之昭穆"云:"祧, 迁主所藏之庙, 自始祖之后, 父曰昭, 子曰穆。"[10]可见昭穆之制为古代礼制尊卑秩序的重要规范, 汉唐以来礼学家对周礼宗庙昭穆之制研究不断, 并依此制定当代天子以至诸侯的宗庙制度和祭祀之法。北宋从太祖太宗开始, 直到徽宗都曾多次商议庙制, 详

1　刘未:《昭穆贯鱼: 北宋韩琦家族墓地》, 载王煜主编《文物、文献与文化——历史考古青年论集》(第一辑), 第 72—77 页。

2　李之亮笺注《司马温公集编年笺注》卷七一《葬论》, 第 346 页。

3　同上书, 第 347 页。

4　〔宋〕程颐:《葬法决疑》, 载〔宋〕程颢、〔宋〕程颐:《二程集·伊川先生文六》, 第 624 页。

5　〔宋〕程颐:《伊川杂录》, 载〔宋〕程颢、〔宋〕程颐:《二程集·伊川先生语八上》, 第 290 页。

6　同上。

7　〔宋〕程颐:《葬说》, 载〔宋〕程颢、〔宋〕程颐:《二程集·伊川先生文六》, 第 623 页。

8　〔清〕孙希旦:《礼记集解》卷四十七《祭统》, 沈啸寰、王星贤点校, 中华书局, 1989, 第 1236 页。

9　同上书, 第 1245 页。

10　〔清〕孙怡让:《周礼正义》卷三十六《春官·小宗伯》, 第 1730 页。

定当代皇帝的昭穆次第[1]，正所谓"稽用古礼，著之祀典"[2]。

除宗庙制度外，昭穆法同时用于墓葬制度，具体而言，主要用于周代公墓中，《周礼正义》记："冢人掌公墓之地，辨其兆域而为之图，先王之葬居中，以昭穆为左右。"又"凡诸侯居左右以前，卿大夫士居后，各以其族"，郑玄分别注曰："昭居左，穆居右，夹处东西"[3]，"子孙各就其所出王，以尊卑处其前后，而亦并昭穆。"[4]《周礼》大体勾勒出周代君王、诸侯之公墓按尊卑以昭穆为制规划，先为兆域之图。尽管今天考古发掘的周代墓葬尚未见到《周礼》记载中的整齐布局，未发现以昭穆为序的确证，但就北宋儒家学者而言，当时能看到的周代墓葬实例也十分有限，他们关于周代的知识主要来源于文本，而《周礼》所记周人墓地采用昭穆之制，应正是北宋复古尊礼的儒家学者重拾昭穆之制规划墓地的直接动因。宋人从墓地选址到布局制定出一套理论，今日可见者有司马光的《葬论》《书仪》和程颐的《葬说》等。

选址上，虽吉地也为儒家学者首要关切之事，但他们并不以阴阳术数择地，正如司马光所说："其吉凶尔，非若今阴阳家相其山岗风水也"[5]，程颐也曾道："但风顺地厚处足矣"，"卜其地之美恶也，非阴阳家所谓祸福者也"，"地之美者……土色之光润，草木之茂盛"，[6]有五患不得不慎，即"须使异日不为道路，不为城郭，不为沟池，不为贵势所夺，不为耕犁所及"[7]。可见，在儒家学者看来，地之美在于其自然优渥而非风水阴阳。吕氏选址蓝田太尉塬，或正因其依山傍水、地势平易之自然富庶。

1　详见李衡眉：《宋朝的庙制与昭穆次序》，载李衡眉：《昭穆制度研究》，齐鲁书社，1996，第40—48页。

2　〔元〕脱脱等：《宋史》卷一百六《礼志九》，第2570页。

3　〔清〕孙怡让：《周礼正义》卷四十一《春官·冢人》，王文锦、陈玉霞点校，第2041页。

4　同上书，第2043页。

5　〔宋〕司马光：《书仪》，载《丛书集成新编》三五，新文丰出版社，1986，第35页。

6　〔宋〕程颐：《伊川杂录》，载〔宋〕程颢、〔宋〕程颐：《二程集·伊川先生语八上》，第290页。

7　〔宋〕程颐：《葬说》，载〔宋〕程颢、〔宋〕程颐：《二程集·伊川先生文六》，第623页。

左：图 2-4 程颐《葬说》所载"下穴昭穆图"
右：图 2-5 穴四和穴五下移后的"下穴昭穆图"（笔者绘）

　　墓地布局上，程颐《葬说》明确指出"葬之穴，尊者居中，左昭右穆而次后则或东或西，亦左右相对而启穴也"[1]，并绘有《下穴昭穆图》(图 2-4)图解文字，该图标示出以穴一为中心，穴二和三对称于左右，又左侧标有图注"第四穴或此下"，可推测第四穴也可以位于艮、寅之间，即穴二西侧，而根据对称原则，穴五亦可位于戌、乾之间，即穴三东侧 (图 2-5)。吕大临曾拜于程颐门下，"二程"思想对于吕氏的影响自不必说，从已发掘的吕氏家族墓葬布局的排列方式来看，更是程颐所释昭穆葬法的具体实践，如祖辈吕通为尊者，故吕通墓居中，位于整个墓群中轴线的最南端，并以此为中心，第二、三排同辈墓左右交替排列。大字辈年纪最长者吕大忠之墓列于吕大圭墓东侧，正与《下穴昭穆图》中穴二位于穴一东侧相同。而位于穴一正南端的券台，或代表祭祀建筑，吕氏墓群最南端正是其墓前祭祀建筑所在。唯一不同的是，《下穴昭穆图》中尊穴位于最北，穴四、五、六、七两两一组依次向南排列，而尊穴 M8 吕通墓位于整个吕氏墓葬群最南端，子孙辈依昭穆法依次

---

1 〔宋〕程颐：《葬说》，载〔宋〕程颢、〔宋〕程颐：《二程集·伊川先生文六》，第 623 页。

向北排列。这一矛盾或有其特殊原因。

墓群中轴线上所葬者分别为吕通、吕英和吕大圭，吕英为吕通长子，且较吕蕡年龄稍长，葬于其父正后方自是理所当然；吕大圭虽为吕英长子，但年龄在大字辈兄弟中位列第四，吕大忠年龄最长，但吕氏在排列墓位时显然并未按照年龄长幼或显贵程度，而是依据宗法之嫡长原则，因此位于整个墓群中轴线上的是吕大圭，而非大字辈年龄最长者吕大忠，这也正是古礼宗子法的具体体现。

宗子法为周代礼制的核心，北宋时期礼学家张载主张立宗子法，他曾提出"管摄天下人心，收宗族，厚风俗，使人不忘本，须是明谱系世族与立宗子法"，"宗法若立，则人人各知来处，朝廷大有所益"；[1]并进一步指出，宗者，"以己之旁亲兄弟来宗己"，"宗之相承固理也，及旁支昌大，则须是却为宗主"，"以适长为大宗"[2]，即为以嫡长子为宗主的大宗，但他并不排斥小宗[3]。吕大临从学于张载，也力倡宗子法，曾与其兄吕大防合撰《吕氏家祭礼》[4]，该书已不存。

许雅惠援引《事林广记·大宗小宗图说》中收录的《家祭礼》一段："古者小宗有四，有继祢之宗，继祖之宗，继曾祖之宗，继高祖之宗，所以主祭祀而统族，后世宗法既废，散无所统，祭祀之礼，家自行之，支子不能不祭，祭不必告于宗子，今宗法虽未易复，而宗子主祭之义，略可举行，宗子为士，庶子为大夫以上，牲祭于宗子之家，故今议家庙，虽因支子而立，亦宗子主其祭，而用其支子命数，所得之礼可合礼意。"该文强调宗子主祭的角色，虽然吕氏家庙因支子显贵而立，但仍由宗

1 〔宋〕张载：《宗法》，载〔宋〕张载：《张载集·经学理窟》，第 258 页。
2 同上书，第 258—260 页。
3 如在谈到古所谓"支子不祭"时，张载指出，"支子虽不得祭，至于斋戒致其诚意，则与祭者不异"。同上书，第 260 页。
4 〔宋〕陈振孙：《直斋书录解题》卷六，第 187 页；《宋史·艺文志》记为《祭仪》，见〔元〕脱脱等：《宋史》卷二百四《艺文志三》，第 5133 页。

子主持祭祀，以合乎礼意。[1]

　　吕大临曾在《蓝田礼记说》中指出："宗子法久不行，今虽士大夫，亦无收族之法，欲约小宗之法，且许士大夫家行之，与异宫同财，有余则归，不足则取，及昏冠丧祭必告，皆今可行，仍似古法，详立条制，使之遵行，以为睦宗之道，亦无所害于今法，可以渐消析居争竞之丑，所补当不细矣。"[2] 蓝田"四吕"为吕氏家族墓园建造的主体力量，宗子法久不行，大宗之法已不传，因此吕大临提出"欲约小宗之法"，且以嫡长子为主祭的宗法思想，正可见于吕氏墓园规划的具体实践中。另外，乡约亦是宗法思想和制度的重要体现，正如张载在《宗法》中倡导的"严宗庙，合族属"[3]，而吕大钧曾撰有《吕氏乡约乡仪》[4]，并讲会《乡约》，使得关中风俗为之一变，这正是吕氏践行宗子法的另一具体实践。

　　吕氏墓地中，部分墓葬侧后方有祔葬，吕大临曾在《礼记解》中提道："礼之祔祭，各以昭穆之班，祔于其祖"[5]，应也适用于祔葬。关于祔葬，《礼记·丧服小记》记："祔葬者不筮宅，士大夫不得祔于诸侯，祔于诸祖父之为士大夫者"，郑玄注："祔葬，谓葬于祖之旁也"[6]，孔颖达疏，"礼，孙死祔祖"，并进一步罗列出祔葬者类别："殇与无后者，女女子未嫁而死者，出而归者，未庙见而归葬者"[7]。依此比对，吕兴伯、吕郑十七、吕岷老、吕汴等9座墓，墓主均为殇子，即未成年而早夭者；吕大章和吕大受虽成年但无后，因此与同为早卒但有子嗣的吕大观的墓葬位列不同；吕倩容虽已许嫁但未嫁而亡，因此这些成员的墓葬遵

1　许雅惠：《宋代士大夫的金石收藏与礼仪实践——以蓝田吕氏家族为例》，载浙江大学艺术与考古研究中心主编《浙江大学艺术与考古研究》（第三辑），第 138 页。

2　〔宋〕吕大临：《蓝田礼记说》，载陈俊民辑校《蓝田吕氏遗著辑校》，第 550—551 页。

3　〔宋〕张载：《张载集·经学理窟》，第 261 页。

4　〔宋〕吕大临等：《蓝田吕氏集》，第 793—813 页。

5　同上书，第 69 页。

6　〔清〕孙希旦：《礼记集解》卷三十三《丧服小记》，第 885 页。

7　同上书，第 886 页。

循古制皆祔葬于祖父旁。

综上，吕氏墓园的整体布局和墓葬群排列很可能源于先秦古礼，尤其在墓葬规划的具体实践中遵照周礼的昭穆、宗子之法和祔葬观念，虽小有出入，但大体切合。不仅印证了吕大钧夫人种氏墓志所记："凡丧、祭、冠、婚至于乡饮，相见之仪，莫不推明讲习，可以想见古风，关中士大夫纷纷仿效"[1]，更将文字记载中"一本于古"的蓝田吕氏形象推进到实践层面，也就是说，吕氏不仅著书言说，更身体力行，严格地践行古礼，这一点与吕氏仿古器实践中诸多似古非古的现象完全不同，后一问题将在第三章中具体讨论。吕氏在丧葬实践和古器物实践中所呈现出的差异，不仅打破了以往单一的吕氏形象，更为我们展现了吕氏复古实践的不同层次和面向。

---

1 种氏墓志，载陕西省考古研究院、西安市文物保护考古研究院、陕西历史博物馆编著《蓝田吕氏家族墓园》，第 700 页。

第二节

墓葬设置与形制来源

　　熙宁七年（1074）吕氏将家族墓园迁至蓝田太尉塬以后，墓葬营建的诸多方面都发生较大变化（详见附录3）。从营建时间和整体面貌来看，墓园的规划布局应由吕蕡一支的子辈筹划，主力为精通礼学的"蓝田四吕"，即大忠、大防、大钧和大临，"四吕"参照古礼，丧祭冠婚一本于礼。除第一节阐述的墓园布局和墓群规划外，墓葬形制与设置、合葬方式以及随葬品等诸多方面也受到古礼观念的影响。

竖穴土洞墓与木棺椁

　　吕氏家族29座墓全部为竖穴土洞墓（图2-6），由竖穴墓道、封门、土洞墓室、壁龛组成。墓道位于墓室最南端，东、西两壁各设踏窝一列，墓室位于北端。《礼记·檀弓下》记："葬于北方，北首，三代之达礼也，之幽之故也"[1]，其所记内容与三代墓葬坐北朝南的方位相吻合。墓室有

1　〔清〕孙希旦：《礼记集解》卷十《檀弓下》，第259页。

图 2-6　吕大雅墓结构

单室、双室和三室三种，后两者一般以生土隔梁分界，墓室下挖较深，底部据现地表多在十米以上，深者达十五米以上。墓室一般设有壁龛，墓志放置于龛内。吕氏成员均使用木质棺椁，棺椁一般南北向放置，基本已朽成灰状，从现存痕迹看，墓主多为仰身直肢葬，部分为屈肢葬。整体上看，竖穴土洞墓和木棺椁的使用，是蓝田吕氏墓葬的突出特征。

关中地区部分唐代墓葬使用土洞形制，分为单室方形土洞墓和单室长方形土洞墓，主要为五品以下品官或庶人的墓制，其中长方形土洞墓在玄宗以后即 756 年至 907 年才开始为品官使用[1]，但这些土洞墓多设斜坡墓道，并使用砖棺床[2]，与蓝田吕氏墓的竖穴和使用的木棺椁完全不同。

进入北宋，中原北方地区常见有小型土洞墓，早期北方土洞墓的

1　宿白：《西安地区的唐墓形制》，《文物》1995 年第 12 期，第 41—50 页。

2　同上，第 45—46 页。

使用者主要有一些品官、城市平民、农村的自耕农和儒生等社会上较有地位的人[1]。在关中地区，北宋品官墓常使用竖穴土洞，如西安长乐东路发现的吕远墓（964）为竖穴土洞墓，墓道四壁竖直，平面呈梯形，东壁南壁交接处挖交替踏窝[2]；西安长安区郭杜镇李唐后裔李保枢墓（1019）和李璟夫人宋氏墓（1086）为竖穴墓道土洞墓，侧壁或后壁开龛放置墓志，延续唐代遗风[3]；西安西郊热电厂北宋淳于广墓（1034）为竖穴土洞墓[4]；西安北宋范天佑墓（1049年去世，1075年安葬）为坐东朝西的竖穴墓道单室土洞墓，但因腐朽严重，葬具葬式不详[5]；另西安湖滨花园小区7座宋墓[6]、西安南郊孟村9座宋墓[7]均为竖穴土洞墓，但随葬品很少，墓主信息不详。此外，新近考古发掘的西安北宋孟氏家族墓统一埋葬于宣和五年（1123），5座墓均为竖穴土洞墓，墓道东、西两壁各设踏窝，葬具为木棺[8]。孟氏家族墓在墓葬形制、墓道布局、葬具、随葬品等诸多方面与吕氏家族墓十分相似。

根据考古发掘，新石器时代的墓葬一般为竖穴式土坑，商周墓葬普遍流行竖穴土坑墓，使用木质棺椁，周代的棺椁制度有着严格的等级[9]。吕大临曾引程颐《葬说》："葬，须为坎室为安。"[10]司马光《书仪·穿

1　秦大树：《宋元明考古》，文物出版社，2004，第138—141页。

2　中国考古学会编《中国考古学年鉴·1987》，文物出版社，1988，第269—270页。

3　西安市文物保护考古所：《西安长安区郭杜镇清理的三座宋代李唐王朝后裔家族墓》，《文物》2008年第6期，第36—53页。

4　西安市文物管理处：《西安西郊热电厂基建工地清理三座宋墓》，《考古与文物》1992年第5期，第64—72页。

5　西安市文物保护考古研究院：《西安北宋范天佑墓发掘简报》，《中国国家博物馆馆刊》2017年第6期，第23—40页。

6　陕西省考古研究所：《西安市湖滨花园小区宋明清墓发掘简报》，《考古与文物》2003年第5期，第34—37页。

7　陕西省考古研究院：《西安南郊孟村宋金墓发掘简报》，《考古与文物》2010年第5期，第16—23页。

8　胡松梅、苗轶飞、张锦阳：《生不满卅 金石千秋——陕西长安杜回北宋孟氏家族墓地考古发现》，《中国文物报》2020年12月4日第008版。

9　俞伟超：《汉代诸侯王与列侯墓葬的形制分析——兼论"周制""汉制"与"晋制"的三阶段性》，载俞伟超《先秦两汉考古学论集》，文物出版社，1985，第117—124页；王仲殊：《中国古代墓葬概说》，《考古》1981年第5期，第449—458页。

10　陈俊民辑校《蓝田吕氏遗著辑校》，第541页。

圹》记载了宋代墓葬的两种类型："葬有二法，有穿地直下为圹置椁，以土实之者；有先凿埏道，旁穿土室，撺椁于其中者，临时从宜。"[1] 其中"穿地直下为圹置椁，以土实之者"即为竖穴土洞墓，且他明确指出："古者皆直下为圹，而上实以土也。"[2] 尽管从今天考古发掘来看，竖穴土洞墓与商周时流行的竖穴土坑墓存在一定差异，但在北宋人看来，"直下为圹，上实以土"的形制即为古制。而司马光提到的另一种"先凿埏道，旁穿土室"之葬法，为北宋时期十分流行的斜坡墓道墓，此类墓多为砖砌，等级高者甚至用石质[3]，正如司马光所说："或以石，或以砖为葬，仅令容椁，以石盖之"[4]。相比之下，蓝田吕氏使用竖穴土洞墓，而非当时流行且更符合其家族身份的砖室墓，应有其特殊目的，且同使用此类墓制的墓葬往往也随葬有仿古器，如西安北宋孟氏家族墓。由此可见，关中地区使用竖穴土洞墓有其地域传统，整体上呈现出复古的倾向，符合关中士人研学古礼的地域学风，但综合墓向、葬具、随葬品等多种因素来看，吕氏家族墓无疑是最为完备和深入者，呈现出对古礼执着的敬意与追忆。

蓝田吕氏使用的木质棺椁，亦是周制墓葬的重要特征。《礼记》中详细记载了周代棺椁之制，其中涉及材质部分提道："君松椁，大夫柏椁，士杂木椁。"[5] 柏椁和松椁皆用松柏之心，即所谓"黄肠"，为周制天子诸侯的葬具形制，士则多以木椁，目前的考古发掘大体印证了这一记载。因此即便从未见过类似今天考古发掘成果中商周墓地的北宋人，亦可通过文献记载了解周代的丧葬之制，当然，北宋时期盗墓猖獗，古代墓葬不断被发现，当时可见的很多古器物都出自这些墓葬，如张邦基

---

1 〔宋〕司马光：《书仪》，载《丛书集成新编》三五，第 36 页。
2 同上。
3 如北宋韩琦、富弼家族墓，见河南省文物局编著《安阳韩琦家族墓地》；洛阳市第二文物工作队编《富弼家族墓地》。
4 〔宋〕司马光：《书仪》，载《丛书集成新编》三五，第 36 页。
5 〔清〕孙希旦：《礼记集解》卷四十四《丧大记》，第 1190 页。

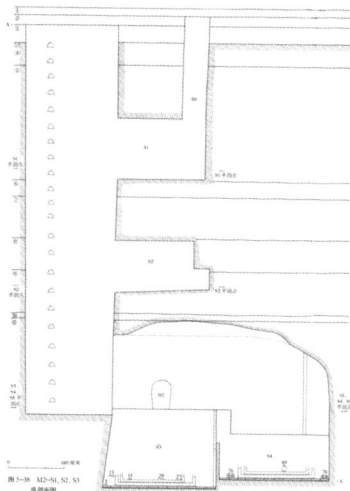

图 2-7　吕大临墓剖面图

《墨庄漫录》记载政和年间发现比干墓,并得墓中玉、铜器[1],赵希鹄《洞天清录》记载浙江晋塚出土有古器、舂陵塚出土有古镜[2]。这些频出的古代墓葬不仅使得古物重见天日,更为时人提供了诸多了解古代丧葬礼制的实物证据。除此之外,商周以来墓主人尸体多为仰身直肢,战国以后,黄河流域诸国不同程度上流行屈肢葬[3],吕氏家族墓目前可见尸骨的墓主多为仰身直肢或屈肢葬,基本延续周以来的葬制。

此外,从墓底据地表高度来看,吕氏家族墓大多埋葬较深,且吕大圭、吕大忠和吕大临三人墓葬均设置空穴,其中吕大临墓设置两重空穴(图2-7),作为防盗的重要措施。防盗是宋人建造墓葬时十分注重的

1　〔宋〕张邦基:《墨庄漫录》卷七《凤翔比干墓方山古墓墓中玉铜器》,孔凡礼点校,中华书局,2002,第195页。

2　〔宋〕赵希鹄等:《洞天清录:外二种》,第30页。

3　王仲殊:《中国古代墓葬概说》,《考古》1981年第5期,第452页。

部分，如朱熹曾记录当时葬礼"作灰隔"以至"蝼蚁盗贼皆不能进"[1]。另据文献，古代墓葬多埋葬较深，如司马光曾指出使用竖穴土洞墓适宜狭且深："凡穿地宜狭而深，圹中宜穿。"[2] 朱熹门人李守约曾道："坟墓所以遭发掘者，亦阴阳家之说有以启之，盖凡发掘者，皆以葬浅之故，若深一二丈，自无此患，古礼葬亦许深。"[3] 可见在宋人看来，古代墓葬埋葬较深，以防盗掘之患。因此，吕氏的这一做法，既为复古，也为防盗。

夫妇合葬

吕氏家族墓有单室、双室和三室三种，其中单室墓一般为单人葬或夫妇迁葬，双室和三室墓葬夫妇双方或三方，总体上，除夫妇一方去世时一方健在或墓主为单身情况外，大多数墓葬为夫妇合葬且为同穴合葬。中国自古有同穴合葬的传统，"合葬者何，所以同夫妇之道也"[4]，又《诗经》记："榖则异室，死则同穴。"那么，吕氏夫妇的合葬墓有着怎样的特点呢？

以 1074 年为界，大体有两种情况。

从附录 3 可见，1074 年建造的墓葬多为迁葬墓，随葬品较少，且均为单室墓，若墓主为夫妇二人，则分棺葬于同一椁内，为同室同椁合葬，如吕通夫妇墓、吕英夫妇墓[5] 和吕贲夫妇墓，这一方式或因这些墓主均为迁葬，故保留了迁葬前原本的葬制葬具。另吕大圭夫妇墓也为单室墓，其中吕大圭下葬于 1117 年，其妻张夫人葬于 1074 年，该

---

1 〔清〕郭嵩焘撰，梁小进主编《郭嵩焘全集 2·校订朱子家礼》卷四《丧礼·治葬》，岳麓书社，2012，第 682—683 页。

2 〔宋〕司马光：《书仪》，载《丛书集成新编》三五，第 36 页。

3 〔宋〕黎靖德编《朱子语类》卷第八十九《礼六·冠昏丧》，第 2286 页。

4 陈立疏注《白虎通疏证》卷十一《崩薨》，中华书局，1994，第 558 页。

5 虽吕氏墓室大多非同一时间完成，但墓葬结构在建造之初已大体确立，因此虽吕英妻王夫人于元祐八年（1093 年）下葬，但此处以夫妻中早去世者即吕英的下葬时间为准。

墓室应在张夫人入葬时已大体建造完成，因此采用了1074年吕氏建造蓝田太尉塬墓园时普遍使用的单墓室，但在具体细节上，已经出现变化，如吕大圭夫妇二人虽处同室，但使用异椁异棺合葬，而非这一时期吕氏墓常用的同椁合葬，这一变化，已见后来夫妇异室合葬的端倪。

　　1074年以后，具体来说，1082年至1110年首葬于太尉塬的夫妇均采用同穴异室合葬，且随葬品较前期普遍增多，这种方式在同时期关中墓葬中并不常见[1]，也与唐代同穴同室的葬制不同。"合葬之制，起于周公"[2]，从考古发掘成果来看，西周时已出现夫妇异穴合葬，而商代未见[3]。至于同穴异室合葬，较早见于春秋时期墓葬，如春秋早期黄君孟夫妇墓采用同穴异椁合葬[4]，即在同一墓穴中并排放置两座独立的木椁安葬墓主夫妇(图2-8)。当然，生活在北宋的吕氏无法见到这些考古成果，但文献中亦不乏春秋时期夫妇合葬的记载：孔子记卫国人合葬"离之"，孔颖达将"离"进一步解释为"以一物隔二棺之间于椁中也"[5]，"以一物隔二棺"的方式，应为夫妇同穴异室合葬的早期形式，吕氏1082年以后建造的墓葬采用异室合葬，以生土墙区隔墓室，应为卫人合葬方式的演变。这一时期还流行另一种合葬方式，苏轼曾提到蜀人合葬常"同垄而异圹""为一坟而异葬，其间为通道，高不及肩，广不容人"[6]，并指出这样设置可避免再下葬时子孙看到墓主腐烂的棺柩而伤心。苏轼所指的"同垄而异圹"为异穴合葬，除蜀地外，考古发现的浙江宋墓也流行这种方式[7]，由此可见宋代南北方在合葬方式上的分野。

1　北宋关中地区的竖穴土洞墓多为单室墓，见王小蒙、于春雷：《北宋吕氏家族墓及随葬品的若干问题》表三，载沈岳明、郑建明主编《两宋之际的中国制瓷业》，第42—52页。

2　〔清〕赵翼：《陔余丛考》卷三十二《合葬》，中华书局，2019，第867页。

3　王仲殊：《中国古代墓葬概说》，《考古》1981年第5期，第450—451页。

4　河南信阳地区文管会、光山县文管会：《春秋早期黄君孟夫妇墓发掘报告》，《考古》1984年第4期，第302—348页。

5　〔清〕阮元校刻《十三经注疏·礼记正义》卷第十《檀弓下·礼记》，中华书局，2009，第2851页。

6　〔宋〕苏轼：《苏轼文集》卷六十六《书温公志文异圹之语》，第2062页。

7　详见浙江省文物考古研究所编著《浙江宋墓》。

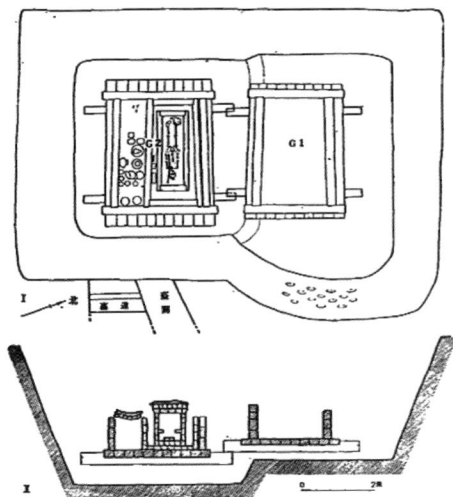

图 2-8 河南信阳春秋早期黄君孟夫妇墓 平、剖面图

　　另吕景山夫妇和吕至山夫妇下葬于政和元年（1111），二者墓室却为单室墓，或与当时——即政和时期——宫廷购求古器之风鼎盛，皇家大肆搜求古器有关[1]。据发掘报告推测，吕氏墓被盗古器应出于这两座墓葬，两墓为尽快埋葬古器物，建造仓促，因此未为夫妇二人建造单独墓室，而是借鉴吕大圭夫妇墓的建造方式，采用同室不同棺椁的方式，以代表异室之别。

　　那么，同穴而葬的夫妇在男女位置上如何排列呢？

　　总体上看，吕氏墓葬群 29 座墓中，10 座为夫妇合葬墓[2]，其中 5 座单室墓，5 座双室或多室墓。一般前室或西室（侧）相对宽敞且随葬品丰富，安葬男墓主，后室或东室（侧）尺寸较小，安葬女墓主[3]；

1　胡译文：《君子之器——陕西蓝田吕氏家族墓出土仿古敦研究》，《艺术学研究》2020 年第 5 期，第 79 页。

2　M25 为吕锡山两位夫人墓，墓葬建造时吕锡山尚在，因此该墓不列入夫妇合葬墓统计中。

3　仅 M17 吕賁夫妇墓为男东女西。

双墓室或多墓室的，各墓室间以生土墙隔开，相对独立，底部存在高低之差，一般来说，男主人墓室底部较低，即埋葬更深，如吕大雅夫妇墓、吕大临夫妇墓和吕义山夫妇墓。

关于男女之位，吕大临在《蓝田礼记说》曾明确指出："'男女不杂坐'，经虽无文，然丧祭之礼，男女之位异矣。"[1]程颐曾就葬法进一步讨论了合葬墓中夫妇之位："坐堂上则男东而女西，卧于室中则男外而女内，在穴则北方而北首，有左右之分而无内外之别。"[2]至于左右如何区分，朱熹与时人的讨论给我们提供了一个视角，"尧卿问合葬夫妇之位，曰：'某当初葬亡室，只存东畔一位，亦不曾考礼是如何'，安卿云：'地道以右为尊，恐男当居右。'（朱熹）曰：'祭以西为止，则葬时亦当如此，方是。'"[3]也就是说，地下墓葬以右为尊，故男西女东，从目前出土吕氏墓的埋葬方式来看，大体符合这一认识。

一夫多妻合葬是吕氏墓中另一值得注意的现象，从墓葬设置来看，吕大临、吕大忠、吕大钧和吕锡山均有两位夫人同葬，前两者均采用一前室双后室，后两者未见男墓主遗骸，双室并列埋葬两位夫人。关于一夫多妻的合葬问题，许曼在研究福建宋墓时有过讨论，并提到张载、程颐和朱熹在一夫多妻合葬上的分歧，张载和程颐主张已故男子应与正妻一人合葬，而朱熹反对这一严格的假设，倾向于丈夫与所有正式妻子合葬[4]。当然，这一讨论本身也说明，宋代时关于这一问题并没有形成共识。就吕氏家族墓的具体实践来看，吕氏显然并没有按照其师张载和程颐的主张只合葬正妻，而是将同室夫人并列埋葬，一般正室葬于东室，继室葬于西室，且大部分东室尺寸大于西室，只吕大钧两位夫人墓稍有不同，东西墓室尺寸相差不大，西室略大于东室，

1　〔宋〕吕大临：《蓝田礼记说》，载陈俊民辑校《蓝田吕氏遗著辑校》，第550页。
2　曾枣庄、刘琳主编《全宋文》（第249册）卷五五八九《朱熹一六二·答郭子从》，第184页。
3　〔宋〕黎靖德：《朱子语类》卷第八十九《礼六·冠昏丧》，第2286页。
4　〔美〕许曼：《跨越门闾：宋代福建女性的日常生活》，刘云军译，上海古籍出版社，2019，第274—277页。

且从墓志出土地点来看，似东墓室为继妻种氏所有，西墓室葬正妻马氏。此外，从墓志记载来看，继妻墓志有时着墨更多且更多赞美之词，如吕大忠继妻樊氏墓志和吕大钧继妻种氏墓志。种氏出身名门，墓志称其孝谨和顺，吕蕡赞其"闺门矜式"，并与丈夫一同奉行古礼，大受赞誉。可见吕氏家族对多妻虽有区分，但对继妻亦十分重视。关于吕氏女性墓的相关问题，将在下一节中详述。

随葬品

与唐代墓葬相比，北宋墓葬一般随葬品较少，而蓝田吕氏家族墓中有大量丰富的随葬品为特例。参照附录3，吕氏墓中1074年及稍后的迁葬墓随葬品较少，多在20件以内，且种类单一，主要为常见的瓷器和铜钱，如M8吕通夫妇墓共出土7件随葬品，分别为3件瓷器、2枚铜钱和2方墓志；M16吕大章墓出土8件瓷器、1件漆器和1方墓志。且这一时期除各墓出土墓志和M28吕大观墓出土石砚外，几乎未见石器随葬，当然也就更不见仿古石器（详见附录2）。

1074年以后，确切地说从1082年吕大钧夫妇墓开始，随葬品开始增多，即便在遭盗扰的情况下，数量也多在40—60件左右，M2吕大临夫妇墓随葬品最多，为123件。瓷器釉色多样，涉及窑口较前一阶段更多，既有耀州窑青瓷、定窑白瓷、景德镇青白瓷，也有建窑黑釉瓷、耀州窑酱釉瓷等。出土于M4吕景山墓或M29吕至山墓的金、银口釦器，造型和工艺精美（图2-9）。一般认为釦器为贡器，与等级和贡奉制度有关，刘涛就此进一步提出，这批釦器应为耀州窑烧造[1]。吕氏墓随葬品所涉及的材质也十分丰富，除瓷和铜外，更有陶器、锡器、铁器、漆器、石器，以及较为珍贵的玻璃器、玉器、水晶等，吕大临

1　刘涛：《吕氏家族墓出土的北宋耀州瓷》，《收藏》2016年第5期，第46—53页。

图 2-9 金、银釦器 吕氏家族墓被盗品

墓出土用以封棺的松香，古人认为可以防腐。[1] 这一时期随葬品的突出特征是石器的大量随葬，种类涉及食器、茶具、香具、酒具、文房、礼器等。当然，最为特别的是仿古石器的随葬，应与蓝田吕氏的古器物研究和实践密切相关。

除日用食器外，吕氏家族墓还出土了大量精美的茶酒器，包括盏、壶、斗、盂、碗、铫、注子与温碗、瓶、杯等（图 2-10），而且几乎每座墓都随葬有不同种类的文房雅物，如砚台、墨、镇、笔架、围棋子等（图 2-11）。随葬茶酒具和文房用具在北宋士大夫墓中十分普遍，如山

---

1 陕西省考古研究院、西安市文物保护考古研究院、陕西历史博物馆编著《蓝田吕氏家族墓园》，第 997 页。

图 2-10
左上: 吕大临墓出土黑釉金兔毫盏
左下: 吕景山墓出土青釉刻花团菊纹渣斗
右: 吕大圭墓出土带盖执壶与温碗

西忻县田子茂墓也出土铜茶盏、铜盂、铜钵等[1]；西安北宋范天祐墓出土瓷茶盏、梅瓶、石砚等茶酒具和文房用品，最为引人注目的是出土32件黑色生漆薄片[2]；西安孟氏家族墓出土茶盏、石砚和陶砚等[3]，但从种类来看，显然吕氏家族墓出土茶酒具数量更多且类型更加丰富。吕氏墓随葬品中的香具如香薰、香炉、香盒等也是这一时期士大夫墓葬中常见的随葬品，上述田子茂墓、孟氏墓都有出土，其中孟氏墓出土的两件狻猊盖瓷熏炉造型工艺精美，为北宋瓷器佳品。关于宋墓中仿

1　冯文海:《山西忻县北宋墓清理简报》,《文物参考资料》1958 年第 5 期，第 49—50 页。

2　西安市文物保护考古研究院:《西安北宋范天祐墓发掘简报》,《中国国家博物馆馆刊》2017 年第 6 期，第 23—40 页。

3　胡松梅、苗轶飞、张锦阳:《生不满卅 金石千秋——陕西长安杜回北宋孟氏家族墓地考古发现》,《中国文物报》2020 年 12 月 4 日第 008 版。

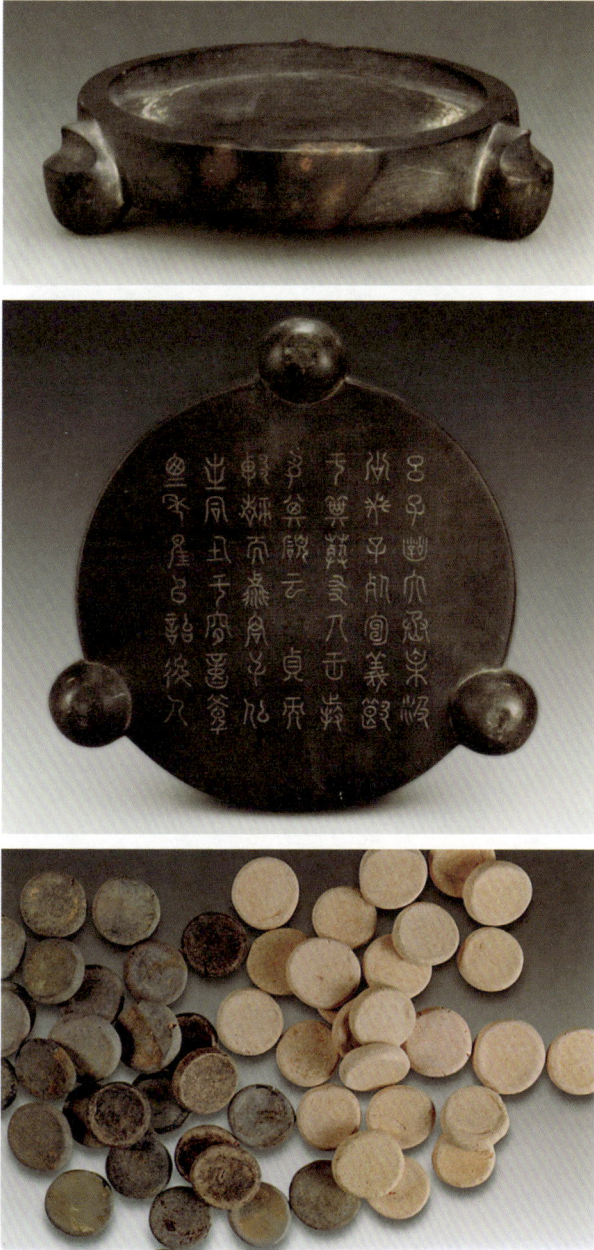

图 2-11
上、中：吕景山墓出土三足歙砚
下：吕大雅墓出土陶质围棋子

图 2-12
左：吕义山墓出土　鎏金铜佛
中、右：吕景山墓出土净瓶一对

古器的随葬情况，将在第三章第一节中具体讨论。

　　佛教用具是蓝田吕氏墓随葬品中的另一大特点，如吕义山墓出土的鎏金佛像，吕景山夫妇墓出土的净瓶以及被盗品中的鎏金力士等（图 2-12，图 3-8）。北宋时期佛教盛行，据墓志记载，吕氏家族部分成员曾参与佛事活动，如吕大雅补承务郎调陈州南顿县主簿时，其母去世，故徒行千里归葬守丧，"庐于墓侧不忍去，负土以封，不知寒暑，人为之感动。居则爇香诵佛书，语未尝及他事也"[1]；吕蕡妻方夫人去世后三年

1　吕大雅墓志，载陕西省考古研究院、西安市文物保护考古研究院、陕西历史博物馆编著《蓝田吕氏家族墓园》，第 232 页。

图 2-13　范天祐墓墓室内景

"权厝于京兆蓝田之佛舍"[1]。因此吕氏墓中随葬佛教用具，应与其部分成员的信仰有关。

此外，从部分墓葬随葬器物的摆放方式来看，墓葬建造时可能曾设有祭祀空间，大多数墓志出土时位于墓室北壁的壁龛内，墓志前一般有梅瓶、盏、碗等器物，而梅瓶一类器物可能具有特殊的祭奠意义[2]。类似情况在同时期但时间稍早的范天祐墓中也有出现[3]（图 2-13）。大

1　吕蕡妻方夫人墓志，载陕西省考古研究院、西安市文物保护考古研究院、陕西历史博物馆编著《蓝田吕氏家族墓园》，第 607 页。

2　王小蒙、于春雷：《北宋吕氏家族墓及随葬品的若干问题》表三，载沈岳明、郑建明主编《两宋之际的中国制瓷业》，第 48 页。

3　西安市文物保护考古研究院：《西安北宋范天祐墓发掘简报》，《中国国家博物馆馆刊》2017 年第 6 期，第 26 页。

部分墓中随葬品散置于棺椁内外，摆放上并没有严格规定，这种摆放方式常见于商周墓中。

综上，蓝田吕氏家族墓以1074年为分界，前期墓葬随葬品数量和种类均较少，应与迁葬有关，后期墓葬随葬品无论种类、数量还是工艺，都大大提升，甚至为目前考古发现的北宋同类墓葬中的佼佼者。总体上看，除仿古器外，蓝田吕氏墓出土的大部分随葬品为北宋士大夫墓葬普遍流行的器物，符合北宋文化和审美的整体风貌，而与吕氏在葬制上复归周礼，使用竖穴土洞墓和夫妇异室合葬的特殊选择，有着明显区别。本节主要讨论随葬品的整体情况，关于男女墓葬随葬品的分野，将在第三节中具体讨论。

第三节

"只为功夫不艳妆"
——女性墓的设置及相关问题

古代礼制书写中充斥着对女性的态度和规范，深谙古礼的蓝田吕氏如何认识性别问题，又如何在具体实践中处理男性与女性间的关系，亦是其古礼研究与实践的重要范畴，而在这一系列规范之下，吕氏家族的女性们自身如何回应，既为我们进一步了解吕氏的复古实践提供了重要剖面，又呈现出更为立体的北宋文化面貌。

男女是否有别：夫妇合葬墓中的随葬品

如第二节所述，同穴而葬的男女墓主在位置上有明显区别。随葬品方面，夫妇合葬墓中女性墓一侧随葬品在材质和种类上与男墓主一侧明显不同，且数量较少。（见附录 4）

材质上，女性墓一侧主要以随葬瓷器为主，且多为食器，如碗、盘、碟等，少量茶酒具，仅 M26 吕义山夫人墓随葬有多件盏。釉色上，多为青釉、白釉，也有部分黑釉或酱釉，刻花等有花纹装饰的瓷器明显多于男性墓，如 M2 吕大临夫人墓随葬有青釉刻花瓶、青釉刻花鼓腹瓶、

图 2-14
左：吕大临夫人墓出土青釉刻花瓶
右：吕大临墓出土青釉瓶

姜黄釉印花莲纹盘等（图2-14），男性墓随葬瓷器虽部分也有刻花，但从比例上看大多为素釉或素烧，且主要侧重釉色和造型的变化。工艺相对复杂的瓷器如金、银兔毫盏主要出于男性一侧，以吕大雅和吕大临墓（图2-10左上）中出土的尤为精美，而二人的夫人墓中则不见，虽 M4 吕景山夫妇墓都随葬有黑釉兔毫盏，但以金银区分，吕景山一侧为金兔毫盏，其夫人一侧为银兔毫盏。当然，另有部分常见瓷器如青釉、黑釉、酱釉梅瓶和白釉碗碟等，同时出现在夫妇墓中而没有特别区分，这些瓷器为当时最常见的日常用具，男女均普遍使用。

石器和玻璃器几乎不见于合葬墓中的女性一侧，而大量随葬于男性墓中，且据专家鉴定，吕景山墓出土的绿色刻花圜底玻璃杯属西亚制品[1]，十分珍贵。只吕大临夫人墓出土残棒状玻璃器，经检测主要成

1　陕西省考古研究院、西安市文物保护考古研究院、陕西历史博物馆编著《蓝田吕氏家族墓园》，第 1144 页。

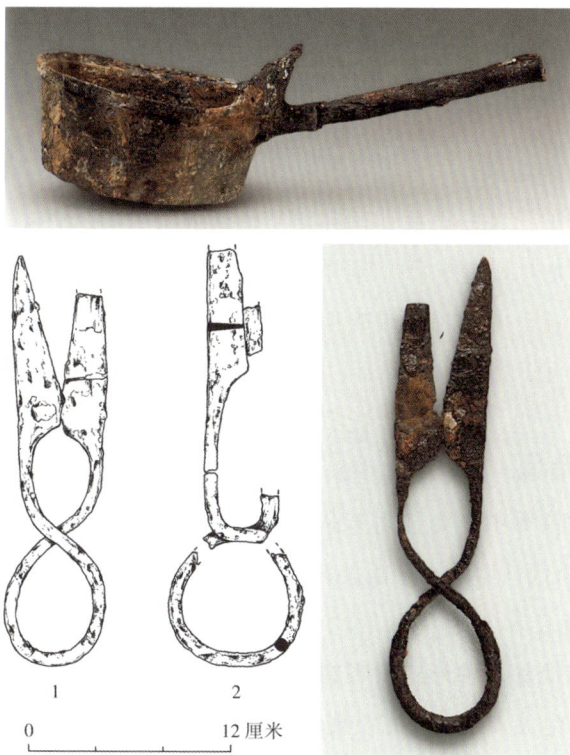

图 2-15 吕景山夫人墓出土熨斗、剪刀

1

2

0   12 厘米

分为碳酸铅，即铅白，为女性化妆品妆粉条[1]。合葬墓中即便出土同种类器物也以不同材质区分，以带盖执壶为例，男性墓为石质，而女性墓为铁质。男性墓还随葬有锡器、骨器、玉器等，均不见于同穴合葬的女性一侧。

种类上，除上文提到的瓷器食具外，夫妇合葬墓中女性一侧常随葬梳妆和女工用具，如簪、钗、耳坠、化妆品和剪刀、熨斗等（图2-15）。而男性一侧常随葬的砚台、墨块、围棋子等文人雅物，不见于同穴的

---

1   陕西省考古研究院、西安市文物保护考古研究院、陕西历史博物馆编著《蓝田吕氏家族墓园》，第996页。

女性一侧，但吕大雅夫人墓随葬有镇纸，吕大临夫人墓随葬有白玉印坯。另，男性墓多随葬有剑或刀，宋代携刀剑等兵器入葬者不多，或与墓主生前喜好有关。此外，M2吕大临夫人所在的东后室四角出土铁猪和铁牛，晚唐以来墓中常出现铁猪、铁牛，且替代了初盛唐时期墓葬中常见的守护死者的镇墓神兽和镇墓俑，此类铁猪、铁牛被认为可防御土龙、水龙对死者施暴，起"保佑"作用[1]。

随葬妆具至少在西汉马王堆一号墓中已经出现[2]，而妆盒等一类梳妆盛具则可见于春秋早期梁带村芮国墓地出土的一批小青铜器[3]，北宋墓葬中更为普遍，如西安孟氏家族墓两座女性墓随葬金、银、铜簪和耳坠饰品，而另三座男性墓中未见[4]。剪刀作为女工用具早在晋时已经出现在女性墓葬中，如晋周芳命妻潘氏的衣物券中明确提到"故剪刀尺一具"[5]，唐代铁剪常与铜镜并置于女性单人墓或夫妇合葬墓中[6]，而宋代墓葬中剪刀常与熨斗相结合，成为墓葬中的流行符号，并以实物、壁画以及砖雕等多种形式出现在中原北方的墓葬中，如北宋河南郑州二里岗墓、南关外墓，新密下庄河宋墓，登封城南庄宋墓等[7]，有学者在专文研究中提出宋墓中的剪刀和熨斗图像共同参与了墓葬中女性空间的建构。[8]

由此可见，吕氏家族夫妇合葬墓中男性墓随葬品种类丰富，材质

1　郑州市文物考古研究所编著《中国古代镇墓神物》，文物出版社，2004，第25页。

2　湖南省博物馆、中国科学院考古研究所编《长沙马王堆一号汉墓》（上、下集），文物出版社，1973。

3　陕西省考古研究院、渭南市文物保护考古研究所、韩城市景区管理委员会编著《梁带村芮国墓地：2007年度发掘报告》，文物出版社，2010。另见李零：《说匲：中国早期的妇女用品：首饰盒、化妆盒和香盒》，载《万变：李零考古艺术史文集》，生活・读书・新知三联书店，2016，第21—52页。

4　胡松梅、苗轶飞、张锦阳：《生不满卌 金石千秋——陕西长安杜回北宋孟氏家族墓地考古发现》，《中国文物报》2020年12月4日第008版。

5　史树青：《晋周芳命妻潘氏衣物券释》，《考古通讯》1956年第2期，第95—99页。

6　范淑英：《铜镜与铁剪——唐墓随葬品组合的性别含义与丧葬功能》，载北京大学中国考古学研究中心编《两个世界的徘徊：中古时期丧葬观念风俗与礼仪制度学术研讨会论文集》，第59—96页。

7　郑州市文物考古研究所编著《郑州宋金壁画墓》，科学出版社，2005。

8　邓菲：《"性别空间"的构建——宋代墓葬中的剪刀、熨斗图像》，《中国美术研究》2019年第1期，第16—25页。

多样且部分材质较为珍贵，如石器、鎏金、锡器、玻璃、玉石等，而女性一侧随葬品在种类和材质上则较为单一，主要为当时普遍流行的瓷质食、酒、茶器等。随葬品种类上，男性一侧随葬品在相对多元的前提下，注重自身文人雅士身份的彰显，虽部分女性一侧也随葬有文房用具，但整体上看，合葬墓的女性墓显然更偏重于熨斗、剪刀等女工用具，以及簪、钗、妆粉、耳坠等梳妆用具和妆饰的随葬，这种差异应与宋代社会男女不同的活动范围和分工有关，是更为传统的观念中男女有别的具体体现。司马光在《居家杂仪》中记录了当时对六岁以上男女的区别教育[1]，不同的教育方式势必带来诸多男女之别。

　　宋墓随葬品中梳妆用具和剪刀、熨斗的流行应与传统礼教对于妇容和妇功的规范有关。班昭《女诫》规定了妇德、妇言、妇容和妇功："女有四行，一曰妇德，二曰妇言，三曰妇容，四曰妇功……清闲贞静，守节整齐，行己有耻，动静有法，是谓妇德；择词而说，不道恶语，时然后言，不厌于人，是谓妇言；盥洗尘秽，服饰鲜洁，沐浴以时，身不垢辱，是谓妇容；专心纺织，不好戏笑，洁齐酒食，以奉宾客，是谓妇功，此四者女人之大德而不可乏之者也。"[2]

　　蓝田吕氏家族出土墓志亦反映出对女性德行的强调，以性格沉静婉约、事舅姑持家勤勉有方、自奉简约整洁为妇道之先。如吕英夫人王氏"事姑以孝，视娣姒以仁，年虽耄耋而聪明不衰，性喜整洁而晚

1　"六岁教之数，与方名，男子始习书字，女子始习女工之小者。七岁男女不同席，不共食，始诵孝经、论语，虽女子亦宜诵之……男子诵尚书，女子不出中门。九岁男子诵春秋及诸史，始为之讲解，使晓义理。女子亦为之讲解论语、孝经及列女传、女戒之类，略晓大意。十岁男子出就外傅，居宿于外，诵诗礼传为之讲解，使知仁义礼智信，自是以往可以读孟荀杨子，博观群书，凡所读书必择其精要者而读之。……女子则教以婉娩，听从及女工之大者，面以见尊长佐长者，供养祭祀则佐执酒食，若既冠笄则皆责以成人之礼，不得复言童幼矣。"见〔宋〕司马光：《居家杂仪》，载《丛书集成新编》三五，第28页。

2　〔明〕陶宗仪等编《说郛三种》（六），上海古籍出版社，1988，第3296页。

节不倦"[1];吕大雅夫人贾氏"左右就养，服勤妇事，能获姑之欢心"[2]；吕大圭夫人张氏"事寡姑以孝闻。敛箧韫所藏，以资叔妹而无吝色"；吕大忠夫人姚氏曾为家中宾客精心准备佳肴，"携签中玩好，密授婢子，以贯酒脯"，樊氏"日治肴馐无倦色"，"族众食贫，夫人先之以勤俭敦睦，亲疏爱服焉"，"天资孝敬，其治家虽细，务必有法，自奉简约，无所嗜好"；吕大钧夫人种氏"妇职以孝谨称于娣姒。娣姒相爱，晚益和厚"，"性沉审，敏于处事，治家勤俭，称其有无，莫不樽节适中"，吕大防赞其"吾家贤妇，以为闺门矜式"，苏昞撰诗赞其"夫义妇顺"；[3]吕锡山夫人侯氏侍奉先公（吕大忠）"夙夜伺起居，状惟谨。先公弃养，夫人于祭，亲馈饪馐，豆铏必洁以严"，夫人齐氏尤善女工，"至于女之所工，不待教而妙绝过人"，"四德纯备"等。尽管以上墓志均为男性撰写，不免带有男性视角下理想的女性懿范形象，但在一封时间稍早的女性遗书中，亦表露出类似观念：康氏明确指出死后将生前常用的剪刀和柳尺随葬墓中[4]，应与当时社会对于"妇功"的重视密切相关。

只为功夫不艳妆：独立女性墓与女性书香

合葬墓之外，吕氏家族墓中另有 5 座只埋葬女性的墓葬[5]，分别为 M5 吕省山夫人墓、M6 吕仲山夫人墓、M25 吕锡山夫人墓、M7 吕倩

1　吕英夫人王氏墓志，载陕西省考古研究院、西安市文物保护考古研究院、陕西历史博物馆编著《蓝田吕氏家族墓园》，第 474 页。

2　吕大雅夫人墓志，载陕西省考古研究院、西安市文物保护考古研究院、陕西历史博物馆编著《蓝田吕氏家族墓园》，第 235 页。

3　吕大钧夫人种氏墓志，载陕西省考古研究院、西安市文物保护考古研究院、陕西历史博物馆编著《蓝田吕氏家族墓园》，第 700 页。

4　"日落西山昏，孤男流一群。剪刀并柳尺，贱妾随身。盒令残妆粉，流且与后人……"敦煌文书 S.5381号，见黄永武主编《敦煌宝藏》第 42 册，新文丰出版公司，1982，第 288 页。

5　M22 吕大钧夫人合葬墓未见吕大钧遗骸，报告指出吕大钧 52 岁病故于征西夏途中，尸体可能经火化后带回，骨灰放置在位于东、西墓室间生土隔梁北端居中处的彩绘灰陶罐内，因此 M22 从葬具和墓室设置来看，虽为吕大钧两位夫人合葬墓，但并非严格意义上的女性独立墓，故不列入此类墓的考察中。

图 2-16 吕省山夫人墓出土石质香炉、风字形砚

容墓、M15 庶母马氏墓，前三座墓建造时男性健在。从墓葬规模和随
葬品数量来看，这 5 座女性墓比只埋葬男性的墓葬如 M14 吕大受墓、
M16 吕大章墓和 M28 吕大观墓规格要高，后三座男性墓葬均为 1074
年迁葬，因此规格稍低应与其建造时间较早有关，但若相比于同时期
建造的男性墓室，如吕大雅墓、吕大临墓、吕义山墓和吕至山墓，5
座女性独立墓的规格明显略低。

值得注意的是，5 座女性独立墓中虽也随葬有剪刀、熨斗等女工
用具和粉盒、簪、耳坠等梳妆用品，但部分随葬品与夫妇合葬墓中女
性一侧随葬品存在较大差异。如吕省山夫人墓、吕仲山夫人墓和吕倩
容墓中出土数件铜镜和石器，并有常出于男性墓的香炉或砚台 (图2-16)；
吕锡山夫人墓也出土石器，如煎茶具石釜，以及可能专为丧葬定制的
八棱执壶；吕倩容墓中随葬青釉注子、注碗等酒具，造型细致精美。
类似注子和温碗还可见于吕大圭墓，但后者为锡器。注子为斟酒器，
注碗为温酒器，此类器物为宋代的常见器具，有瓷器、银器等多种材

质。吕倩容墓还出土黑釉银兔毫盏、青釉刻花渣斗等茶具，以及玻璃珍珠饰品等，显然规格较高。据墓志记载，她明慧异于常童，尤得祖父母钟爱[1]，因此吕倩容虽为女性且未嫁，但其墓中随葬如此精美的器物，应与祖父母的重视有关。另，吕省山夫人墓出土一件金扣边，吕锡山夫人墓随葬有珍贵的水晶珠和贝饰，以及数件银器如镜盒、银盒等，银器在吕氏家族墓中较为稀有，被盗品中有几件银器。吕锡山夫人墓还出土一件绿釉鼎，此类仿古器主要见于大字辈和山字辈男性成员墓中。此外，庶母马氏虽为媵妾，出身低微，但墓中出土有通体鎏金的银簪、石器钵以及水晶坠饰和蚌器，且马氏墓志为吕大钧撰写。据墓志记载，她曾勤恳侍奉吕蕡及夫人52年，养育其子8人，且8人皆出仕，可见其在吕氏家族的重要地位。

总体上看，以上5座女性独立墓的随葬品，在材质和种类上均较合葬墓中女性一侧要丰富，且大量随葬石器，另随葬有稀有材质如水晶、金器、玻璃、珍珠等。尤为值得注意的是其中3座墓随葬有砚台、墨块等文房用具和石香炉，其中吕省山夫人墓出土砚台底部有墨书题记："□氏丁亥孟□葬"，可以确定专为女性制作。砚台和香炉为宋代文人书斋的常见配置，如赵希鹄《洞天清录》中记录当时文人书斋一般装饰有挂轴，挂轴前置一桌案，案上放置香炉、琴、砚等[2]，这一场景在传世绘画中也可以见到。从这一点上看，除具体数量外，5座女性独立墓中的随葬品与男性墓随葬品在种类和材质上差别不大，许曼在讨论福建地区宋代墓中男女随葬品的关系时亦注意到这一问题。[3] 因此，我们或许可以如看待男性士人的文雅之物一样，将上述文房用具看作女墓主对于自身文化学识和雅好的侧重，而这一特征，一方面与吕氏

---

1 吕倩容墓志，载陕西省考古研究院、西安市文物保护考古研究院、陕西历史博物馆编著《蓝田吕氏家族墓园》，第424页。

2 〔宋〕赵希鹄等：《洞天清录：外二种》，第58—59页。

3 [美]许曼：《跨越门间：宋代福建女性的日常生活》，第277—286页。

家族的夫人们大多出身书香名门有关，另一方面也正反映出北宋以来社会中开始普遍显现的重要文化现象，这一现象无论在同时代文献记载还是考古出土品中均不鲜见，但吕氏家族墓无疑是最为集中和显著的例证。

吕氏家族的夫人们大多出身名门，如吕大忠夫人姚氏出身京兆右姓，其祖父与苏舜钦、高怿等北宋名士交好；吕大钧夫人种氏为北宋将门种氏之后，种氏本为文臣家族，后以文易武，三代建功西北[1]；吕大临夫人为关学大家张载之弟张戬的女儿；吕锡山夫人侯氏父亲与吕大忠交好，常切磋议论天下事，而侯氏的母亲喜读史书，并常与侯氏切磋指其大意，她们均为自小饱读诗书、娴静婉娩之闺秀。书香家族的出身为吕氏夫人们读书学史提供了良好的文化条件和教育氛围。

当然，女性读书的现象并非宋代才有，据文献记载，汉代女性已有著作[2]。自南朝范晔《后汉书》开始，《列女传》设有"才慧传"一节，一直延续到两唐书，《宋史》则将此节删去，其他传节保留[3]。从留存至今的文献记载来看，北宋以来女性读书现象愈加普遍，女性受教育程度普遍提高，有学者撰专文指出，有一定财力或出身官宦人家的宋代女性大多受过一定教育，且多为家庭教育，即从学于父母或兄弟，学习的内容既有经史文章，又有诗词音乐、琴棋书画等。[4]据胡文楷《历代妇女著作考》中的统计，有著作可考的女性作家，两汉有 7 人，魏晋有 14 人，唐有 22 人，宋有 46 人[5]，可见宋代女性作家数量激增。而《宋史》中"才慧传"的消失，显然与关于宋代女性读书和才学的记载完全不符，饶有意味。正史记载与实际文化现象间的疏离，或许正是

1　曾瑞龙：《北宋种氏将门之形成》，浙江大学出版社，2020。

2　胡文楷：《历代妇女著作考》，商务印书馆，1957，第 1 页。

3　高世瑜对于历代《列女传》的统计，见高世瑜：《〈列女传〉演变透视》，载邓小南、王政、游鉴明主编《中国妇女史读本》，北京大学出版社，2011，第 11—27 页。

4　苗春德主编《宋代教育》，河南大学出版社，1992，第 194—197 页。

5　胡文楷：《历代妇女著作考》，第 1—2 页。

图 2-17　五代十国　王齐翰《荷塘仕女戏婴图》绢本设色
波士顿艺术博物馆藏

女性读书日益凸显之时，传统儒家社会所做出的回应。

考古发掘的墓葬材料中，亦可看到大量对于女性才学的关注，如唐代墓志《唐故京兆韦府君夫人陇西李氏墓志铭》记："夫人幼表异操，奇于儿雉之心，长慕和柔，颇善闺门之训，至于女工刀尺，生于生知，雅志诗书，出自天赋。"[1] 据学者研究，唐代女性墓志中对于女性读书、文史之才的赞颂已较为常见。[2] 到了宋代，类似材料更是不胜枚举，仅就吕氏墓志而言，不乏对女性读书与才学的记载，如吕大钧夫人种氏"生而不群"，与大钧同好古礼，并协助吕大钧推行之，治大钧丧祭也一本于礼；吕大忠夫人樊氏"读喜观书，又学止心养气之术"，"吕氏世学礼，宾、祭、婚、丧莫不仿古，平居贵贱长幼必恭，夫人身率而行之，闺门肃又如学校官府云"；吕锡山夫人侯氏"夫人天资警悟，识量远，言动一循于礼"，夫人齐氏亦为"识高"之妇；吕氏自家女儿更是"为人明慧异于常童，凡女工、儒释、音乐之事无不洞晓，孝友婉娩尽得家人之欢心，而汲公秦国尤钟爱焉"。

传世宋画中，常见一类女性形象，她们穿着虽不华丽，但素雅得体，身边绘有书卷、古琴、古器等当时文人书斋常见的风格雅物。如波士顿艺术博物馆收藏的仕女画（图2-17），女子身材修长，着长款褙子，略

1　张蕴：《关于西安南郊毕原出土的韦氏墓志初考（三）——逍遥公房和李夫人墓志》，《考古与文物》2000 年第 1 期，第 59 页。

2　姚平：《唐代女性墓志综览》，载游鉴明、胡缨、季家珍主编《重读中国女性生命故事》，江苏人民出版社，2012，第 137—157 页。

左：图 2-18　（传）北宋　王居正　《调鹦鹉图》　绢本设色　波士顿艺术博物馆藏
右：图 2-19　（传）北宋　苏汉臣　《妆靓仕女图》　绢本设色　波士顿艺术博物馆藏

侧坐于书斋中榻上，榻上一桌案，案上放有古琴、书卷、砚台、香炉和花瓶等，背后墙上挂一硕大的墨色玉璧，十分显眼，这些文房和古器均为当时文人书斋的标准配置。女子一手安抚榻上的婴儿，同时回望庭院中嬉戏玩耍的群婴，画面左侧书斋中文气书香的安静气氛与画面右侧嬉戏的喧闹形成鲜明的对比。从题材上看，这幅画应为宋代的女性婴戏题材，但无论从女性的服饰、具体器物的选择与布置看，还是在整体氛围的营造上，都与以往常见的婴戏图有别，更多体现的是受过良好教育的"知识女性"及其优雅肃静的书斋生活，这一点从画面布局中女性和书斋所占比例亦可看出。另一件波士顿艺术博物馆收藏的《调鹦鹉图》（图 2-18），画面虽未绘玉璧等古器，但桌上平置的两摞书卷和砚台、笔山等文房器具均暗示女性的文化身份。传为苏汉臣的《妆靓仕女图》（图 2-19）虽未绘书卷、古器等具有文人身份标识的器物，但从桌上花瓶的摆设和插花样式上，亦可看出其文化氛围。此外，河南洛阳邙山壁画墓东西壁对称绘有挂轴（图 2-20），均为花鸟画，一方面

图 2-20　洛阳邙山宋墓　四壁展开图

与墓主的女性身份有关，另一方面也暗显了墓主的学识和高雅品位。[1]

宋代还可见一类直接描绘女性读写、作画、赏画场景的图像，如河南平陌宋墓西北和东南壁描绘女性的《读写图》（图2-21），虽壁画多漫漶处，具体读写内容已不清晰，但女性执笔的动作和桌上书卷依稀可见[2]；英国大英博物馆藏北宋银盒盒盖上的线刻画更为直观地展现了女性作画的场景：庭院中一女性对镜画自画像，周围有侍女侍奉，女性身前画布上可见其面部轮廓（图2-22）。

宋代还流行一类仕女梅妆镜，其镜背上描绘了数位穿着褙子的女性正在赏画的场景（图2-23），画轴上有一折枝梅花，左侧一女性着团花纹样衣衫，一手指向画面，似在讲解画作，右侧女性双手抚抱一男童，回眸观画，中间两位女性站于画后，正在观画，另有两位侍女协助展开画作。画面上方刻有楷体铭文，其中大字为"仕女梅粧（妆）"，直指画面主题，小字为"妙手丹青意莫量，一校造化□□阳，佳人看却怜还妒，只为功夫不艳妆"，记录了女性作画之事，突出"只为功夫不艳妆"的意旨，强调女性作画的"功夫"而弱化"艳妆"，与大字中的

1　洛阳市第二文物工作队：《洛阳邙山宋代壁画墓》，《文物》1992 年第 12 期，第37—51 页。
2　郑州市文物考古研究所编著《郑州宋金壁画墓》，第41—61 页。

图 2-21 《读写图》 河南平陌宋墓
左：东南壁
右：西北壁

图 2-22 北宋银盒盒盖（局部） 大英博物馆藏

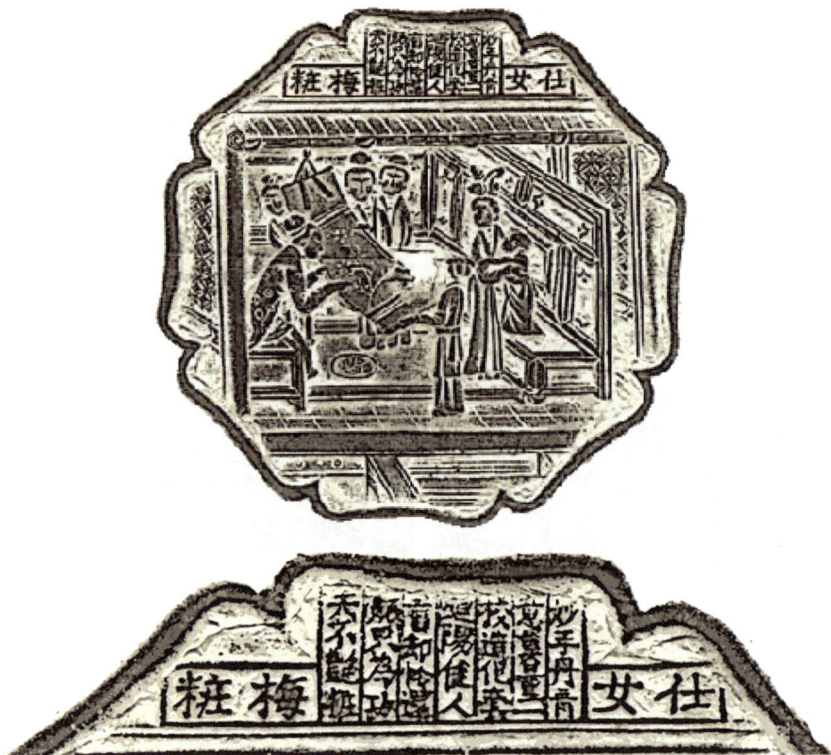

图 2-23　梅妆镜　镜背及局部

"梅妆"主题大异其趣，更与镜子本身作为女性梳妆的专用器物的功能相背，但与画面的具体描绘较为吻合，十分有趣。从形式和内容上看，梅妆镜背上所绘内容应为一场仕女雅集。可见类似作画、赏画的雅集等文化活动在北宋时已并非男性独有，女性间亦为流行。李清照就常与丈夫赵明诚一同出入相国寺、街市等，购求古器书画，且"每获一书，即同共勘校，整集签题，得书画、彝鼎，亦摩玩书卷"[1]，一同研读赏玩。

　　尽管宋代女性的文化活动不如男性普及和频繁，但相比前代而言

1　〔宋〕李清照：《金石录·后序》，载〔宋〕赵明诚：《金石录》，第257页。

已大有提升，且于当时已成为社会议论的话题，而吕氏家族中独立女性墓随葬的"文雅之物"，正是宋代女性受教育程度普遍提升和女性读写现象日趋流行在士大夫家族的具体反映，或者说，在这部分随葬品的选择上，她们亦秉持着男性文人的眼光。

　　至此可见，吕氏家族在女性随葬品的选择上，既有女工和梳妆用具等宋代女性墓中的常见器物，又有砚台、墨块等文房用具，包括香炉在内的石器以及部分珍贵材质物品，体现出墓主对于学识、文雅的推重。这类器物也常出现在宋代男性文人墓中，是当时文人雅好的重要标志。因此，蓝田吕氏女性墓的设置和随葬品的选择，一方面体现出其家族注重传统礼教中男女有别的观念，对不同性别身份加以区分，另一方面体现出作为注重学识和才学的书香世家，吕氏对待女性的态度。这也蕴藏着于宋代社会愈加显露的文化现象，即女性读书现象日益普遍和对女性才识的关注，当然其中既有男性的态度，更有女性自身的视角。以此反观学界长期以来关注的北宋文人文化问题，不仅只有男性，更有女性的参与，且女性参与社会文化活动亦是北宋以来文人文化十分重要的组成部分。当然，这是另一个话题。

本章将目光转向吕氏墓中的"藏品"，通过对吕氏墓出土古器、仿古器做细致观察，对比同时期士大夫墓葬随葬品，从器类、形制、归属及功能等角度阐述这批材料的特别之处，并对吕氏墓中多次出现的器物，如敦、磬，以及特别现象如古物改造做专门讨论，探讨吕氏复古实践中的古器物实践问题，并试图揭示这一实践背后潜在的观念和意图。

宝而藏之

蓝田吕氏的古器物实践

第三章

第一节

蓝田吕氏家族墓出土古器、仿古器

　　吕氏家族墓出土随葬品 655 件，多置于棺椁周边或随置于棺内，另有追回被盗文物 92 件。随葬品多为实用器，按照功能分为食具、茶具、香具、酒具、文具、闺阁用具、药具、礼器、杂器和佛事器具十类，材质以瓷、铜、石为主，其中瓷器数量最多，多为耀州窑青瓷和定窑白瓷，骊山石器每墓必出，应为地域特色。随葬品中最为显著的特征是古器、仿古器的随葬，种类涉及磬、敦、鼎、簋、匜、盘、炉、玉璧等，部分器物表面刻有铭文，在自名的同时，记录器物的随葬时间、制作者和所有者。

古器、仿古器的器类、形制与墓葬归属

（一）古器

　　吕氏家族墓随葬古器均被盗掘，但可通过铭文内容推断部分墓主信息。

　　折耳带盖圆鼎、鎏金錾花匜、折腹圆盘上刻有仿金文 (图3-1)，字体、

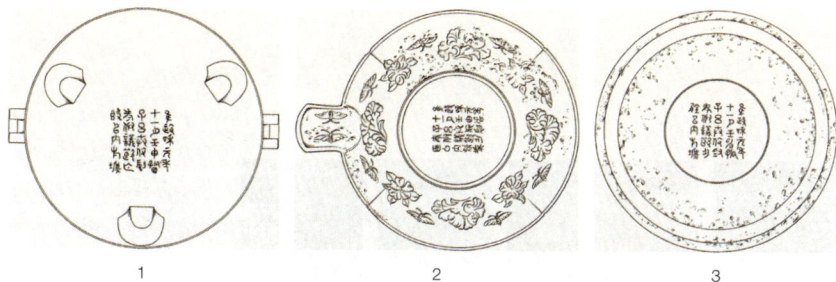

图 3-1 蓝田吕氏墓部分被盗铜器铭文（线图）
1：折耳带盖圆鼎铭文
2：鎏金錾花匜铭文
3：折腹圆盘铭文

格式和内容基本相同："佳政和元年（1111）十一月壬申孤子吕世修为考承议郎作敦 / 匜 / 盘以纳于圹。"吕世修为吕至山之子，可知三件古器出于吕至山墓，且赵久成《续考古图》记载吕至山（吕子功）收藏一件篆口鼎[1]，说明吕氏家族到吕至山时仍有收藏，因此以上三件很可能是吕至山的生前藏品。其中折耳带盖圆鼎自名为"敦"，可知吕氏知识系统中该器为敦而非鼎。

乳钉纹簋、鱼虎纹带盖小鼎以及朱雀熏炉分别刻有仿金文"自牧""牧"，以及"自牧""丹内者盘"或"丹者内盘"。（图3-2）"自牧"应取自《周易》："谦谦君子，卑以自牧。"[2]"牧"有自我修养之意，"丹内者盘"或与汉代道教丹药有关，单从铭文内容上，无法辨别所属墓葬，但综合其他被盗品信息，此三件古器应出自吕至山墓或吕景山墓。

无论从器型、装饰还是尺寸上看，折耳带盖圆鼎与马家塬战国墓地 M19MS 出土的青铜鼎（图3-3）都十分相似。李零曾指出这类鼎属北

---

1 〔宋〕赵久成：《续考古图》，载〔宋〕吕大临等：《考古图：外五种》，第 422—423 页。
2 〔宋〕吕大临：《易章句》，载陈俊民辑校《蓝田吕氏遗著辑校》，第 87 页。

图 3-2　蓝田吕氏墓部分被盗铜器铭文

1：乳钉纹簋铭文（"自牧"）

2：鱼虎纹带盖小鼎铭文（"牧"）

3—5：朱雀熏炉炉堂外沿、炉盘平折沿和炉盘外底铭文（"自牧"，"丹内者盘"或"丹者内盘"）

图 3-3　带盖圆鼎

左：折耳带盖圆鼎　高 17cm　吕氏家族墓出土（被盗品）

右：青铜鼎　高 15.1cm　口径 14.6cm　腹径 18.3cm　马家塬战国墓地 M19MS 出土

方风格[1]，且直至汉代仍有出现，吕大临
《考古图》中收录的庐江李氏藏好畤共
厨鼎和河南文氏藏曲耳小鼎（图3-4）与
此类风格相似，两器均属汉代。据铭文，
好畤共厨鼎应出自长安附近[2]；从风格
来看，鎏金錾花匜和折腹圆盘应为唐
代器物[3]；从形制和装饰纹样上看，乳钉
纹簋与宝鸡石鼓山出土的西周青铜器
类似（图3-5），为典型的关中风格；鱼虎
纹带盖小鼎与陕西凤翔县上郭店出土
的带盖小铜鼎几乎完全一样（图3-6），后
者属春秋时期，曾有学者专文讨论[4]；朱
雀熏炉为典型的汉代博山炉。除以上
刻有铭文的古器外，一组两件青玉谷
纹璧也十分珍贵，直径13.8厘米，通
体晶莹，从形制、纹饰和工艺推测为
汉代制品[5]，吕大临《考古图》中收录一
件李公麟藏玉璧，也饰有谷纹，与这
件类似（图3-7）。[6] 另有一组两件力士（图3-8），做工精美，尺寸不大，高9.5
厘米左右，从造型特征来看，似为唐代风格。

以上古器除朱雀熏炉上铭文"丹内者盘"或"丹者内盘"应为西

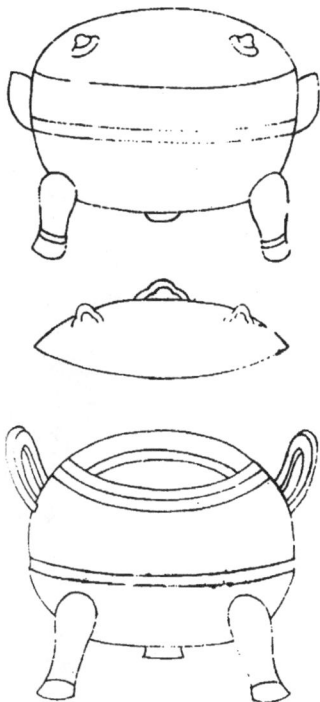

图3-4
上：吕大临《考古图》收录庐江李氏藏好
畤共厨鼎
中、下：河南文氏藏曲耳小鼎

---

1 李零：《入山与出塞》，文物出版社，2004，第292页。

2 〔宋〕吕大临等：《考古图：外五种》，第139、142页。

3 陕西省考古研究院、西安市文物保护考古研究院、陕西历史博物馆编著《蓝田吕氏家族墓园》，第915—917页。

4 张懋镕、师小群：《收藏世家 珍玩荟萃——陕西蓝田吕氏家族墓地出土青铜器撷英》，载程旭编著《金锡璆琳——蓝田吕氏家族墓出土文物》，第115—117页。

5 陕西省考古研究院、西安市文物保护考古研究院、陕西历史博物馆编著《蓝田吕氏家族墓园》，第1162页。

6 〔宋〕吕大临等：《考古图：外五种》，第120页。

图 3-5 乳钉纹簋
上：高 16.3cm　口径 24.8cm　吕氏家族墓出土（被盗品）
下：高 17.6cm　口径 23.8cm　宝鸡市石嘴头村石鼓山 3 号墓出土

图 3-6
左：鱼虎纹带盖小鼎　高 6.6cm　吕氏家族墓出土（被盗品）
右：带盖小铜鼎　高 6.5cm　口径 6.1cm　陕西凤翔县上郭店出土

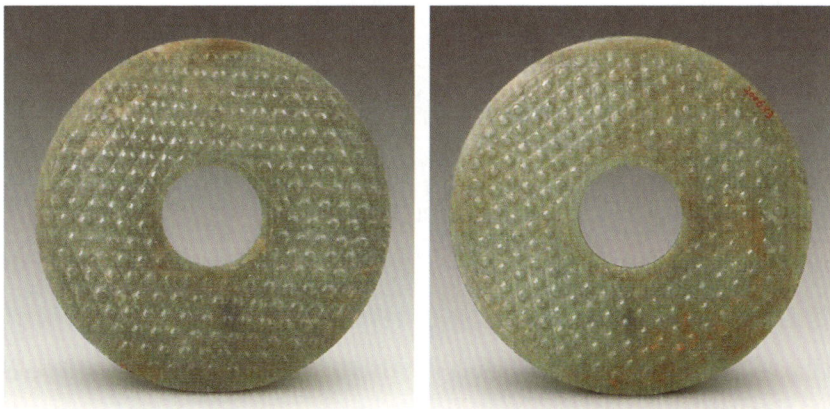

图 3-7　青玉谷纹璧　一组两件　直径 13.8—14cm

图 3-8 力士 一组两件 高约 9.5cm 蓝田吕氏家族墓出土（被盗品）

汉造器时所铸之外，其余铭文皆为宋人所刻，这些古器应为吕氏家族成员生前收藏。从前文推断的墓主信息来看，随葬古器主要为吕氏家族墓第四代成员所有，即大字辈的子辈山字辈。山字辈大多卒于1101年之后，处于宋徽宗当政时期（1100—1125），如吕义山卒于1102年，吕景山和吕至山均卒于1111年，可见辈分和去世时间与随葬古器密切相关，徽宗朝大肆购求古器势必对收藏之家产生重创，但时间并非决定因素，如大字辈成员吕大圭卒于1116年，吕大雅卒于1109年，而两人墓中只随葬仿古器而不见古器，因此相较于时间，墓主的主观意愿或为关键因素。

另有一件仿古绿釉陶鼎（图3-9），虽为仿古器，但应为汉代制造，对于吕氏来说也为古器，因此也列入此类。这件器物出于吕锡山夫人墓。夫人侯氏葬于1103年，齐氏葬于1110年。齐氏下葬时吕锡山健在，两位夫人的墓志均为吕锡山撰写。该墓随葬仿古器的原因，很可能与前述山字辈成员随葬仿古器相同，因吕锡山尚在，迫于时间，遂先将古器随葬于其夫人墓中。

图 3-9　仿古绿釉陶鼎　高 16.7cm　腹径 19.5cm　M25 吕锡山夫人墓出土

　　综上，吕氏家族墓随葬的古器主要出于山字辈墓中，时代不仅限于周，且及汉唐；地域上主要出自关中地区，有着较强的地域风格；器类涉及鼎、匜、盘、簋、炉、璧等，多为三代礼器的常见器类，但尺寸均较小，口径大者 26 厘米，小者仅 6.8 厘米，虽为古器型制，但与古代重器的体量相去甚远。

（二）仿古器

　　随葬仿古器方面，有磬、敦、鼎、炉等器类，均为骊山青石材质，多有自名，出土墓葬信息明确，部分器类多次出现。

　　仿古磬共出土 6 件，吕大雅、吕大圭、吕大忠、吕大钧、吕景山和吕义山墓各 1 件。（图3-10）除吕大钧墓石磬外，其余皆有铭文，铭文字体兼有楷体和仿金文体，记录石磬制作时间、制作者和挽词，有的篇幅较长，甚至布满器表。6 件石磬形制大体相似，表面磨光，磬折处有悬孔，但尺寸和倨句稍有不同，如吕大钧墓出土石磬尺寸最大，鼓长最长达 63 厘米，但未刻铭文；吕大忠墓石磬又薄又小，鼓长仅 24

图 3-10　吕氏家族墓出土石磬
1—6 分别为吕大雅墓、吕景山墓、吕大圭墓、吕大忠墓、吕大钧墓和吕义山墓石磬

图 3-11　吕氏家族墓出土仿古敦
1—6 分别出土于吕大临墓、吕景山墓、吕大圭墓、吕大忠墓、吕义山墓和吕英墓

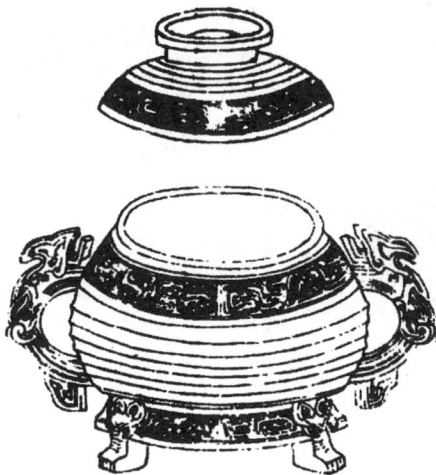

图 3-12 吕大临《考古图》收录散季敦 京兆吕氏藏

厘米，厚 1.5 厘米；吕景山石磬鼓长为 29.5 厘米，其余石磬鼓长大多在 40—50 厘米。

仿古敦共出土 9 件，6 件有自名（图3-11），分别为吕大临墓和吕义山墓各 2 件、吕景山墓和吕大圭墓各 1 件，均为石敦，骊山青石材质，高多在 10—20 厘米之间。根据这 6 件仿古敦的形制特征，可判定吕大忠墓也出土 2 件石敦，吕英墓出土的内盛骨灰的瓷器也为敦。9 件仿古敦中，除成对出土形制相同外，其余几件形制大小各不相同，吕英墓出土青釉瓦棱敦与《考古图》中散季敦大体相似（图3-12），但前者为圈足而非三足，且为瓷质而非骊山石，也没有刻铭，出土时内盛骨灰，应与其他几件仿古石敦性质不同，并非专为墓葬制作。

吕义山墓出土 1 件石鼎，一面满刻铭文，该墓还出土 1 件石质博山炉，与吕大临《考古图》中收录李公麟家藏博山炉相类 [1]（图3-13）。无

---

1 〔宋〕吕大临等：《考古图：外五种》，第 153 页。

图 3-13
左：吕义山墓出土石鼎　通高 20.6cm　腹径 16.8cm
中：吕义山墓出土博山炉　高 20.6cm
右：吕大临《考古图》收录李公麟家藏博山炉

论是种类还是数量上，吕义山墓出土仿古器最多，有敦、磬、鼎、炉共 5 件，且分布相对集中，除博山炉位于西室东北角外，其余仿古器大多位于西室西部，随葬位置呈现一定规律。

　　以上仿古器出土墓葬相对集中，主要出于大字辈成员墓中，除早卒并二次迁葬的吕大章、吕大受、吕大观，以及仅设衣冠冢的吕大防外，其余大字辈成员墓中皆随葬仿古器，另一部分山字辈成员也随葬仿古器。仿古器大多埋葬于男主人墓室，即前室或西室，仅吕大钧墓石磬出土于继妻种氏所在的西室，但墓中未见吕大钧遗骸，或因吕大钧 52 岁病故于征西夏途中，墓中仅置骨灰。值得注意的是，随葬石磬和石敦的成员多有重叠，多为"蓝田四吕"及其子辈，如吕大忠、吕景山、吕义山同时随葬磬和敦，吕景山为吕大防子，吕义山为吕大钧子，正印证了"四吕"尊古复礼的思想主张。

　　除以上共性外，更值得关注的是差异之处。石敦除成对者外各不相同，石磬的形制、尺寸、铭文字体和书写的位置也不尽相同，呈现出明显的随机性，显然并没有参照同一样本或同一规制制作。且对比吕大临《考古图》可见，吕义山墓石敦与《考古图》中螭耳敦形制相似，而吕大临墓石敦与《考古图》中所有的敦都不相同。更为有趣的是，吕氏墓中出土最多的两类仿古器簋和敦，分别为《考古图》中收录最少和差异最大者，如《考古图》中簋类只收录 1 件造簋，收录的诸家所藏敦的形制各不相同，且吕氏墓中虽随葬有古器 "敦"（刻铭为 "敦"的折耳带盖圆鼎），但该器并未成为吕氏制作仿古敦的严格参照。因此，吕氏家族墓随葬仿古器既无一定规制，也没有参照其生前收藏或过眼古器进行制作，这是出于怎样的考虑，有何特殊意义，后文再详细探究。

祭器还是明器？

吕氏家族墓出土古器显然为墓主的生前收藏品，加刻铭文随葬于墓中，性质明确，以古器随葬的现象早在殷墟妇好墓中已经出现[1]。仿古器大多刻有铭文注明专为死者制作，但这批器物的来源是否与吕氏家庙祭器有关，又是否用于下葬前的祭祀仪式呢？

家庙源于周代的宗庙，为品官大臣祭祖之所，唐代正式建立，宋代进一步完善，北宋皇家曾三次对家庙制度进行讨论，其中两次在仁宗时期[2]，如庆历元年（1041）仁宗诏："功臣不限品数，赐私门立戟，文武臣僚许立家庙"[3]；皇祐二年（1050）在庆历元年诏颁的基础上，进一步制订了群臣立庙方案，对不同品第官阶大臣的庙数设置做出规定，同时规定了 "祭以嫡长子主之" 和 "凡立庙，听于京师或所居州县，其在京师者，不得于里城及南郊御路之侧"[4]，嘉祐元年（1056）文彦博

1　如妇好墓中随葬的部分铜器和玉器，可能是妇好在征战中的收藏，详见［日］林巳奈夫：《中国古玉研究》，杨美莉译，艺术图书公司，1997，第 35—97 页；另见［英］杰西卡·罗森《复古维新——以中国青铜器为例》，载［英］杰西卡·罗森《祖先与永恒：杰西卡·罗森中国考古艺术文集》，第 126—154 页。

2　刘雅萍：《宋代家庙制度考略》，《兰州大学学报（社会科学版）》2009 年第 1 期，第 63 页。

3　〔宋〕李焘：《续资治通鉴长编》（第 6 册）卷一百三十四，第 3199 页。

4　"正一品平章事以上，立四庙，枢密使、知枢密院事、参知政事、枢密副使、同知枢密院事、签书院事，见任、前任前，宣徽使、尚书、节度使、东宫少保以上，皆立三庙"，见〔宋〕李焘：《续资治通鉴长编》卷一百六十九，第 4072 页。

仿杜佑，立家庙于西京[1]。

据朱熹记载，蓝田吕氏曾立家庙，并使用古器[2]。吕氏家庙遗迹今已不存，文献中也未见皇帝赐立吕氏家庙的记载，但哲宗时吕大防任尚书左仆射兼门下侍郎，为宰执，相当于二品官员，或可大体参照文彦博家庙的设置推想吕氏家庙建制。司马光《文潞公家庙碑》记载其家庙在主体建筑基础上"增置前两庑及门，东庑以藏祭器，西庑以藏家谱"[3]。另据研究，没有受赐家庙的大臣往往以祠堂代替[4]，朱熹记载了当时的"祠堂之制"[5]。

从司马光和朱熹的记载可知，祭器一般藏于家庙/祠堂东侧，但二者均未对祭器做具体记录，很可能因当时祭器种类有明确规定为共识。《文献通考》记载了当时不同品级官员家庙所用祭器情况："群臣家庙所用祭器，稽之典礼，参定其制：正一品，每室笾、豆各十有二，簠、簋各四，壶、罇、罍、铏、鼎、俎、筐各二，罇、罍加勺、幂各一，爵各一，诸室共用胙俎一、罍洗一。从一品，笾、豆、簠、簋降杀以两。正二品，笾、豆各八，簠簋各二，其余皆如正一品之数。"[6]

可见，群臣家庙常设祭器种类大体相同，为笾、豆、簠、簋、尊、罍等，区别在于不同等级间数量不同，而吕氏墓出土仿古器在种类上与当时常设祭器明显不同。另在材质上，两宋家庙祭器一般为铜制，

1　李之亮笺注《司马温公集编年笺注》卷七九《文潞公家庙碑》，第 21 页。

2　"与叔亦曾立庙，用古器"，〔宋〕黎靖德：《朱子语类》卷八九《礼六·冠婚丧·总论》，第 2272 页。

3　李之亮笺注《司马温公集编年笺注》卷七九《文潞公家庙碑》，第 21 页。

4　陆敏珍：《重写世界：宋人从家庙到祠堂的构想》，《浙江学刊》2017 年第 3 期，第 177—185 页。

5　"祠堂之制，三间外为中门，中门外为两阶，皆三级。东曰阼阶，西曰西阶，阶下随地广狭以屋覆之，令可容家众叙立。又为遗书衣物祭器库及神厨于其东缭，以周垣别为外门，常加扃闭。若家贫地狭则止为一间，不立厨库，而东西壁下置立两柜，西藏遗书衣物，东藏祭器亦可正寝谓前堂也，地狭则于厅事之东亦可。凡祠堂所在之宅，宗子世守之，不得分析。屋之制，不问何向背，但以前为南后为北，左为东右为西，后皆仿此。"〔清〕郭嵩焘撰，梁小进主编《郭嵩焘全集 2·校订朱子家礼》卷一《祠堂》，第 626 页。

6　〔元〕马端临：《文献通考》卷一百四《宗庙考十四》，第 3190 页。

神宗时曾用陶器[1]，南宋中兴时改用竹木、省去雕文[2]，而未见石质。因此可以推定，吕氏墓仿古器应非参照家庙祭器制作，但宋代礼器局所制颁赐大臣的铜、陶祭器上应有铭文[3]，而吕氏在仿古石器上加刻铭文的行为，很可能受到北宋祭器题刻铭文的影响[4]。

图 3-14　吕氏墓前祭祀建筑（《报告》称"家庙"）
上：遗址 F10 形制
下：复原示意图

另据发掘报告，吕氏墓园内发现祭祀建筑遗址（报告中称"家庙"），位于墓园最南端，自上至下共有 9 层叠压，主要建筑遗址 11 座，最早期遗址主殿（F11）应是熙宁七年（1074）前后与墓园同时建成[5]，后毁于火，北宋晚期在原位上重建（F10），明清至民初时期多次重建。(图3-14) 除铜钱和铁钱外，该遗址出土遗物主要为陶器和瓷器，仅 II 区第 6 层出土 1 件石器残块，年代不明，同区域还出土 1 件三足器(图3-15)，为泥质灰陶，高 7.5 厘米，口沿径 14.1 厘米，外底下置的三兽足与吕大圭墓仿古敦的兽足十分相似，该区虽属明代晚期，但不排除北宋时祭器即为此类风格的可能。

尽管如此，根据个别仿古器的摆放方式和铭文不排除它们可能曾用于墓内供祭。如吕大圭墓石敦出土时位于第二重墓室北壁壁龛入口

1　"正配位不当设簠、簋、尊、豆，请改用陶器，仍以樿为杓。"〔宋〕李焘：《续资治通鉴长编》卷二九二，第 7134 页。

2　〔元〕马端临：《文献通考》卷一百四《宗庙考十四》，第 3091 页。

3　唐俊杰：《祭器、礼器、"邵局"——关于南宋官窑的几个问题》，《故宫博物院院刊》2006 年第 6 期，第 52—53 页。

4　当然也可能模仿周代礼器，周代以来的青铜礼器多刻有铭文，记录献器者和祭祀对象。

5　陕西省考古研究院、西安市文物保护考古研究院、陕西历史博物馆编著《蓝田吕氏家族墓园》，第 33 页。

图 3-15　吕氏墓园祭祀建筑遗址出土陶三足器　泥质灰陶　高 7.5cm　口沿径 14.1cm

处的墓志上，墓志上还摆有黑釉小口瓶、黑釉瓜棱罐、酱釉葵口碗、白釉盏、带盖执壶与温碗、熏炉等。(图 3-16)其中部分破损严重，似乎围绕墓志形成祭奠空间。石敦铭文明确写道："受实惟宏，致养惟备，于以奠之，君子所器。"无独有偶，吕大雅墓石磬铭文上也提到祭奠："敢以清酌庶羞之奠，恭祭于从父致政承务郎府君。"两件仿古器铭文中提到的"奠"和"祭"应指向该器物可能用于墓内祭祀。由此可推测，个别吕氏墓内曾存在供祭空间，部分仿古器可能用于墓内短暂的供祭活动。

　　在时代稍晚的一座元墓中我们可以明确看到墓内祭祀的场景：甘肃漳县元代汪懋昌墓中出土 3 件陶案，上摆放有陶爵、陶豆、陶盒、陶鼎、陶壶、陶尊、陶簋等仿古器，明显为供祭器[1]。相比之下，吕氏墓中相关器物的供祭特征并不明显，且吕氏墓出土的其他大部分仿古

---

[1]　甘肃省博物馆、漳县文化馆编著《甘肃漳县元代汪世显家族墓葬》，《文物》1982 年第 2 期，第 1—12 页。

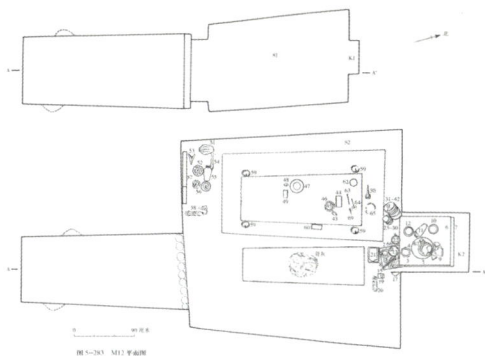

图 3-16
上：吕大圭墓第二重墓室壁龛内景
下：吕大圭墓室平面图

器主要位于墓主棺椁内，贴近墓主身体，与吕大圭墓情况完全不同。因此吕氏墓仿古器是否参与了祭祀空间的营建，或者说是否部分具有祭器的性质，至少从目前考古发掘成果来看，没有直接证据。

此外，除明器、祭器外，宋代文献中还可见一类"看器"。何谓看器？《续资治通鉴长编》记，庆历元年（1041）吕公绰言："旧礼，郊庙尊罍数皆准古，而不实三酒、五齐、明水、明酒，有司相承，以为'看器'。郊庙天地配位惟用祠祭酒，分大、中祠位二升，小祠位一升，止一尊酌献、一尊饮福。宜诏酒官依法制齐、酒，分实尊罍。有司取明水，对明酒实于上尊。礼官以为郑氏注周礼'五齐、三酒'，惟引汉时酒名拟之，而无制造。请仍旧用祠祭酒一等，坛殿上下尊罍，有司毋设空器，并如唐制以井水代明水、明酒；正配位酌献、饮福，旧用酒二升者各增二升，从祀神位，用旧升数实诸尊罍。"[1] 从吕公绰的话中可知，宋代郊庙祭祀中流行一类看器，看器顾名思义为观看之器，只外形相似，器内未盛三酒、五齐，为空器，对于这类器物，吕公绰持否定态度，认为有违古礼。而蓝田吕氏深谙古礼，因此也排除仿古器为看器的可能。

共性还是特例

相比于唐代墓葬，北宋墓葬普遍规格偏小且随葬品较少，就关中地区宋墓而言，多为土洞墓且为竖穴土坑或斜坡带台阶，除吕氏家族墓外，大多随葬品较少，一般为数件瓷器和陶器[2]，且先秦古器在宋墓中少有发现。宋代文献常记载古墓山野出土古器之事，如张邦基《墨庄漫录》记载村农发现青铜爵[3]，比干墓发现铜盘和玉片[4]，东汉孙策墓出土古器物[5]，等等。叶梦得《避暑录话》记载宣和时内府尚古器，因此"人竞搜剔山泽，发掘冢墓，无所不至"[6]。北宋时李公麟曾随葬生前收藏的十六玉惟鹿卢环于墓中[7]。那么，仿古器在北宋其他墓葬中是否也有出土，或者说，随葬这类器物在北宋墓葬中是共性还是特例呢？

囿于宋代帝陵大多未发掘，帝陵随葬品情况尚不可知，仅从现已发掘的元德李皇后陵随葬品来看，未见仿古器随葬[8]。幸运的是，北宋

1　〔宋〕李焘：《续资治通鉴长编》卷一百三十四，第 3190 页。

2　陕西省考古研究院隋唐考古研究室：《2008—2017 年陕西三国隋唐宋元明清考古综述》，《考古与文物》2018 年第 5 期，第 128 页。

3　〔宋〕张邦基：《墨庄漫录》卷二，第 64 页。

4　〔宋〕张邦基：《墨庄漫录》卷七，第 195 页。

5　〔宋〕张邦基：《墨庄漫录》卷十，第 270 页。

6　〔宋〕叶梦得：《避暑录话》卷下，载〔清〕纪昀、永瑢等编《景印文渊阁四库全书》第 683 册，第 682 页。

7　〔宋〕吕大临等：《考古图·外五种》，第 118 页。

8　河南省文物考古研究院编《北宋皇陵》，中州古籍出版社，1997，第 318—329 页。

皇家制作的部分仿古器实物流传至今，从中可大体了解北宋时期皇家的仿古器制作情况。关于这一问题，以往学者已有深入研究[1]，此处仅就这些皇家制作仿古器的器类、器型、材质、处理方式如题写等因素做简要分析，以便更准确地了解吕氏墓出土仿古器在北宋文化中的位置。

图 3-17 大晟钟 北宋崇宁三年至四年（1104—1105）台北故宫博物院藏

北宋皇家的制礼作乐主要集中在宋仁宗和宋徽宗时期，就具体实践而言，仁宗时期致力于礼制观念和礼仪制定上的改革[2]，徽宗开始大量制造仿古礼器和乐器，如著名的大晟钟、政和鼎、牛鼎，均为三代传统中象征身份等级和正统性的钟鼎重器。三者无论形制、纹饰、尺寸、铭文还是使用方式，均严格参照周代礼器样式，有其仿照原型：大晟钟（图3-17）为崇宁三年至四年（1104—1105）铸造，取睢阳出土春秋时期宋公成钟为参照样式[3]；政和鼎与《宣和博古图》中记载的商象形饕餮鼎相似[4]（图3-18）；牛鼎与《宣和博古图》中记载的

---

1 陈梦家：《宋大晟编钟考述》，《文物》1964年第2期，第51—53页；陈芳妹：《宋古器物学的兴起与宋仿古铜器》，《美术史研究集刊》2001年第10期；陈芳妹：《青铜器与宋代文化史》；苏荣誉：《宋代铜豆初探》，载陈建明主编《复兴的铜器艺术——湖南晚期铜器展》，第249—265页；Patricia Ebrey, Replicating Zhou Bells at the Northern Song Court, Edit by Wu Hung, *Reinventing the past: Archaism and antiquarianism in Chinese art and visual culture*, CAEA Art Media Resources, 2010.

2 详见本书第一章第二节。

3 《宣和博古图》明确记录："由是作乐之初，特诏大晟府取是为式，遂成有宋一代之乐焉。"见〔宋〕王黼：《宣和博古图》卷二十二，第405页。

4 〔宋〕王黼：《宣和博古图》，第16—17页。

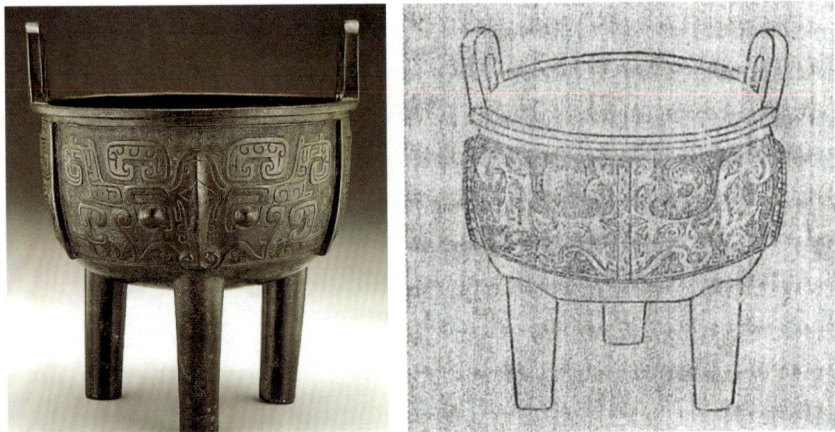

图 3-18
左：政和鼎　北宋政和六年（1116）台北故宫博物院藏
右：商象形饕餮鼎（《宣和博古图》）

周晋姜鼎相似 [1]（图3-19），后者或为前者的直接来源，且铭文也延续传统礼器铭文中"永宝用"之意。宋代仿古器留存至今的还有政和豆、童贯鼎、壶等，正如翟耆年《籀史》中记载："帝承天休，宪三代，稽古象物，昭德于彝器，凡祀圜丘，祭方泽，享太庙及祢宫诸器，命我先人典司制作，肇新宋器，匹休商周，铭功以荐神祇祖考，罔有弗格"。[2]以上仿古器在器类上均为仿三代象征等级身份的常见礼器，均有明确的参照来源，且均为青铜材质，并严格参照周代礼器的纹饰和尺寸进行仿造，铭文的镌刻位置也严格模仿，如政和鼎铭文刻于器物内壁、大晟钟铭文刻于外壁素面处。无论从器类选择、纹饰、铭文处理方式均与吕氏墓出土仿古器有别。

据已发表考古材料，包括士大夫墓在内的北宋大部分墓葬中，随

---

1 〔宋〕王黼：《宣和博古图》，第25—26页。
2 〔宋〕翟耆年：《籀史》，载〔清〕纪昀、永瑢等编《景印文渊阁四库全书》第681册，第430页。

图 3-19
左：牛鼎 北宋政和四年（1114） 河北省文物保护中心藏
右：周晋姜鼎（《宣和博古图》）

葬古器、仿古器并不常见，除了吕氏家族，北方地区仅西安孟氏家族
墓和山西忻县田子茂墓出土仿古器。西安北宋孟氏家族墓统一埋葬于
宣和五年（1123）[1]，除两座墓被盗之外，其余三座墓每座出土四件鼎式
炉，均为青瓷材质，双耳三足，腹部有钱币纹，出土时与其他瓷物一
同放置，推测为日用器；山西忻县田子茂墓出土一件铜制博山炉（图3-20），
据墓志，田子茂为北宋武官，卒于政和四年（1114），博山炉出土时
炉内有香灰，应为实用器[2]。南方地区江西一带部分北宋墓出土仿古器，
如德安县北宋蔡清墓[3]、清江陈氏六娘墓[4]、铅山王家坂吴氏墓[5]、金溪鹧鸪
岭孙大郎夫妇墓[6]等均出土铁鼎或铁鼎式锅（图3-21），形制、尺寸基本相
同，为敞口侈唇圜底三足，尺寸在18—19厘米之间，具有明显的地域

1 《西安发现北宋孟氏家族墓地出土罕见耀州窑青釉瓷器》，中国考古网 2020 年 11 月 18 日，http://kaogu.cssn.cn/zwb/xccz/202011/t20201118_5218730.shtml。胡松梅、苗轶飞、张锦阳：《生不满卅 金石千秋——陕西长安杜回北宋孟氏家族墓地考古发现》，《中国文物报》2020 年 12 月 4 日第 008 版。
2 冯文海：《山西忻县北宋墓清理简报》，《文物参考资料》1958 年第 5 期，第49—50 页。
3 彭适凡、唐昌朴：《江西发现几座北宋纪年墓》，《文物》1980 年第 5 期，第 28—31 页。
4 薛尧：《江西南城、清江和永修的宋墓》，《考古》1965 年第 11 期，第 571—576 页。
5 江西省文物工作队、铅山县文化馆：《江西铅山莲花山宋墓》，《考古》1984 年第 11 期，第 985—989 页。
6 陈定容：《江西金溪宋孙大郎墓》，《文物》1990 年第 9 期，第 14—21 页。

左：图3-20　博山炉　高16cm　山西忻县田子茂墓出土
右：图3-21　铁鼎　高14.6cm　口径17.3cm　孙大郎夫妇墓出土

风格，也应为实用器。上述墓中仿古器的出土反映出这一时期民间仿古之风盛行，主要以仿鼎或仿炉为主，种类单一，且多为墓主生前实用器，性质上与吕氏墓出土仿古器截然不同。

　　南宋士大夫墓中常随葬有仿古器，多为青铜材质，部分为青瓷材质，种类涉及钟、壶、鼎、炉、镜等。（图3-22）如浙江平阳（今苍南）黄石墓[1]出土1件青铜钟，高25.5厘米；2件铜壶，高9.4厘米；1件铜鼎，高13.5厘米。此4件器物尺寸都不大。又如浙江金华郑继道母墓[2]出土1件鼎式铜炉，高14.5厘米；浙江衢州史绳祖墓[3]出土1件炉形铜镜和1件龙耳鬲形铜炉，高12—13厘米；浙江诸暨桃花岭武氏墓[4]出土鬲式铜炉和鼎式铜炉各1件，高6厘米左右，还出土2件铜贯耳瓶，高18.4厘米；福州茶园山许峻墓[5]出土1件香炉形铜镜，高15.2厘米，镜

1　叶红：《浙江平阳县宋墓》，《考古》1983年第1期，第80—81页。

2　赵一新、赵婧、蒋金治：《金华南宋郑继道家族墓清理简报》，《东方博物》2008年第3期，第54—61页。

3　崔城实：《浙江衢州市南宋墓出土器物》，《考古》1983年第11期，第1004—1018页。

4　宋美英：《诸暨桃花岭南宋纪年墓研究》，《东方博物》2009年第4期，第13—23页。

5　郑辉：《福州茶园山南宋许峻墓》，《文物》1995年第10期，第22—33页。

图 3-22　浙江南宋黄石墓出土仿古器
左：铜钫　高 18.8cm　口径 5cm
右：铜鼎　高 13.5cm

背铸有"八面玲珑，一尘不染"两行阳文；江西峡江王应白墓 [1] 出土 1 件铜鼎，高 15 厘米，1 件鬲炉，高 7.2 厘米；浙江德清吴奥墓 [2] 出土 1 件鬲式青瓷炉，腹径 8.7 厘米。上述南宋墓葬大多位于浙江及周边地区，器类和形制大多相似，呈现出一定地域特征，如黄石墓、郑继道母墓、王应白墓等出土的鼎式炉，形制大小基本相同，史绳祖墓和许峻墓出土的炉形镜稍有差异但大体相似。台北故宫博物院也收藏有此类炉（鼎）形镜，但这些仿古器无论从种类、材质还是形制上，都与吕氏家族墓出土仿古器有别，类似吕氏仿古器以石质模仿青铜礼器的例子更为少见，仅江西南宋杜师伋墓出土的石簋 [3]，在材质和性质上与吕氏仿古敦相似，但尺寸更小，腹部环刻云纹以模仿青铜器纹饰。另湖南常德南

1　赵国祥、毛晓云：《峡江清理两座古墓》，《江西历史文物》1986 年第 2 期，第 33—35 页。
2　袁华：《浙江德清出土南宋纪年墓文物》，《南方文物》1992 年第 2 期，第 25—26 页。
3　陈伯泉、刘玲：《高安、清江发现两座宋墓》，《文物》1959 年第 10 期，第 86 页。

宋邢倞墓出土石鼎型炉[1]，上刻有海水纹、八卦纹和火焰纹，应与道教有关；邢倞夫人刘氏墓出土佛教经文碑。因此这件鼎形炉虽在形式上仿古，但显然涉及更多的信仰来源，应另当别论。

据墓志记载，上述多位南宋墓主为饱读诗书的儒学之士。如黄石于绍兴八年（1138）中进士后，出任福州州学教授，继而在专门培养皇室子弟的"宗学"里当教授。其墓葬规格虽然不大，但随葬的铜钟、壶、鼎等仿礼器，以及刻有阴文"石"的玉质印章，均与其生前身份和学识有关，有学者提出该墓出土铜器为当地儒学祭器[2]，亦有学者提出反对意见[3]，分歧较大；史绳祖曾在蜀地任职，83岁卒于衢州，一生著述颇丰，墓中随葬的仿古炉形镜和龙耳鬲形炉，以及笔架、镇、印、砚、墨等文房用具，均反映出他为笃志强学之儒士；诸暨南宋武氏为南宋进士廖俣之妻，父辈为宋朝官员，武氏墓中随葬的笔架、砚等文房用具均体现其良好的文化修养。这些墓主多与吕氏家族一样，是有一定学识和儒学素养的读书人，随葬仿古器体现出当时士人追求古风和文雅的风尚，但这些仿古器种类较为单一不成系统，尺寸较小，做工较为粗糙，形制上只为表意，未形成一定规制且呈现出较大的随机性。

此外，南宋窖藏多发现有仿古铜器，其中规模较大的四川彭州窖藏（图3-23）和遂宁金鱼村窖藏，出土有鼎、鬲、爵、壶、钫、尊、盘、卣、钟、觚等[4]，种类丰富多样，且相比于墓葬出土品，这些铜器做工精致，部分尺寸较大，应非实用器，很可能用于宗庙祭祀或相关礼仪

---

1 常德市博物馆：《常德黄土山宋墓》，载湖南省文物考古研究所、湖南省考古学会编《湖南考古2002》，岳麓书社，2004，第434—447页。

2 郑嘉励：《从黄石墓铜器看南宋州县儒学铜礼器》，载浙江省文物考古研究所编《浙江省文物考古研究所学刊》（第9辑），科学出版社，2009，第350—359页。

3 许雅惠指出鼎、方壶与钟不属于释奠祭器之类，一鼎二方壶可能组合为一炉二瓶使用，作为案上的常供之器，也不排除是书斋清玩，见许雅惠：《宋、元〈三礼图〉的版面形式与使用——兼论新旧礼器变革》，《台大历史学报》2017年第60期。

4 庄文彬：《四川遂宁金鱼村南宋窖藏》，《文物》1994年第4期；杨文成等：《四川彭州宋代青铜器窖藏》，《文物》2009年第1期；另见中国国家博物馆主编《宋韵：四川窖藏文物辑粹》；王宣艳主编、浙江省博物馆编《中兴纪胜：南宋风物观止》。

活动，如四川彭州窖藏的大部分仿古铜器只外形相似，实则中空无底，不具有实用性[1]。南宋窑址和遗迹中多发现有仿古瓷器，如杭州乌龟山、老虎洞窑址和太庙区域发现有大量瓷片和窑具[2]，经复原可知其中仿古器类涉及鼎式炉、簋式炉、鬲式炉、觚、尊、壶等。据研究乌龟山郊坛下和老虎洞窑址为南宋官窑所在，为朝廷烧造陶瓷祭器。至于南宋祭祀大礼为何用陶瓷祭器而非青铜器，杜正贤曾指出，南宋时期瓷器作为礼器的功能突然彰显，与南宋初期朝廷面临的军事形势密切相关。靖康之乱后，北宋府库被洗劫一空，南宋建立之初主要礼仪及其所存无几，因此绍兴年间的祭奠活动多数祭器改用陶瓷器[3]。另四川简阳东溪园遗迹出土青瓷中也有多件鼎式炉和簋形炉[4]。

图 3-23 铜甗 彭州青铜器窖藏 高 76.7cm

综上，北宋北方地区士大夫墓随葬仿古器并不常见，仅见于京兆及周边地区，且模仿器类、形制和风格缺乏统一性；南方江西地区士

1 杨文成等：《四川彭州宋代青铜器窖藏》，《文物》2009 年第 1 期，第 69 页。
2 杭州市文物考古所：《杭州老虎洞南宋官窑址》，《文物》2002 年第 10 期，第 4—31 页；姚桂芳：《略论杭州乌龟山南宋官窑的烧造年代及其来龙去脉》，《江西文物》1991 年第 4 期，第 46—48 页；中国社会科学院考古研究所：《南宋官窑》，中国大百科全书出版社，1996；杜正贤、周少华：《中国古代名窑：南宋官窑》，江西美术出版社，2016。
3 杜正贤：《杭州老虎洞南宋官窑窑址的考古学研究》，《故宫博物院院刊》2002 年第 5 期，第 4—5 页。
4 黄晓枫：《四川简阳东溪园艺场遗迹性质与年代探讨》，《考古与文物》2013 年第 3 期，第 80—100 页。

大夫墓常有铁鼎或铁鼎式锅出土，应为实用器，做工十分简陋、粗糙，无法与京兆地区相比，且功用性质有本质区别。南宋时期浙江及周边地区士大夫墓流行一类青铜材质的鼎式炉或鬲式炉，做工粗糙且尺寸较小，与北宋孟氏家族出土的同类鼎式炉完全不同，应意在模仿青铜礼器，性质上与吕氏家族出土的仿古器类似。从总体上看，两宋间墓葬系统中仿古实践不具有接续性。从南宋墓葬、窖藏、窑址出土仿古器综合来看，南宋时期士大夫墓葬经常出现的鼎式炉和鬲式炉，与南宋官窑出土的同类器物较为相似，该风格仿古器在四川遂宁一号窖藏中也有出土[1]。这一方面反映出当时仿古器的地域风格特征，另一方面说明南宋时期可能存在一种自上而下，即自中央向地方的传播路径。以此反观蓝田吕氏墓出土仿古器则不难看出，吕氏家族墓随葬仿古器处于两宋时期仿古实践的起始阶段，且主要为吕氏家族的个体行为，选择何种器类、如何仿制，均呈现出吕氏独特的主观意愿，即便与同时期、同地域的孟氏家族墓出土仿古器相比也完全不同，也没有延续至后世，如陕甘地区元墓出土的仿古明器主要以《三礼图》中礼器为范本制作[2]。因此，吕氏墓出土的仿古器是十分特殊的现象，在实践层面不具有延续性，实为特例，应有特殊的意图。

---

1 如该窖藏出土的龙泉窑和景德镇窑青瓷鼎式炉，见成都文物考古研究所、遂宁市博物馆：《遂宁金鱼村南宋窖藏》（下册），文物出版社，2012，图版一三、一一一、一一二、一一四。

2 谢明良：《北方部分地区元墓出土陶器的区域性观察——从漳县汪世显家族墓出土陶器谈起》，《故宫学术季刊》2002 年第 19 卷第 4 期。曾载谢明良：《中国陶瓷史论集》，生活·读书·新知三联书店，2019，第 162—187 页。

第二节

君子之器
——蓝田吕氏家族墓出土仿古敦

　　吕氏家族墓出土的一系列仿古器中，尤以仿古敦数量最多。吕大临《考古图》收录了其家族收藏的 10 件古器[1]，但这些古器均没有出现在吕氏墓中，部分进入徽宗内府收藏[2]，部分不知去向。以此看来，吕氏家族墓随葬仿古器有其家学渊源，但仿古为何仿"敦"，文献中没有直接记载。

吕氏家族知识系统中的敦

　　据发掘报告，吕氏墓共出土 7 件自名敦 (图3-11)，其中 6 件为仿古器、1 件为古器，分述如下。

　　吕大临墓前室东北角出土 1 对石敦，2 件形制、尺寸、铭文基本相同，

1　分别为父己鬲、散季敦、兽环细文壶二、兽环壶二、特钟、编钟、首山宫雁足灯、甘泉上林宫灯、螭首平底豆、螭首平底三足铛，参见〔宋〕吕大临等：《考古图·外五种》。

2　如散季敦、父己鬲等，详见〔宋〕王黼：《宣和博古图》，2017。

高 23.5 厘米，由盖和身组成，球腹、双耳、三兽足、足外翻，通体抛光，素面无装饰，一侧纵向錾刻楷书铭文："嗟乎，吾弟任重而道远者夫，宋左奉议郎秘书省正字吕君与叔石敦，元祐八年（1093）癸酉十一月辛巳从兄大圭铭。"

吕义山墓出土 1 对石敦，分别位于西墓室西壁下中部和北壁下偏西，2 件尺寸、形制、铭文基本相同，高分别为 13 厘米和 13.7 厘米，由盖、身两部分组成，盖为覆盘式，有提手，身为扁球形，双耳，平底，圈足，外腹壁阴刻仿金文铭文，曰："安喜令吕君子居，葬以崇宁元年（1102）季冬之庚申，子德修、辅修作敦，临河孙求识之以铭：受实惟宏，致养惟裕，可用于人而荐诸神，惟其所遇。"

吕景山墓墓室西棺内东侧偏北出土 1 件石敦，考古报告中称"簋"，高 15.7 厘米，身为扁球形，圈足，双耳，无盖。铭文位于外底面，曰："隹政和元年（1111）十一月壬申，孤子吕为攸段考宣义郎作敦以内诸圹。"

吕大圭墓出土 1 件石敦，出土时位于 K2 入口处东侧砖墓志上，高 11.6 厘米，圆腹，无耳，无盖，三兽足外撇，腹外壁中部有弦纹，上沿口稍向外翻，口沿下环带一周仿金文铭文："汲郡吕德修作敦，从葬族祖父致政朝散铭曰：受实惟宏，致养惟备，于以奠之，君子所器。"

被盗品折耳带盖圆鼎（图 3-3），高 17 厘米，盖外顶有墨书印迹"□□敦"，器底正中阴刻仿金文："隹政和元年十一月壬申，孤子吕世攸段考承义郎作敦以内诸圹"。根据铭文可知，这件器物出土于吕至山墓，且自名为"敦"。

上述 7 件自名敦的铭文中，除吕义山墓出土石敦铭文中"敦"为正确的金文写法外，其余 5 件都以"𣪘"为"敦"。清人钱坫在《十六长乐堂古器款识》中已指出宋人误以"𣪘"为"敦"[1]，容庚在《商周彝

---

[1] "簋字博古考古诸书及刘原父先秦古器记薛尚功钟鼎款识法帖诸书皆释为敦。"参见〔清〕钱坫：《十六长乐堂古器款识考》，浙江人民美术出版社，2015，第 67 页。

器通考》中进一步指出"𣪘"为"簋"和"𣪊""𣪘"为"敦"[1]（吴大澂在《说文古籀补》中首先提出敦的异文写法，容庚更详细说明），本书的论述以宋人的知识系统为准。

参照以上自名敦的形制可判定，吕大忠墓也出土两件石敦，位于前室西侧中部扰土中，其中 1 件发掘报告定为鼎，残高 9.5 厘米，另 1 件石敦残高 13 厘米，两件均为双耳、球腹（图 3-11：4）；考古报告所称吕英墓的青釉瓦棱簋（图 3-11：6）也应为敦，出于椁内西侧中部，高 17.4厘米，由器、盖两部分组成，双耳，圈足，出土时口向骨渣堆破碎歪倒于地，报告推测骨渣原应敛于簋（敦）内，簋（敦）则纳于漆盒中。此外，被盗的鱼虎纹带盖小鼎（图 3-6）与折耳带盖圆鼎（敦）形制相似而尺寸较小，高 6.6 厘米，在吕氏知识系统中也应为敦。至此，吕氏家族墓出土品中可确认为敦的器物共有 11 件。

综上，从这 11 件敦实物来看，吕氏家族成员对敦大体上有一定认知。这类器物尺寸不大，一般在十几至二十几厘米之间，大多圆腹，有双耳和足，但具体形制并不统一，如有的为三兽足，有的为圈足，有盖或无盖等。还有一点值得注意，上述敦均出土于吕氏家族墓的男性墓室或棺椁中，应为男性专属，但从目前发掘情况来看，并非所有男性墓室都出土敦。

关于敦，吕大临在《考古图》"散季敦"（图 3-12）一条下做总述[2]：将敦类列于簋属，为盛黍稷之器。通常簋为祭器，敦为用器，士大夫也有以敦为祭器。材质上，上古时期主要为陶，商周开始为青铜；纹饰上，贵族所用注重装饰，平民所用较为朴素；形制上，早期的废敦没有耳足，大部分敦为圆腹、带盖、三足或圈足、有耳（部分没有），法度之内可有小不同，大部分敦盖倒过来可以盛放东西；数量上，一

---

1 容庚：《商周彝器通考》，第 252、281 页。

2 〔宋〕吕大临等：《考古图：外五种》，第 33—34 页。

般成对出现；金文写法为"𣪘"；使用者所属阶层上，士用瓦敦，天子诸侯不用敦，这就解释了为何吕氏家族墓出土仿古器中以仿敦数量最多，也进一步印证了吕氏家族关于礼的文献记载。关于"周制中敦为士之用"，董逌在《广川书跋·螭足豆》中也有相同论述："……周制，士之用。变敦言簋，容同姓之士，得以从周制也。"[1] 由此可知对敦的使用者阶层问题，当时士大夫有着相对一致的认知，吕氏家族用敦符合其士大夫身份。

吕大临进行总述之后，图绘他曾目睹的各家收藏的实物敦，大多标出尺寸、容量、来源、铭文字数、模拓情况，并做简要评述。在论及敦的具体形制时，吕大临明确指出各敦形制不同：有如鼎，有其盖有圈足却之可置诸地者；有如尊而夹腹、两耳、圈足者等[2]。他将不同的形制解释为："古人制器自为规模，皆在法度之中，亦容有小不同。抑世衰礼坏，僭逼不常，未可考也"。[3] 同时他还指出聂崇义《礼图》所载敦只有一种形制的弊端[4]。关于这一点，董逌曾进一步解释道："古人制器随时则异，后世偶得一物，即据以为制，不知三代礼器，盖异形也，又诸侯之国，得自为制，岂必合礼文哉！"[5] 可见，古器随时而异，是当时士大夫的另一共识。

目前考古发现未见自名敦实例，自名敦仅见于传世品，如齐侯敦（图3-24）、陈侯午敦（一）、陈侯午敦（二）、陈侯因次敦等。根据现有考古发掘情况和研究成果可知，青铜敦出现于春秋中期，主要流行于春秋晚期至战国，为粢盛器，盛黍稷之用，有中原起源说和楚地起源说。河南辉县琉璃阁赵固第1号墓出土敦为中原铜敦的常见形式（图3-25）；

1　〔宋〕董逌：《广川书跋》，何立民点校，浙江人民美术出版社，2016，第11页。

2　〔宋〕吕大临等：《考古图：外五种》，第34页。

3　同上。

4　《礼图》所画敦，正如伯百父敦，殆学礼者，岂能传其一尔。"参见〔宋〕吕大临：《考古图：外五种》，第34页。

5　〔宋〕董逌：《广川书跋》，第16页。

图 3-24 齐侯敦及其铭文 春秋晚期
左：齐侯敦 高 18.3cm 宽 24cm
右：齐侯敦铭文

敦在楚地称盏，楚盏盖器对称相扣，形似西瓜（图3-26）。山东是青铜敦集中出现的另一大区域，出土的敦造型有球形、食形、扁圆形等（图3-27）。学界关于敦的器型来源有鼎、簋、盆、豆、盂几种说法[1]，讨论较多的是簋和鼎。关于青铜敦常见的组合配置和使用者阶层，罗泰[2]和陈芳妹[3]都有专门讨论：敦代替簋，与鼎配置，多成对使用；鼎和簋组合为多数高等级贵族墓葬的常见配置，是古礼的表现，而敦代替簋与鼎配置为春秋晚期至战国的新制，主要流行于中小贵族墓葬中。敦是中小贵族在春秋王室衰微之时发展出的新器类[4]，这一性质已决定了其使用范围。

吕氏家族墓出土的仿古敦在器型上与上述三个地区出土的青铜敦都不相同。无独有偶，2010—2011 年甘肃马家塬战国墓地出土的青铜

---

1 陈梦家编纂《海外中国铜器图录：全二册》，中华书局，2017；李零：《入山与出塞》；高明：《中原地区东周时代青铜礼器研究》（中），《考古与文物》1981 年第 3 期，第 84—103 页；陈芳妹：《盆、敦与簋——论春秋早、中期间青铜粢盛器的转变》，《故宫文物季刊》1985 年第 2 卷第 3 期，第 63—118 页；张闻捷：《楚国青铜礼器制度研究》，厦门大学出版社，2015；朱凤瀚：《中国青铜器综论》。

2 ［美］罗泰：《宗子维城：从考古材料的角度看公元前1000 至前 250 年的中国社会》，第 160—161 页。

3 陈芳妹：《盆、敦与簋——论春秋早、中期间青铜粢盛器的转变》，《故宫文物季刊》1985 年第 2 卷第 3 期，第 98 页。

4 谷朝旭：《东周青铜敦研究》，硕士学位论文，陕西师范大学，2010，第 64 页。

左：图 3-25　青铜敦（报告称簋）　河南辉县琉璃阁赵固第 1 号墓　高 18.8cm　口径 16.3cm
右：图 3-26　楚盏　战国中晚期　高 31.3cm　口径 23cm　九连墩 2 号墓出土

图 3-27
左：勾连云雷纹敦　战国　高 16.5cm　口径 15cm　齐国故地出土
右：乳钉纹四足敦　春秋　高 13.5cm　口径 17.5cm　齐国故地出土

敦 (图 3-28) 与吕大临墓石敦在器型上较为相似。该器呈卵形，三蹄足，盖径较小，只是其瓦棱纹和腹部上方的一对兽首衔环在吕大临墓出土石敦上分别被替换成素面和双耳，但整体形制上可以明显看到借鉴关系[1]。马家塬所处的甘肃地区与蓝田吕氏所处的关中距离不远，虽时代不同，但可能存在地域风格上的影响。

图 3-28　青铜敦　战国晚期　高 24.5cm
腹径 18.1cm　口径 7.5cm　马家塬 M18MS 出土

敦与宋画中的古器物描绘

　　宋画中常出现对于古器物的描绘，如《毛诗图》、部分古代故事图以及雅集文会图，尤为有趣的是，《女史箴图》宋摹本画卷前"樊姬感庄"和"卫女矫桓"两段分别绘有鼎、簋、豆和钟、磬等古器 (图 3-29)，而这两段描绘不见于唐摹本，显然与当时古器物研究之风有关。那么，宋画中的古器物在种类、样式和表现方式上有着怎样的特征呢？

　　《毛诗图》中常绘有古器物，而《诗经》作为西周至春秋时期的诗歌总集，其中"颂"为宗庙祭祀之乐，关于"颂"的绘画多绘有祭祀场景和大量三代古器。以辽宁省博物馆藏《周颂清庙之什图》为例，画中"清庙""维天之命""维清""昊天有成命""我将""时迈""执竞""思文"几个部分绘有古器，根据典礼宴飨和祭祀的不同仪式，古器种类的设置各有不同，主要有钟、磬、鼎、簋、笾、豆。如"我将"部分 (图 3-30)

1　马家塬墓地青铜敦在形制上与传为洛阳金村出土的错金银铜敦类似，根据陈梦家笔记，金村铜敦属战国后期，与马家塬青铜敦时间相近，但金村铜敦并非出土品，原为卢芹斋旧藏，且目前考古发掘的中原铜敦多为盆形和前述赵固第 1 号墓出土敦类型，因此不能以此断定马家塬青铜敦源于中原地区。

图 3-29 （传）东晋　顾恺之　《女史箴图》（宋摹本）之"樊姬感庄""卫女矫桓"　纸本水墨　故宫博物院藏

樊姬感庄不食鲜禽

图 3-30 （传）南宋　马和之　《周颂清庙之什图》之 "我将"（局部）　绢本设色　辽宁省博物馆藏

中，明堂外两侧分别绘奏乐和编钟、编磬，明堂内绘跪拜的天子，天子面前分四排绘笾、豆、鼎、簋等，两侧各绘二俎、二炬等。从形制样式来看，画中的古器主要参照《新定三礼图》(图3-31)一类礼图系统，而非古器物图谱系统。具体而言，如对笾的描绘方式是，以线条交叉排列表现竹编的质地，且下沿相对平直，以区别于器型相似的豆。"我将"部分第三排带盖筒形器应为《新定三礼图》中"有盖象龟形"的簠，虽描绘不甚细致，但左数第一个簠盖上的龟形轮廓较为明确；两侧俎的形制与《新定三礼图》中梡俎相似，"梡俎"一条记"礼记明堂位曰俎"，此段正为绘"祀文王于明堂"；位于中间偏右的双目尊形器与《新定三礼图》中的"黄彝"相似，这件器物也出现在同幅画中的"执竞"部分。

南宋的礼图在北宋既有成果的基础上有部分修正，如编刻于南宋的《六经图》和《纂图互注周礼》(图3-32)中的部分器物形制出现于主

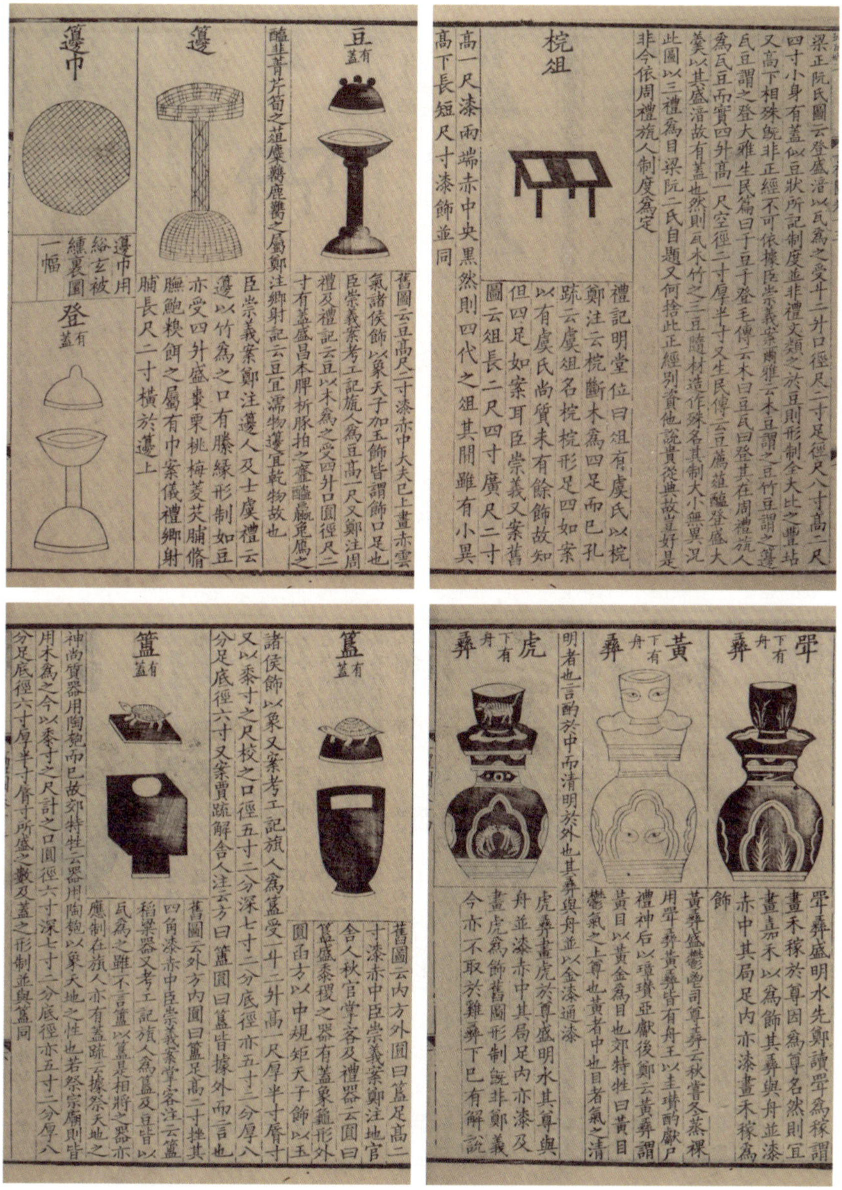

图 3-31　《新定三礼图》中所绘笾、豆、梡俎、簋、黄彝

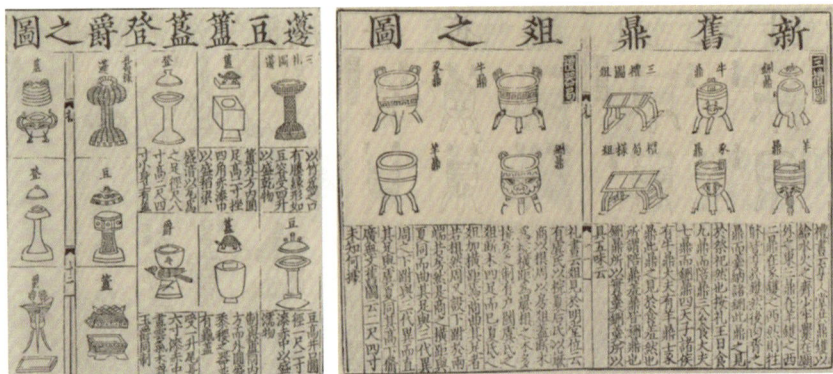

图 3-32　宋刻本《纂图互注周礼》中的鼎、簠

要活动于南宋的马和之所绘作品中。仍以"我将"为例：鼎的形制较为扁圆且双耳为正面视角，与《新定三礼图》中造型长圆、双耳成列、侧面朝前的鼎不同，而更接近《纂图互注周礼》中的鼎。尽管如此，从大部分器物的形制来看，《新定三礼图》仍是马和之画作的主要参照来源，如《纂图互注周礼》中已经明确绘出与《新定三礼图》截然不同形制的簠，但《周颂清庙之什图》"我将"部分中簠的画法依然参照《新定三礼图》。当然无论马和之具体参照的是三种礼图中的哪种，都属解经的礼图系统，而非基于公私收藏古器的图谱系统。虽然自北宋开始，礼图系统已不断受到质疑，但从目前考古发掘品来看，直到元代，北方部分地区仿古器仍参照《三礼图》制作。关于这一问题，谢明良有专论。[1]

　　当然，并非所有宋画中的古器物形制都来源于礼图系统，如故宫博物院藏《女孝经图》中的簠簋（图 3-33）不再是概念化的龟盖筒形器，而与今人认识无异，应来源于古器物图谱系统。另辽宁省博物馆藏《九

---

[1]　谢明良提出陕甘地区元代墓葬出土仿古明器模仿《三礼图》中礼器，见谢明良：《北方部分地区元墓出土陶器的区域性观察——从漳县汪世显家族墓出土陶器谈起》，《故宫学术季刊》2002 年第 19 卷第 4 期，第 143—168 页。

上: 图 3-33 宋 佚名 《女孝经图》（局部） 绢本设色 故宫博物院藏
下: 图 3-34 南宋 佚名 《九歌图》（局部） 纸本水墨 辽宁省博物馆藏

歌图》"云中君"(图3-34) 一段中鼎、罍、爵的形制，也接近《考古图》和《宣和博古图》中相应的器物。可见，宋画中所绘古器物参照的样式兼有礼图和古器物图谱两类系统[1]。此处想要强调的是，尽管北宋中后期士大夫古器物研究取得了一定进展且礼图系统不断遭到质疑和修正，但传统礼图的影响力仍然较大。

---

1 关于这一点，许雅惠和谢明良有专论，见许雅惠：《〈宣和博古图〉的"间接"流传——以元代赛因赤答忽墓出土的陶器与〈绍熙州县释奠仪图〉为例》，《美术史研究集刊》2003 年第 14 期，第 1—26 页；谢明良：《北方部分地区元墓出土陶器的区域性观察——从漳县汪世显家族墓出土陶器谈起》，《故宫学术季刊》2002 年第 19 卷第 4 期，第 143—168 页；谢明良：《记唐恭陵哀皇后墓出土的陶器》，《故宫文物月刊》2006 年第 279 期，第 68—83 页。

图 3-35 （传）南宋 马远 《西园雅集图》（局部） 绢本设色 美国纳尔逊—艾特金斯艺术博物馆藏

　　目前可见的宋代雅集文会图中也常出现古器，但并非画面主体。如美国纳尔逊—艾特金斯艺术博物馆收藏的传为马远的《西园雅集图》（图3-35）中，放置古器的石桌位于画面最后的角落处，且相比于画面中心"热闹"的题写场面，该部分较为冷清；台北故宫博物院藏的传为刘松年的《西园雅集图》[1]（图3-36）中，文人主要聚集于题写、作画等，古器被置于古树后的石桌上，无人问津。似为点缀，与宋画中常见的作为花瓶或书斋装饰的古器区别不大。这种现象在十八学士图中表现得更为明显，如台北故宫博物院藏传为刘松年的《十八学士图》中，放置铜鼎的石桌被移至画面后方的树后，且雅集图中的多件古器减省至 1 件铜鼎。

　　相比之下，明代开始出现大量博古题材绘画，如仇英的《竹院品

1 　根据画风这幅画被认定为明人所绘，但从其故事内容和整体图式布局来看，当时应有宋代祖本或相关画作作为参照，因此在画面安排上依然可以作为了解宋画的重要依据，见林宛儒主编《以文会友：雅集图特展》，台北故宫博物院，2019，第 276 页。

图 3-36　（传）南宋　刘松年　《西园雅集图》（局部）　绢本设色　台北故宫博物院藏

古图》、杜堇的《玩古图》等[1]，可见明代时，鉴古、品古已然成为文人雅集的核心内容之一。虽然仇英《竹院品古图》中文人仍然聚焦于绘画，但青铜古器成堆地出现并置于屏前（图3-37），在杜堇《玩古图》中，古器已经完全成为画面中心（图3-38）。需要特别注意的是，好古对于明代文人来说是一种文化特权，明人通过古物的获得实现文化地位，标榜文人身份[2]，说到底，明人将古物作为玩好之物并制造趣味，而无意于古器物研究本身，这与以复迫三代古礼为目的的北宋士大夫古物研究有着根本的区别。

　　至此，无论从同时期士大夫墓出土仿古器情况还是宋画中古器物的描绘均可看到，敦并非当时的常见器物，其普及程度远不及簋、豆、

1　有学者就明代博古画做过统计，参见郑艳：《明代中晚期博古题材在绘画中的表现和成因——以苏州和南京为例》，硕士学位论文，中央美术学院，2007。

2　关于这一观点，可参见［英］柯律格：《长物：早期现代中国的物质文化与社会状况》，高昕丹、陈恒译，生活·读书·新知三联书店，2015；［加］卜正民：《纵乐的困惑：明代的商业与文化》，方骏、王秀丽、罗天佑译，方骏校，广西师范大学出版社，2016。

上：图 3-37　明　仇英《人物故事图册——竹院品古图》绢本设色　故宫博物院藏
下：图 3-38　明　杜堇《玩古图》绢本设色　台北故宫博物院藏

鼎、簋、尊，且吕氏对于古器物的重视和虔诚态度，在当时乃至后代都堪称特例。那么，除了追三代之遗风、补经传之阙亡，古器对于吕氏家族自身而言有何特殊意义呢？

君子之器——吕氏家族随葬仿古敦的一个面向

敦在周制中为士之用，这是吕大临及其家族的共识，因此吕氏家族随葬敦符合其身份，且从出土情况来看，仿古敦主要出现在大字辈和山字辈两代家族成员的墓葬中，墓主分别为吕大圭、吕大忠、吕大临、吕景山、吕义山、吕至山。虽吕英墓也出土仿古敦，但据考古报告，这件瓷敦出土时内盛骨灰，其功能或与其他几件不同。此外，如前文所述，这些仿古敦多置于男性一侧，应为男性专属，但并非全部男性成员都随葬敦。吕氏家族未随葬敦的男性墓主有三类：一为早夭者，如吕大受、吕大观；二为在外征战途中，病故后归葬者，如吕大防、吕大钧；三为夫人下葬时丈夫健在者，如吕锡山、吕仲山和吕省山。由此可见，在吕氏家族内部，敦严格控制为男性使用，即便志趣相同的同辈成员，如果早夭或尸骨未下葬墓中，也不能随葬敦。如此严格的规范，在具体实践时，却又与真正的商周青铜敦有着诸多矛盾之处，甚至与吕大临《考古图》中记录的敦也多不相同。

将吕氏家族认知中的敦与三代青铜敦做对比则不难发现：材质上，吕氏家族墓仿古敦为石质，而不是三代礼器常见的青铜；时间上，敦为战国时期流行的新式礼器，为礼崩乐坏之后的新兴器物，而非儒家礼制的典型器；空间上，吕大临墓仿古敦与马家塬墓青铜敦较为接近，马家塬在战国时属西戎之地，而非中原儒家文化圈；文字上，吕氏家族墓仿古敦的铭文虽模仿金文以求古意，但明显与金文相去甚远，且西周青铜器铭文多刻在器物内壁，东周开始刻于外壁，而吕氏家族墓仿古敦的铭文均在器物外壁。以此来看，吕氏仿古器实践的诸多行为与真正的三代之"古"相差甚远。

(一) 青铜材质的消解

　　商周时期流行青铜礼器，青铜是等级的象征，是贵族身份的标志。罗泰曾注意到，早在西周晚期的曲村北赵晋侯墓地中已经出土成套青铜明器，其用意是为了让人想起古来的礼制活动，可能是为了炫耀氏族拥有如此地位的悠久历史，且不是特例。[1] 仿古明器还出现在一些礼制改革之后的墓葬中：仿铜陶礼器在东周墓葬中十分流行，战国至秦汉楚地墓葬中大量出现漆器仿铜礼器[2]，两汉时期陶器仿铜礼器在等级不高的墓葬中常有发现。吕氏虽无法看到今人的考古成果，但在古墓不断被发现的北宋，亦不排除吕氏曾见过类似先例。宋代实行禁铜政策[3]，对于吕氏来说，这种材质的替换，一方面符合其士人身份，避免僭越，另一方面又寄托了家族的古物理想。为何以石质代替青铜，或另有意涵。

　　石自东汉以来即是墓葬建造的重要材质，也是北朝隋唐以来贵族石棺、石椁的常用材质。石象征永极，可长久留存。北宋司马光在《书仪》卷七《丧仪·穿圹》中明确提道："葬有二法，有穿地直下，为圹置柩，以土实之者；有先凿埏道，旁穿土室，擡柩于其中者，临时从宜……然则古者皆直下为圹，而上实以土也。今疏土之乡，亦直下为圹，或以石、或以砖为葬，仅令容柩，以石盖之。……《丧葬令》：葬不得以石为棺椁及石室，谓其侈靡如桓司马者，此但以石御土耳，非违令也。"[4] 根据司马光的记载，当《丧葬令》明令禁止葬以石为棺椁和石室，而

1　［美］罗泰：《宗子维城：从考古材料的角度看公元前 1000 至前 250 年的中国社会》，第 111 页。

2　如湖北江陵马山一号楚墓、湖北襄阳擂鼓墩一号汉墓，以及马王堆一号和三号汉墓等。

3　如"太宗即位，诏昇州置监铸钱，令转运使按行所部，凡山川之出铜者悉禁民采，并以给官铸焉。"［元］脱脱等：《宋史》卷一百八十《食货志下二》，第 4376 页。

4　［宋］司马光：《书仪》，载《丛书集成新编》三五，第 36 页。

局部如石盖可以用石质且不违规的情况下，吕氏家族墓中大量出土石质器物，这与陕西蓝田盛产骊山石有关，更为关键的是，身为士大夫的吕氏家族，在严格遵守《丧葬令》规定的前提下，以石质制作器物随葬墓中，正如吕义山墓出土石鼎铭文所谓"以配永极"。此外，吕氏29 座墓均为竖穴土洞，而不用砖石砌成，正如第二章第二节中所讨论的，这既为地域传统，更为吕氏复古理想的具体体现。

　　还有一点需要特别注意的是，尽管两宋时期有明确的禁铜政策，但考古出土中不乏铜器，如北宋山西忻县田子茂墓 29 件随葬品中有 24 件青铜器，分别为茶杯、小碟、铜镜盒、铜镜、博山炉等 [1]。仿古铜器在南宋士大夫墓中常有出现，如浙江苍南县黄石墓 [2]（图3-22）、浙江金华郑继道母墓 [3]、浙江衢州史绳祖墓 [4]、福州茶园山许峻墓 [5]、江西峡江王应白墓 [6] 等，类型包括钟、壶、鼎、鬲等，虽尺寸较小且做工粗糙，但都为青铜材质。南宋窖藏中多发现有仿古铜器（图3-23），种类包括鼎、鬲、爵、壶、钫、尊、盘、卣、钟、觚等 [7]。相比之下不难发现，对于吕氏家族来说，以石模仿青铜礼器是一种主观选择，而非仅仅囿于朝廷限制；在模仿种类方面，如前文提到，吕氏家族墓多次出现的敦不见于上述两宋士大夫墓葬中。独特的器类和特殊的材质使得吕氏墓随葬的仿古器似古非古，饶有意味。

1　冯文海：《山西忻县北宋墓清理简报》，《文物参考资料》1958 年第 5 期，第 49—50 页。

2　叶红：《浙江平阳县宋墓》，《考古》1983 年第 1 期。

3　赵一新、赵婧、蒋金治：《金华南宋郑继道家族墓清理简报》，《东方博物》2008 年第 3 期。出土青铜方鼎式炉高 14.5 厘米。

4　崔城实：《浙江衢州市南宋墓出土器物》，《考古》1983 年第 11 期。

5　郑辉：《福州茶园山南宋许峻墓》，《文物》1995 年第 10 期，第 22—33 页。

6　赵国祥、毛晓云：《峡江清理两座古墓》，《江西历史文物》1986 年第 2 期，第 33—35 页。

7　庄文彬：《四川遂宁金鱼村南宋窖藏》，《文物》1994 年第 4 期；杨文成等：《四川彭州宋代青铜器窖藏》，《文物》2009 年第 1 期；另见中国国家博物馆主编《宋韵：四川窖藏文物辑粹》；王宣艳主编，浙江省博物馆编《中兴纪胜：南宋风物观止》。

（二）形制的来源

　　吕氏家族墓出土的仿古敦在形制上虽与《考古图》中记载的古敦有一定相似之处，但没有一件能完全对应，如吕义山墓和吕景山墓出土石敦，似为散季敦去掉三足后的变体，与螭耳敦比较接近，但螭耳敦繁复的装饰在吕氏家族墓出土石敦上被替换成了通体铭文。可见，吕氏虽家富收藏，但在仿制古器时并没有严格遵照某一特定的三代礼器，而是从不同类型器物中汲取灵感，如吕大临墓、吕大圭墓石敦外翻的三蹄足，可见于唐代陶器、金银器，如唐恭陵哀皇后墓出土红釉带盖三足罐、三牛图三足罐，西安东郊国棉五厂 65 号墓出土三足银罐（图3-39）。再如吕大圭墓出土的石敦腹壁上饰有环带状铭文，这样的形式并不常见，在吕大临《考古图》中找不到类似实例，但与河南省潢川县和光山县出土的"伯亚臣"罍（图3-40）和"黄君孟"罍的铭文形式较为相似，且在铭文的格式和内容上，与"伯亚臣"罍基本相同，说明吕氏很可能见过类似古器。从上述例证中可以看出，吕氏家族墓出土的仿古器是根据其当时所见古器中不同元素进行选择性拼凑而成，是一种再创造，而非对于某一特定古器的直接模仿。

　　此外，除出土品外，吕氏家族墓被盗古器有着相对一致的地域风格。如折耳带盖圆鼎（敦）与马家塬墓地出土的青铜鼎（图3-3）十分相似，均由盖和器身组成，盖沿窄平，向内出沿，弧面，上有三个带小凸起的环形钮，器身敛口，双附耳，弧腹，腹中部饰凸弦纹一周，圜底，三蹄足，此类鼎为战国时期中原北方地区青铜鼎的典型样式；鱼虎纹带盖小鼎（敦）与陕西凤翔县上郭店出土的带盖小铜鼎[1]（图3-6）无论是形制、尺寸还是重量，都几乎一样；乳钉纹簋在形制、尺寸和装饰纹样上，与宝鸡一带出土的乳钉纹簋（图3-5）非常相似，如外壁口沿下饰首尾相接的夔龙纹三组，腹壁为方格乳钉纹，圈足上部饰饕餮纹，

---

[1] 详见张懋镕、师小群：《收藏世家 珍玩荟萃——陕西蓝田吕氏家族墓地出土青铜器撷英》。

图 3-39　三足银罐　高 5.6cm　西安东郊国棉五厂 65 号墓出土

具有典型的关中特色。由此可见，吕氏家族墓随葬古器多为中原北方风格，尤其可在周至北宋时期的关中地区看到类似风格的器物。吕大临在《考古图》中图绘器物时也首先标出其地域来源，大多来自京兆、洛阳、开封等地，京兆和洛阳为周代都城所在，如"散季敦得于永寿，永寿在豳、岐之间，皆周地"[1]，可见吕大临对于古器出土地的重视，而古器的重要程度与其所属地域有着直接关系。这种较强的地域意识，在吕氏家族古物和礼制实践中起到了十分重要的作用。

（三）铭文的意图

　　吕大临在《考古图·自序》中明确提道："（古器）形制文字且非世所能知，况能知所用乎"，可见时人对于金文多已不能辨识。北宋时期识别古文字是一门高深的学问，而吕氏在古器和仿古器上加刻这一

---

1 〔宋〕吕大临等：《考古图·外五种》，第 33 页。

图 3-40 "伯亚臣"罍 春秋 高 25.8cm 口径 20.2cm 河南潢川县上游岗乡老李店磨盘山出土

"非世所能知"的文字，既为追求古意，更为显现自身学识。关于吕氏家族墓出土古器和仿古器所刻铭文问题，考古报告推测，吕氏家族成员在古器上加刻仿金文并随葬于墓中的行为与金人攻入有关[1]。这一猜测不无道理，且根据蔡絛记载，金人攻入后，"先王之制作，古人之风烈，悉入金营"[2]，但吕氏家族墓中最晚入葬时间为 1117 年，距金人攻入尚有十年时间，因此金人攻入或许并非吕氏家族成员埋葬古器的直接原因。许雅惠提出吕氏族人前所未见地在古器上加刻铭文，一方面是为了宣示所有权，另一方面是为了彰显吕氏家族积累数代的古器研究传统，以对抗朝廷。[3]这一观点颇具洞见，但论证不甚充分。除此之外，还有几点也非常值得关注，如仿古器为何也刻有仿金文且为外向铭文，

---

1 陕西省考古研究院、西安市文物保护考古研究院、陕西历史博物馆编著《蓝田吕氏家族墓园》，第 1162 页。
2 〔宋〕蔡絛：《铁围山丛谈》，第 80 页。
3 许雅惠：《宋代士大夫的金石收藏与礼仪实践——以蓝田吕氏家族为例》，载浙江大学艺术与考古研究中心编《浙江大学艺术与考古研究》（第三辑），第 153—154 页。

这些铭文包含了哪些内容？除宣示所有权对抗朝廷外，是否还有其他指向？关于这些问题，可以从字体形式、铭文位置和铭文内容三个角度来看。

吕大临《考古图》中收录的三代古器大都刻有铭文，且从图谱和模拓可知，铭文多在器物内部，对于这一点，吕大临应十分明确，且他对金文风格有一定认知。就目前考古发掘的商周青铜器来看，铭文一般位于器物内壁，如毛公鼎、史墙盘。商代青铜器铭文以 1 至 6 字为多，记作器之人及为谁作器 [1]，也用于标记器主族氏、用途等。而长篇铭文在西周时才开始出现，铭文刻于器物外壁的例子目前可见较早的有战国中山王𰻝墓出土的中山王𰻝鼎 [2] 和𰻝方壶 [3] 等。字体方面,商和西周器多铸款，字画肥，春秋以后多刻款，字画瘦。[4] 目前吕氏墓出土古器与仿古器的铭文都位于器物外壁，字体相对方正，暂且不论技术问题，这一做法与周礼拉开距离，或有其特殊目的。当然，吕氏在器物上加刻仿金文的做法在两宋时期并非特例，南宋福州茶园山许峻墓出土鼎形镜镜背铭文以仿金文铸 "八面玲珑，一尘不染" [5]，体现出时人追求复古的整体风尚。

吕氏家族墓出土古器和仿古器的铭文位置，根据不同特征可分为三类：一类是通篇铭文刻在器物外腹壁，正视器物即可看到，较为直观，如吕大临墓的石敦 (图3-41)、吕义山墓的石敦和石鼎 (图3-42)；一类是以环状形式刻在外壁口沿一圈，阅读文字需要观者移动身体或将器物转动，如吕大圭墓出土石敦 (图3-43)；还有一类以固定格式刻在器物外底正中或侧方边沿，这类铭文相比前两类较为隐蔽，需将器底反转

1　容庚:《商周彝器通考》，第 62 页。

2　自盖至腹有铭文 469 字，记录了制鼎时间和当时的一些历史事件，详见河北省文物研究所:《𰻝墓——战国中山国国王之墓》，文物出版社，1996，第 111 页。

3　记录方壶制作的时间和当时的政治事件等，详见上书，第 118 页。

4　容庚:《商周彝器通考》，第 67 页

5　郑辉:《福州茶园山南宋许峻墓》，《文物》1995 年第 10 期，第 22—33 页。

图 3-41　吕大临墓出土石敦铭文位置

或仔细观察边沿才能看到，如吕景山墓出土石敦（图3-44），以及被盗品折耳带盖圆鼎（敦）、鎏金錾花匜、折腹圆盘、乳钉纹簋、鱼虎纹带盖小鼎（敦）和朱雀熏炉，尤其是折耳带盖圆鼎（敦），器底的五行仿金文中间有墨书勾勒边框痕迹，应为提前打草稿所用，三足中间还有一个明显的方格勾画。以上三类铭文形式的差异，与具体字数有关，更与功能有关。如仿古器以长篇铭文或环带形式刻在器物外壁，首要功能是记事，同时具有一定装饰性，可看作器物的一部分。铭文的镌刻与器物的制作往往具有共时性，铭文与器物形成一个整体；而以规整的排列方式将铭文刻在器物外底部或边沿，铭文的镌刻与器物的制作往往不同时，具有历时性，有如签名以标榜器物属性，如吕景山墓西椁室东侧出土的三足歙砚底部铭文，它既是对歙砚归属的认定，更是对吕景山文人身份的标榜。归为吕至山墓出土的三件被盗古器上的铭文，在性质上也应属于这一类，即是对吕氏古器物研究家学的标榜以及对古器所有权的宣示。这种刻铭方式尤为宋人所熟悉，如《洞天清录》

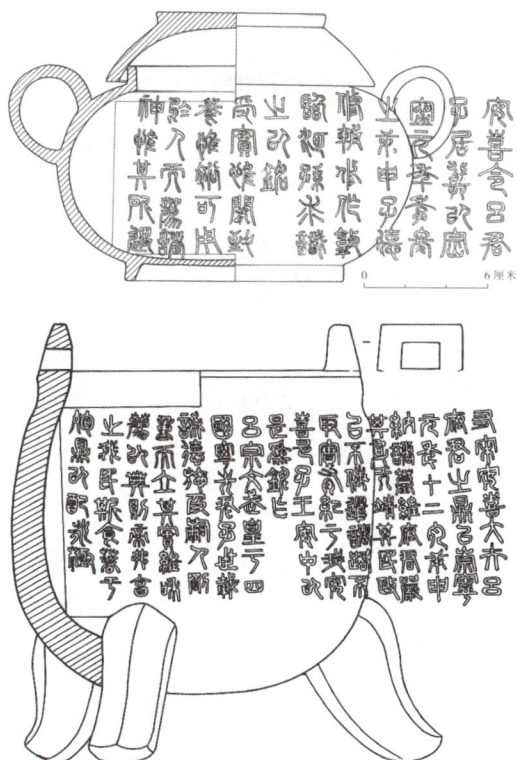

图 3-42
上：吕义山墓出土石敦铭文位置
下：吕义山墓出土石鼎铭文位置

图 3-43　吕大圭墓出土石敦铭文位置

图 3-44 吕景山墓出土石敦及其铭文位置

中记录黄庭坚的乌石研屏时曾记:"古无研屏,或铭研,多镌于研之底与侧。"[1] 前两类与第三类的重要区别更在于,前两类铭文形式都附属于仿古器,而第三类则为古器上铭文的常见形式。

从古器、仿古器制作时间和埋葬时间上的规律特征,或可部分解释上述铭文镌刻方式的差异和吕氏随葬古器的原因。据蔡絛《铁围山丛谈》记载,大观初徽宗朝作《宣和博古图》,大力搜求古物,并在政

---

1 〔宋〕赵希鹄:《洞天清录:外二种》,第 34 页。

和时达到最盛[1]，这势必会对当时士大夫的古物收藏产生重创。吕氏家族墓中，吕英墓首次埋葬时间为皇祐二年，即 1050 年，后两次迁葬，熙宁七年，即 1074 年，迁葬太尉源；吕大临墓出土石敦的撰铭时间为元祐八年，即 1093 年，吕大忠葬于元符三年，即 1100 年，吕义山的埋葬时间是崇宁元年，即 1102 年，石敦至迟在 1102 年已经完成。这四座墓出土石敦的制作时间都在宋徽宗大观初年开始建立内府古器物收藏之前，当时士大夫家族收藏并没有面临太大危机，加之吕大临不以器为玩好，应将古器留与后世的信仰，因此在大观元年（1107）之前埋葬的吕氏家族墓中，没有随葬古器，也没有刻意强调仿古器的归属，但经过大观年初编撰《宣和博古图》，政和时期宫廷购求古器达到高峰，若将吕大临《考古图》与《宣和博古图》比对则不难发现，吕氏家族收藏的父己鬲和散季敦在徽宗朝都进入宫廷收藏，可以想见宫廷购求古器对于吕氏收藏的威胁，因此在政和元年（1111）及之后下葬的墓中，吕氏开始以真古器随葬，而对于这些真古器，他们没有像对待仿古器那样，将铭文直接通篇刻在器物外腹壁，而是在不破坏器物整体的前提下，以相对隐蔽的方式刻在器底或边沿，铭文字数也相对减少，只简单标明时间、制作者和赠予者，省去赞美之词，甚至减省至 1 个或 2 个字，如"牧""自牧"，有如鉴赏书画后的题款，既有赏鉴之意，又标榜了器物的所有权。有一特例需注意，吕大圭于政和丁酉（1117）下葬，虽时间为政和元年后，但墓中未见真古器随葬，或与大字辈成员不以器为玩好的信仰有关[2]。

1　"……及大观初，乃傚公麟之考古，作宣和殿博古图，凡所藏者，为大小礼器，则已五百有几。世既知其所以贵爱，故有得一器，其直为钱数十万，后动至百万不翅矣。于是天下塚墓，破伐殆尽矣。独政和间为最盛，尚方所贮至六千余数，百器遂尽。见三代典礼文章，而读先儒所讲说，殆有可哂者。始端州上宋成公之钟，而后得以作大晟，及是，又获被诸制作，于是圣朝郊庙礼乐，一旦遂复古，跨越先代。"详见〔宋〕蔡絛：《铁围山丛谈》，第79—80 页。

2　吕大临墓出土石敦为吕大圭制作撰铭，可推测二人关系密切，志同道合，因此吕大临不以器物为玩的信仰或也为吕大圭认同。

形式之外，最应该关注的是仿古器铭文的内容本身，除几件敦铭文只标明时间、制作者和赠予者外，吕氏墓仿古器铭文多明确提到或暗指"君子"。如吕大圭墓出土的仿古敦铭文："受实惟宏，致养惟备，于以奠之，君子所器"；吕大临墓出土仿古敦铭文："嗟乎，吾弟任重而道远者夫"，"任重而道远"取自《论语·泰伯章》中曾子曰："士不可以不弘毅，任重而道远"，即作为士人、君子，要有广大的胸怀和坚韧的品格，担当重任，路途遥远。此外，吕景山墓西椁内东侧出三足歙砚，底部铭文也明确提及"君子"，即"贞而温，净而泽，君子似之。同瘗于岁，亿万斯年，惟以诒后人"。这些铭文一方面体现吕氏注重自身修养德行，另一方面也体现其对于"君子"的重视。吕大临在《中庸后解》中提到德行与功名："孔子曰：'古之学者为己，今之学者为人。'为己者，必存乎德行，而无意于功名，为人者，必存乎功名，而未及乎德行。"[1]对吕氏家族墓志做粗略的统计便可以看到，墓志中出现最多的关键词除了"礼""古"，就是"君子"，墓志中还常出现"忠信""道义""待人以诚""诚德君子"，这些都是君子应具备的品格。从这一点来看，前文论述中吕氏家族墓随葬仿古敦与古的诸多分歧便很好理解了：或许在吕氏家族心中，这些敦虽然源自古代，寄托制度法象和圣人之精义，但更为重要的是，它们是"君子之器"，是吕氏家族成员区别于其他士大夫的重要标榜。吕氏家族的仿古器实践，从某种意义上讲，更是其修身养德的重要途径。

苏轼给王诜"宝绘堂"所作记文中的一段论述，为我们了解北宋时期士大夫对君子与物的态度提供了重要参照："君子可以寓意于物，而不可以留意于物。寓意于物，虽微物足以为乐，虽尤物不足以为病。留意于物，虽微物足以为病，虽尤物不足以为乐。……凡物之可喜，足以悦人而不足以移人者，莫若书与画。然至其留意而不释，则其祸

1　陈俊民辑校《蓝田吕氏遗著辑校》，第 638 页。

有不可胜言者。"[1] 这段话中苏轼重点阐释了对于"物"的态度，即欣赏寓意而非占有，在赏鉴之余保持距离，不"役"于这些身外之"物"，而这一态度的施动主体是"君子"。苏轼的这一观点很可能是当时相当一部分志趣相投的士大夫间的共识。苏轼与蓝田吕氏家族成员交往密切：嘉祐年间，苏轼登第时吕大钧中进士乙科；元祐年间，苏轼与吕大防同朝为官，苏轼曾多次为吕大防写制词，皆为褒扬赞美之词；苏轼在外任职期间，与吕大防书信来往不断，且吕大防信中常表示对苏轼的欣赏，肯定苏轼的才华。[2] 此外，苏轼还曾为吕大临作《吕与叔学士挽词》[3]，言语间流露出对吕氏兄弟的高度评价与吕氏兄弟境遇的惋惜。由此可以想见，苏轼与吕氏兄弟势必有着很多共同的志趣和主张，而苏轼"君子寓意于物但不执迷于物"的观念，也很可能为吕大临等吕氏兄弟所赞同。以此反观吕氏家族墓随葬仿古敦似古非古的特殊形式，以及在宋徽宗宫廷大力搜求古物的危机下，山字辈成员在古器边沿位置刻上"自牧"随葬墓中的做法，或许正是这一观念的具体体现，而在这一层面上，古器和仿古器之于吕氏兄弟，除其复"古"理想外，更重要的是"君子之器"。

1　〔宋〕苏轼：《宝绘堂记》，载〔宋〕苏轼：《苏轼文集》卷一一，第 356—357 页。

2　李如冰：《吕大防与苏轼》，《文史知识》2010 年第 1 期，第 76—81 页。

3　"言中谋猷行中经，关西人物数清英。欲过叔度留终日，未识鲁山空此生。论议凋零三益友，功名分付二难兄。老来尚有忧时叹，此涕无从何处倾。"详见陈俊民辑校《蓝田吕氏遗著辑校》，第 4 页。

第三节

林钟之磬
——蓝田吕氏家族墓出土仿古磬

　　蓝田吕氏家族墓有 6 座墓随葬仿古磬，在墓葬分布上占比最多。磬均为青石材质，表面磨光，磬折处有悬孔，形制大体相似，尺寸和倨句稍有不同，多刻有铭文并自名，尤以吕大雅墓仿古磬铭文字数最多。除吕氏墓外，迄今为止发掘的宋墓中均未见磬，那么就吕氏而言，谁随葬了磬，磬又作为何用呢？

簴虡的缺失: 明器

　　吕大雅、吕大圭、吕大忠、吕大钧、吕景山和吕义山夫妇墓各出土 1 件仿古磬 (图3-10)，这 6 件仿古磬中，除吕大钧夫妇墓石磬外，其余 5 件均出土于男主人墓室或棺内。据铭文可知，磬的制作者为山字辈和修字辈，即墓主的子孙辈，如吕大雅石磬的制作者为吕大雅子吕仲山，铭文和挽词撰写者分别为吕景山、吕仲山、吕锡山、吕德修和吕辅修。其中吕锡山为吕大忠之子、吕德修和吕辅修为吕义山之子，吕义山又为吕大钧之子。以上 8 人中，吕仲山、吕锡山、吕德修在墓

图 3-45　吕景山墓中磬和敦出土位置

园修成时尚在世，除吕辅修外[1]，其余 4 人墓中均随葬石磬，可见磬的制作和随葬行为较为集中于大字辈及其子辈[2]。如前文所述，大字辈为吕氏家族中最显赫的一辈，尤以"四吕"博学好古著称，随葬石磬正是吕氏追三代遗风、践行复古理想的具体体现。

　　随葬仿古磬的 6 座墓中，有 4 座墓同时随葬仿古敦，其中除吕大圭墓外，其余 3 座墓中敦和磬出土时的摆放位置相近。如吕景山墓中，二者毗邻于西棺内（图3-45）；吕大忠墓中均位于前室中部；吕义山墓中均出土于西室西壁，此处还摆放有仿古鼎。（具体见附录5）这些仿古器表大多也刻有铭文，除自名外，记录制作者、制作时间、随葬者和挽词，处理方式几乎与石磬一致。吕氏墓中仿古器多集中摆放，呈现出一定

1　吕辅修早亡，其墓葬情况不明。
2　并非所有大字辈成员墓中都随葬仿古器，如早卒并二次迁葬的吕大章、吕大受、吕大观，三人均卒于1074 年吕氏墓园迁葬之前。另，吕大防病卒在外，墓园中仅设衣冠冢。

规律，具有相同功用。吕大雅仿古磬铭文明确指出其是为死者专门制作的明器："其孤仲山斫石以林钟之磬，备物而纳诸圹中。"本章第一节已对吕氏墓仿古器的性质做了专门讨论，此处仅就仿古磬作为明器做一点补充。

从出土时的摆放方式和具体形态上看，6 件仿古磬出土时均为平放而非悬挂，皆无簨虡，穿孔较小且穿孔处粗糙，与礼乐活动中磬的使用方式完全不同。关于这一点，吕大雅石磬的铭文"毋簨毋虡，弗击弗拊兮，又以伤君之不试"已明确指出。这段铭文取自《礼记·檀弓》："有钟磬而无簨簴，其曰明器，神明之也"[1]，即主张按照神明意旨制作明器送给死者，明器要与生人所用器物有所区别，钟磬用作明器时，不做悬挂的支架，不能真正使用。《礼记》是宋代科举进士考试科目之一[2]，宋代士人多有研读，吕大临曾著有《礼记解》，因此吕氏家族在制作石磬时很可能受到《礼记》的影响。吕氏严格遵循"貌而不用"的明器观念，既已明确仿古磬作为明器的性质，那么其形制上有着怎样的特征呢？

倨句之形：特磬

甲骨文中"磬"(图3-46) 像一人执槌击悬于簨虡之磬。《说文解字》记："磬，乐石也，从石，殸象悬虡之形。"[3]磬有特磬和编磬之分，单个使用者为特磬，成组者为编磬；尺寸上，"磬大则特悬，小则编悬"[4]。蓝田吕氏 6 座墓中出土石磬均为特磬，倨句多呈直角或稍大，鼓长多为

1　〔清〕阮元校刻《十三经注疏》，第 2793 页。
2　"凡进士，试诗、赋、论各一首，策五道，帖《论语》十帖，对《春秋》或《礼记》墨义十条。"见〔元〕脱脱等：《宋史》卷一五五《选举志一》，第 3604 页。
3　〔汉〕许慎：《说文解字》卷九下，第 195 页。
4　〔元〕马端临：《文献通考》卷一百三十五《乐考八·石之属》，第 4133 页。

50 厘米左右，股长多在 30—40 厘米间，只吕
景山和吕大忠墓石磬尺寸较小，鼓长 20 厘米左
右，而吕大忠墓石磬，又小又薄。

　　虽蓝田吕氏家族墓出土石磬为目前宋墓中
仅见，但磬在同时代文献中不乏记载。如宋仁
宗钟爱石磬，曾"遣使采泗滨浮石千余段以为
悬磬"[1]。《宣和博古图》收录磬四器 (图3-47)，形
式上均为象形；沈括《梦溪笔谈》的"肺石"
条亦以象形为记[2]。相比之下，吕氏墓出土石磬
为磬折倨句之磬，而非象形之器，吕大临《考
古图》"钟磬錞"类下收录的唯一一例——造
磬 (图3-48) 即为此类。不同的是，造磬倨句约成
135 度，而吕氏墓仿古磬倨句多成直角或稍大，
二者存在差异。另如前文指出，吕氏墓出土仿
古敦与《考古图》收录同类器也不尽相同，显然吕氏并没有参照同一
样本制作。更为有趣的是，吕氏墓中出土最多的两类仿古器，分别为
《考古图》中收录最少和差异最大者，这一现象为吕氏随葬仿古器的行
为更添了一些意味。在探究这一意味之前，应了解磬在宋代礼乐文化
中有着怎样的位置。

图 3-46　甲骨文"磬"

1　〔元〕脱脱等：《宋史》卷一百二十六《乐志一》，第 2950 页。
2　"长安故宫阙前有唐肺石尚在，其制如佛寺所击响石，而甚大，可长八九尺，形如垂肺，亦有款志，但
　　漫剥不可读。"见〔宋〕沈括：《梦溪笔谈》卷十九"器用"，金良年点校，中华书局，2015，第 185 页。

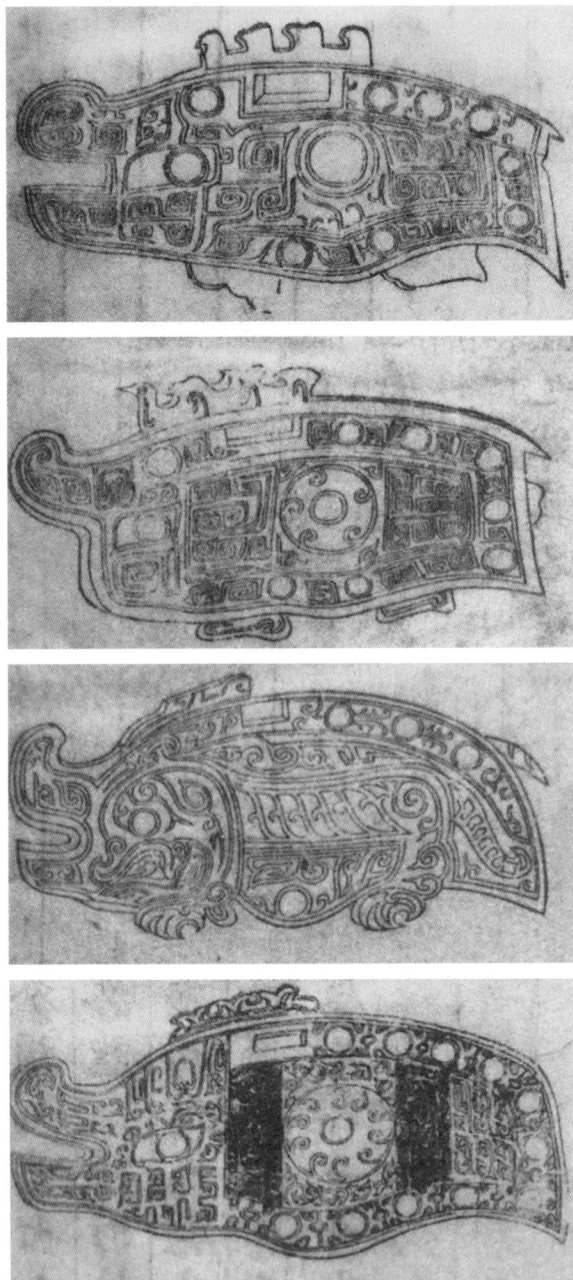

图 3-47 《宣和博古图》收录磬四器
由上至下分别为周雷磬一、周雷磬二、周琥磬、周云雷磬

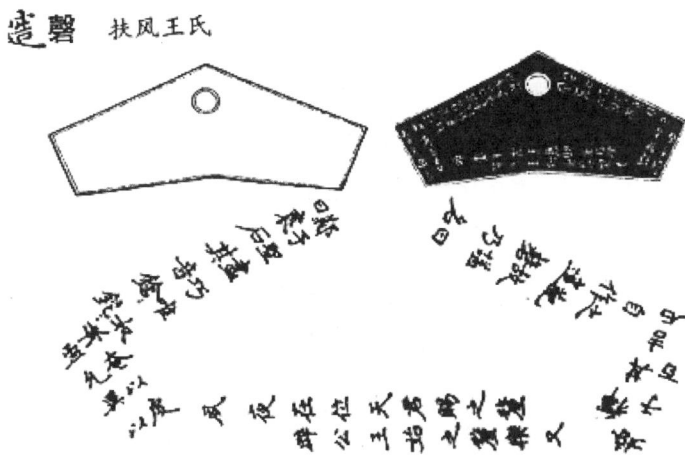

图 3-48 吕大临《考古图》收录扶风王氏藏"造磬"

磬的缺席与再现

北宋自建立之初就十分注重礼乐建设,自建隆讫崇宁曾六次改乐,前后有和岘乐、李照乐、阮逸乐、杨傑刘几乐、范镇乐、魏汉津乐[1]。乐律问题是历次改作的核心,但六次乐改中,诸家各执一说,未形成"不易之论"。如景祐五年(1038)韩琦进言李照所造乐不依古法,皆率己意,宋绶就此提出希望依照韩琦之请,郊庙复用和岘旧乐[2];皇祐三年(1051)两府及侍臣在紫宸殿观新乐,在场大臣议论今磬在形制上与古代磬氏为磬不符。[3]直到 11 世纪 60 年代,制乐成效依然甚微,正如刘敞曾感慨:"朝廷欲正太乐,先定律吕,自景祐至今近三十年,而功不

---

1 〔元〕脱脱等:《宋史》卷一二六《乐志一》,第 2937—2938 页。
2 〔元〕脱脱等:《宋史》卷一二七《乐志二》,第 2961 页。
3 同上书,第 2967—2968 页。

就。"[1]

元祐时期，范镇在《乐论》自序中明确提到"诸儒难问乐之差缪"，并据《周官》等书指出今磬与古律的差别："（其所作）十二磬各以其律之长而三分损益之……今之十二磬，长短、厚薄皆不以律，而欲求其声，不亦远乎"[2]。范镇还指出当时国朝祀天地、宗庙及大朝会只设镈钟，唯后庙用特磬的现象，遂特磬为无用之乐，并请求"凡宫架内于镈钟后各加特磬，贵乎金石之声小大相应"[3]。范镇作《乐论》的时间为元祐三年，即 1088 年，其论说反映出北宋建立百余年间，磬的形制和乐律始终未成定制，与古相差甚远，因此异议不断。范镇指出的当时皇家祭祀和朝会中忽视磬的现象，反映了当时磬在皇家礼仪实践中的缺失，更反映出当时磬已脱离其作为乐器的实际演奏功能，虽历次改乐中争议不断，但磬的意义早已仅存于观念层面。文献之外，《毛诗图》等宋画中对于磬的描绘提供了更为直观的观察视角。

《毛诗图》是为《诗经》配图所作，《诗经》为西周至春秋时期的诗歌总集，分为"风""雅""颂"。《诗经》作为儒家经典，曾是周代以来宫廷雅乐的重要内容，早在战国时期的器物铭文上已被大量引用[4]。其中"颂"为宗庙祭祀之乐，描绘周代祭祀的场景中常绘有钟磬，如《周颂闵予小子之什图》《诗经·周颂诗篇图》和《周颂清庙之什图》。

故宫博物院藏《闵予小子之什图》为描绘《周颂》的绘画之一，其中"载芟"部分（图 3-49）右侧绘祭祀活动，两个祭坛前由右至左绘悬架之钟、磬、鼓，并置于室外空间，其中六面鼓为灵鼓，鼓社祭[5]，祭

1　〔宋〕刘敞：《彭城集》卷三十五，载王云五主编《丛书集成初编》，第 474 页。

2　〔元〕脱脱等：《宋史》卷一二八《乐志三》，第 2989—2990 页。

3　同上书，第 2990—2991 页。

4　如中山王墓出土铜器的铭文大量引用了《诗经》中"雅"的部分。见吴霄龙的研究：Xiaolong Wu, *Material Culture, Power, and Identity in Ancient China*, Cambridge University Press, 2017, pp.149—170, pp.204—208；李学勤、李零：《平山三器与中山国史的若干问题》，《考古学报》1979 年第 2 期，第 147—170 页。

5　〔宋〕聂崇义：《新定三礼图》，浙江人民美术出版社，2015，第 100 页。

祀地祇的方丘乐用灵鼓[1]；磬为特悬磬，钟为特悬钟，均为黄钟律[2]，钟磬尺寸较大以区别于编磬、编钟。特悬钟右侧绘礼仪官执帗舞[3]准备向左行进。画面右侧文字题记："载芟，春籍田而祈社稷也。载芟载柞，其耕泽泽。千耦其耘，徂隰徂畛。侯主侯伯，侯亚侯旅，侯彊侯以。有嗿其饁，思媚其妇，有依其士。有略其耜，俶载南亩，播厥百谷。实函斯活，驿驿其达。有厌其杰，厌厌其苗，绵绵其麃。载获济济，有实其积，万亿及秭。为酒为醴，烝畀祖妣，以洽百礼。有飶其香。邦家之光。有椒其馨，胡考之宁。匪且有且，匪今斯今，振古如兹。"该段记录了春籍田和祈社稷两部分内容：春籍田记录周人农事活动从开垦到播种，再到收获的过程；祈社稷部分记录祭祖祈福的场景，文字间除描绘具体的劳作内容外，十分注重对家族内长幼有序、全员参与的描写，如"主""伯""亚""旅"等，是周代宗族社会的具体体现。虽然文字中籍田的篇幅占三分之二，祭祀部分仅占三分之一，且没有对祭祀场景和陈设器具的具体描写，但绘画中将二者平均分布且根据当时能掌握到的礼仪知识将祭祀活动具体视觉化，加上了祭坛、钟、磬、鼓和一系列祭器，显然在复现周代社会上——相比于农事活动——画家更注重对祭祀仪式的再现，且相较于祭坛上笾、豆一类祭器，位于前排的钟、磬、鼓被描绘得更加具体显眼，以此突出祭祀空间的营造。相同图式还见于上海博物院藏《诗经·周颂诗篇图》"载芟"部分，不赘述。

　　辽宁省博物馆藏《周颂清庙之什图》(图3-50)中有八段绘有祭祀场景，除"时迈"和"维天之命"外，其余六段均绘有磬，分别为："清庙"绘祀文王、"维清"绘缉熙文王之典、"昊天有成命"绘郊祀天地、

1　〔宋〕聂崇义：《新定三礼图》，第 65 页。

2　同上书，第 78—79 页。

3　见帗舞社稷之祭祀，同上书，第 104 页。

图 3-49 （传）南宋 马和之 《闵予小子之什图》之"载芟" 绢本设色 故宫博物院藏

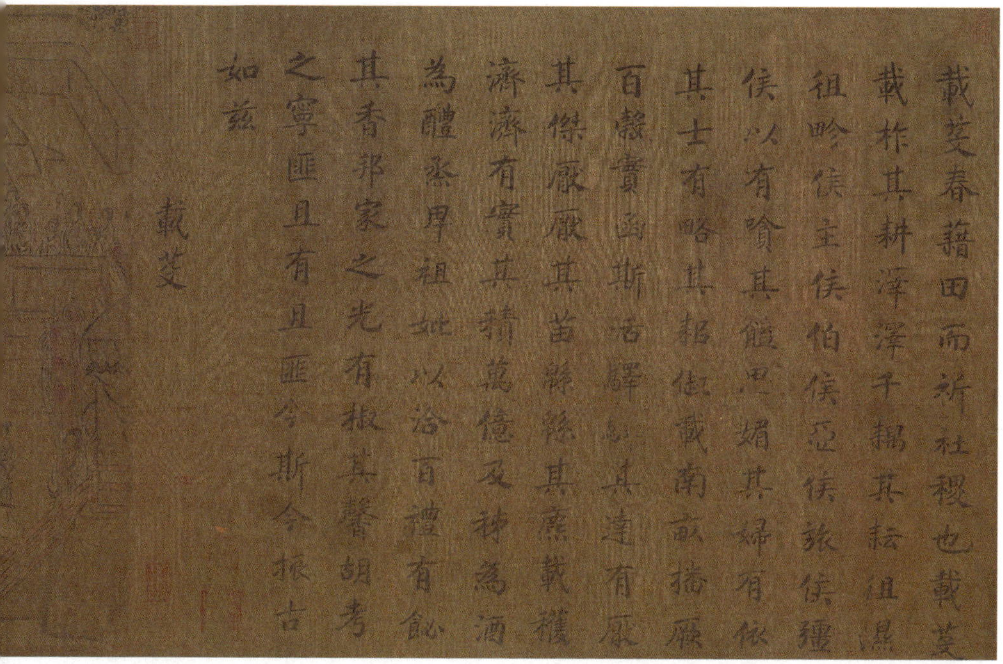

載芟春藉田而祈社稷也載芟
載柞其耕澤澤千耦其耘徂隰
祖畛侯主侯伯侯亞侯旅侯彊
侯以有喻其饁思媚其婦有依
其士有略其招俶載南畝播厥
百穀實函斯活驛驛其達有厭
其傑厭厭其苗緜緜其麃載穫
濟濟有實其積萬億及秭為酒
為醴烝畀祖妣以洽百禮有飶
其香邦家之光有椒其馨胡考
之寧匪且有且匪今斯今振古
如茲

載芟

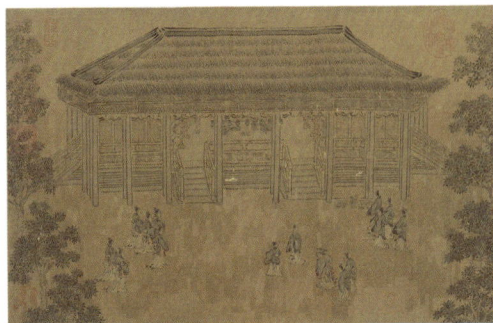

1

2

5

6

图3-50 （传）南宋　马和之　《周颂清庙之什图》局部　绢本设色　辽宁省博物馆藏
从1至8依次为"清庙""维清""昊天有成命""我将""执竞""思文""维天之命""时迈"

3

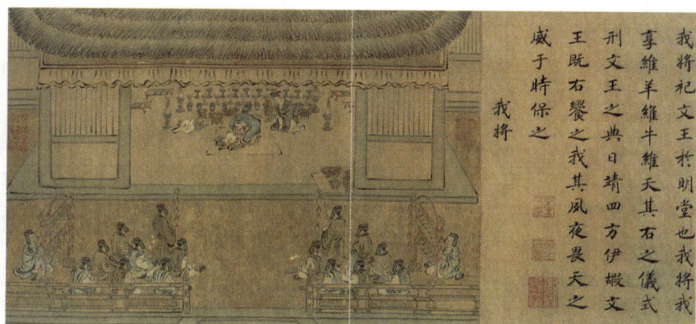

我將祀文王於明堂也我將我
享維羊維牛維天其右之儀式
刑文王之典日靖四方伊嘏文
王既右饗之我其風夜畏天之
威于時保之
我將

4

7

8

"我将"绘祀文王、"执竞"绘祀武王、"思文"绘后稷配天，六段中有四段为祭祀祖先，两段为祭祀天地，可见在这幅画中，磬出现在祭祀祖先和天地仪式中。"时迈"为祭山川，因此未绘磬，至于"维天之命"为何也不见磬，下文详述。

在具体形制和使用方式上，有编磬和特磬之别："维清""昊天有成命"和"我将"三段绘编磬，均为一簴虡悬十二磬，而非郑玄注《周礼》云："二八十六枚而在一虡"[1]，但陈旸《乐书》中记编磬为一簴虡十二枚[2]；"执竞"和"思文"两段绘特磬，磬尺寸稍大悬于簴虡上；另"清庙"一段兼绘特磬和编磬，皆位于清庙内。

绘编磬的画面中，一般表现编磬演奏场景，即绘有敲击编磬的演奏者，并同时绘有正在拜祭的祭祀者，暗示祭祀仪式正在进行中，仅"维清"一段虽绘编磬演奏，却未绘拜祭者，从其右侧文字可知，此段表现的是"辑熙文王之典"，即歌颂文王之德，描绘的重点是"奏《象舞》"而非祭祀场景。《象舞》为"象用兵时刺伐之舞，武王制焉"，孔颖达《正义》曰："《维清》诗者，奏《象舞》之歌乐也，谓文王时有击刺之法，武王作乐，象而为舞，号其乐曰《象舞》。"[3]显然，此时乐舞已开始，祭祀者很可能已进入庙中，画面所绘编钟、编磬位于同排而非分列两侧，与明确绘有祭祀场面的"昊天有成命"和"我将"两段中钟磬的位置不同，可见此幅中绘编钟、编磬以表现"奏"，主要为突出《象舞》而设，而非衬托祭祀场面，整幅画面几乎全被乐舞占据，祭祀部分完全省略。以此反观"维天之命"一段即可理解为何该段未绘磬（图3-50：7）。该段虽表现的也为祭祀仪式，祭祀者正走向宗庙，但其题记开头依《毛

---

1 《周礼》记："凡县钟磬，半为堵，全为肆"，郑玄注："钟磬者，编县之，二八十六枚而在一虡"。见〔汉〕郑玄注，〔唐〕贾公彦疏，黄侃经文句读《周礼注疏》，上海古籍出版社，1990，第353页。

2 〔宋〕陈旸：《〈乐书〉点校》（上册）卷一百一十二《乐图论》，张国强点校，中州古籍出版社，2019，第523页。

3 《毛诗正义》卷一九之一《周颂·维清》，载〔清〕阮元校刻《十三经注疏》，第1250页。

图 3-51　（传）南宋　马和之　《鲁颂图》之"有駜"　绢本设色　辽宁省博物馆藏

诗序》录"太平告文王"，意在称颂文王应天之命和文王之功德，不同于其他几段绘磬的画面题记开头即明确写有"祀"（文王 / 武王 / 天地），可见画家严格按照文字记录进行创作。

　　绘特磬的画面中，一般特磬静置于庙内或郊外，未被敲击，拜祭者正走向宗庙，暗示祭祀仪式即将开始，如"清庙"和"思文"两段（图 3-50：1、6），但"执竞"一段特磬旁绘演奏者，并伴有鼓、琴、笙等乐器，这一特例或与画面右侧文字中"钟鼓喤喤，磬筦将将"一句明确描写奏乐场面有关。另《鲁颂图》"有駜"一段（图 3-51）奏乐场面中所绘特磬也用于演奏。"有駜"颂僖公君臣之有道，记录僖公伐楚凯旋后的君臣宴乐活动，其中"振振鹭，鹭于下，鼓咽咽，醉言舞，于胥乐兮"一段，孔颖达引郑玄笺："僖公之时，君臣无事，则相与明义明德而已，洁白之士群集于君之朝，君以礼乐与之饮酒，以鼓节之咽咽，然至于无算爵，则又舞燕乐以尽其欢，君臣于是则皆喜乐也"[1]，画面绘特悬之钟、鼓、磬以对应"礼乐"，钟磬后绘燕乐。此两例也进一步证明了画家所绘图像完全依据文字记录。另前文提到的《闵予小子之什图》"载芟"一段也绘特磬，从画面设置来看，祭祀者已完成祭祀仪式正在离开，因此特磬为静置。综上可见，《毛诗图》中一般绘特磬静置于祭祀仪式开始前或结束后，似在展示其作为礼乐之器的象征意义，但如果《诗经》文字中明确记载礼乐场景，或明确提到磬，即使不涉及祭祀，画面也会出现磬，且往往用于演奏以对应文字记载的奏乐场景。

以上《毛诗图》中钟磬等礼乐器从形制和簨虡装饰来看，均参照《新定三礼图》（图3-52）一类礼图系统绘制。《新定三礼图》为国之礼器提供形范的三礼名物图解，主要依据礼文图绘，而非实物本身，虽自北宋中期以来屡遭颠覆，但其影响程度依然深远。

使用方面，磬的出现与否与祭祀的不同对象有关，如《周颂清庙之什图》"烈文"绘诸侯助祭，"天作"称颂岐山，"时迈"祭山川，三段中皆未绘磬。可见在宋人看来，周代社会中磬主要用于祭祀祖先、天地和社稷的仪式中，且"凡设于天地之神则用石，其在宗庙、朝廷则用玉"[2]。当然，从画面中无法明确辨别出石和玉的细微区别。而编磬和特磬的使用差异主要与演奏与否有关，正如《新定三礼图》所记："及孔子在卫所击，皆谓编磬，非此大磬也。"[3] 大磬即特磬，西周至春秋战国多出土编磬，主要用于演奏。《毛诗图》中编磬和特磬均用于再现周代社会，二者的区别在于暗示祭祀仪式进行的不同阶段，虽二者均为礼乐象征，但显然绘编磬侧重其演奏功用，突出乐器演奏之"音"，绘特磬则突出其作为礼乐之器的象征意义。

---

1 《毛诗正义》卷二〇之一《鲁颂·有駜》，载〔清〕阮元校刻《十三经注疏》，第1316页。

2 〔宋〕王黼：《宣和博古图》之《磬总说》，第464页。

3 〔宋〕聂崇义：《新定三礼图》，第79页。

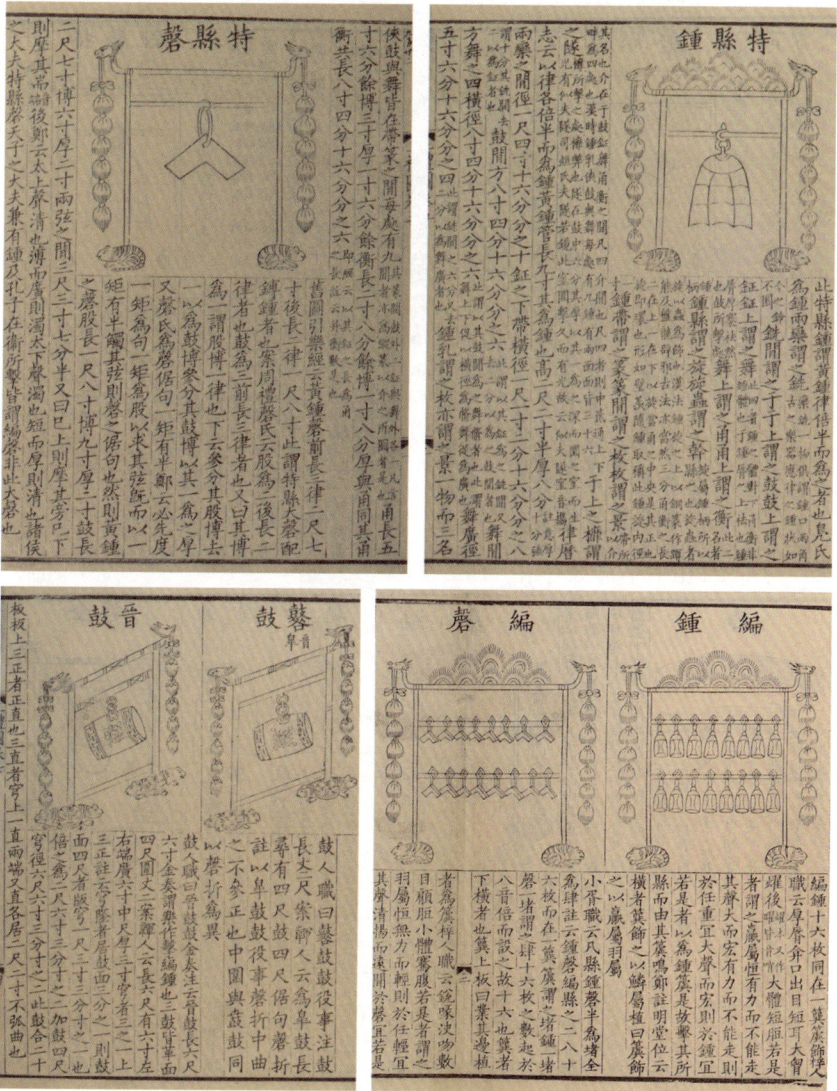

图 3-52　《新定三礼图》中所绘钟、鼓、磬

图 3-53 （传）南宋　马和之　《小雅·南有嘉鱼》之"彤弓"　绢本设色　波士顿艺术博物馆藏

　　尽管《毛诗图》中关于"风"和"雅"的绘画也绘有大量周代古器物，但因几乎不涉及祭祀场景，所以多绘笾、豆、簋、簠、鼎等礼器，而不见钟、磬。有两例值得注意，一例美国波士顿艺术博物馆藏《小雅·南有嘉鱼》中"彤弓"一段（图3-53），画面中庙堂外两侧分别绘钟、鼓，没有磬。根据画面内容和右侧文字可知，这段描绘的是天子授予有功之臣彤弓的典礼仪式，非祭祀活动，画中钟、鼓对应文字中的"钟、鼓既设"。另一个例为《唐风图》"山有枢"一段（图3-54）。庙堂中绘钟、鼓，不见磬 [1]，通读文字则不难发现，这里绘钟、鼓对应文字中讽刺晋昭公"有钟、鼓不能以自乐"，突出器物本身，而非祭祀之礼乐功能。辽宁省博物馆藏《九歌图》中"东君"一段所绘乐器演奏中也只绘钟、鼓而没有磬，其原因或与上述两例类似，为对应右侧题记中的文字记载。可见这些绘画中的钟、鼓均为文字的"图解"，一般绘特悬之器，因文字中没提及磬，故画中不绘。

---

[1] 画中鼓左侧绘有簨虡一角，其上悬挂之物大部分被前面的大树挡住，从仅露出的一角来看，似为磬，但从这一布局来看，被挡住的簨虡上究竟为何物对于画面主题来说显然并不重要。

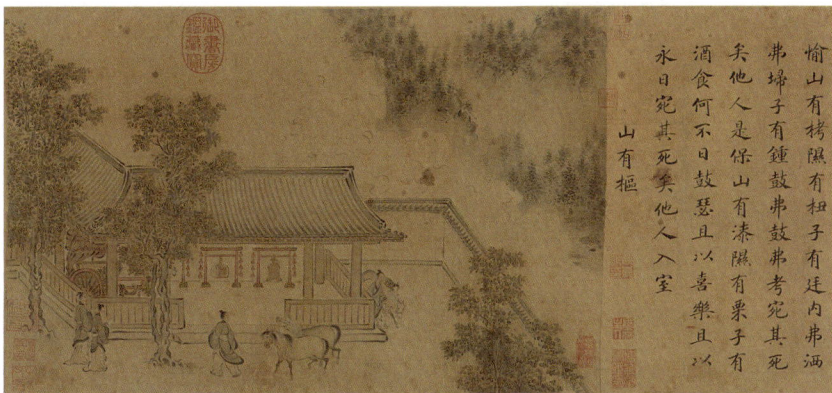

图 3-54　（传）南宋　马和之　《唐风图》之"山有枢"　绢本设色　辽宁省博物馆藏

　　《毛诗图》之外，《女史箴图》宋摹本和《孝经图》中也绘有磬。

　　《女史箴图》宋摹本第三段绘编钟、编磬及其演奏者（图3-29）。根据画面题记，第三段绘"卫女矫桓"，卫女为春秋齐国齐桓公夫人。据箴文可知，此处钟磬代表的是在儒家正统眼中郑卫的靡靡之音。余辉根据画面题字和画风推断宋摹本出自马和之时代，为马氏一门的宫中文人画家所临。[1] 由此可见，磬是当时宫廷绘画视觉构建周代社会的重要器物，画中所绘编磬及其演奏者，主要为突出其作为乐器的演奏功能，即"音声"，而非仅仅作为礼乐本身。

　　美国纽约大都会艺术博物馆藏传为李公麟的《孝经图》和辽宁省博物馆藏《孝经图》中"圣治章第九"和"应感章第十六"均绘有编磬："圣治章第九"一段绘周公郊祀后稷以配天，圜丘上均绘编磬演奏，周公正在拜祭，两图中圜丘上编磬个数不同，具体仪式的布置也有差异；"应感章第十六"绘祭祀宗庙，编钟、编磬及演奏者分列于两侧。两件《孝经图》中的这两段在图式上均与前文提到的《毛诗图》中祭祀天地

1　余辉：《宋本〈女史箴图〉卷探考》，《故宫博物院院刊》2002 年第 1 期，第 12 页。

和宗庙的图式接近，应为同一来源，但画中编磬的个数大都不尽相同，可见这几件绘画的创作者对于编磬的具体个数和使用方式并不了解也并不在意，且相较于鼎、簋、敦、爵等古器在宋代礼图系统和金石图谱系统间的巨大差异，磬在两个系统中的区别不大。

综上，宋画中对于周代社会的再现主要依据文字，磬主要绘于郊祀和宗庙仪式场景中，多与钟鼓相配，绘编磬侧重其演奏功用和"音声"象征，绘特磬则侧重其作为礼乐之器的象征意义。祭祀场景之外，如文字中提到奏乐场面或钟磬鼓等具体礼乐器，一般绘特悬之器以对应。然而，《诗经》的"颂"仅为记录、歌颂功德或国家安定之词，并没有关于祭祀场景和具体物品设置的记录，画家在创作时主要参照礼图拼凑建构出其理想中的周代社会，且在这一视觉建构中，磬是重要的视觉元素之一，但所绘编磬的具体个数并不统一，多不合礼文记载，画家似乎并不了解也并不在意这些编磬实际是否可用。从这一角度来看，无论编磬还是特磬，在画面中主要承担复现周代礼乐的象征意义。春秋时期的采桑宴乐铜壶上已出现钟磬图案，沂南汉墓画像石中也绘有编磬，但从磬的具体数量和摆放方式上看，画中的磬只是象征而不能演奏，可见早在春秋时期，磬已经成为一种象征符号。那么吕氏家族随葬这一颇具象征意味的仿古乐器，有何特殊意图呢？探寻这一问题，应回到仿古磬出土的吕氏墓中。

从宗庙到墓葬："林钟"之磬

"臣闻礼有至诚，非玉帛无以见乎外，乐有志节，非钟磬无以达乎中……"[1] 钟、磬为周代礼乐志节的核心，主要用于古代祭祀仪式中，同时还作为随葬品藏于墓中，《周礼·春官·大司乐》记："大丧，莅

---

1 〔清〕董浩等编《全唐文》卷六九三《大唐郊祀录》，中华书局，1983，第 7113 页。

庱乐器。及葬，藏乐器，亦如之。"[1] 尽管《周礼》并未言明所藏为何种
乐器，但现今考古发现周代高等级墓葬随葬磬的实例不胜枚举，如陕
西凤翔秦公一号大墓、湖北随县曾侯乙一号墓和二号墓曾出土编磬，
编磬出土时悬于簨虡之上[2]，为实用器随葬。春秋墓中始见磬明器，材
质上以木、陶、铜代替石，做工上也与实用磬存在较大差别，如河南
信阳长台关二号楚墓出土的 18 枚木质编磬[3]，北齐湾漳大墓出土一组陶
质钟磬[4]，隋炀帝皇后萧氏墓出土铜编钟、编磬[5]。时代越晚近，墓中随
葬钟磬的现象越少见，宋墓中除蓝田吕氏墓随葬石磬外，仅见南宋黄
石墓随葬铜钟[6]，均较为特殊。吕氏不仅选择磬进行随葬，而且在磬上
题刻长篇铭文进一步强调其形制、材质和音声，如"诎而不肆""凛然
其质，温润而良""声中林钟""亮乎其声，清越以长"，反映出吕氏在
丧葬语境中对于这一宗庙礼乐重器的改造与重新诠释。

1　〔清〕孙怡让：《周礼正义》卷四三《春官·大司乐》，第 2160 页。

2　见王辉、焦南峰、马振智：《秦公大墓石磬残铭考释》，《历史语言研究所集刊》1996 年第 67 本第 2 分册，
第 263—321 页；随县擂鼓墩一号墓考古发掘队：《湖北随县曾侯乙墓发掘简报》，《文物》1979 年第 7 期，
第 1—24 页；湖北省博物馆、随州市博物馆：《湖北随州擂鼓墩二号墓发掘简报》，《文物》1985 年第 1 期，
第 16—36 页。

3　河南省文化局文物工作队：《信阳长台关第 2 号楚墓的发掘》，《考古通讯》1958 年 11 期，第 79—80 页。

4　湾漳墓还出土了 20 件陶鼎，参见中国社会科学院考古研究所、河北省文物研究所、邺城考古工作队：《河
北磁县湾漳北朝墓》，《考古》1990 年第 7 期，第 601—607 页；中国社会科学院考古研究所、河北省文
物研究所编著《磁县湾漳北朝壁画墓》，科学出版社，2003。

5　萧后墓还出土一件玉璋，参见南京博物院、扬州市文物考古研究所、苏州市考古研究所：《江苏扬州市
曹庄隋炀帝墓》，《考古》2014 年第 7 期，第 71—77 页；张学峰《扬州曹庄隋炀帝墓研究六题》，《唐
史论丛》2015 年第 2 期，第 65—82 页。

6　据墓志，黄石于绍兴八年（1138）中进士后，出任福州州学教授，继在专门培养皇室子弟的"宗学"
里当教授，其墓葬规格虽然不高，但随葬有钟、壶、鼎等仿礼器，还有玉质印章，刻有阴文"石"，
这些随葬品均应与其生前身份和学识有关，见叶红：《浙江平阳县宋墓》，《考古》1983 年第 1 期，第
80—81 页。有学者提出该墓出土铜器为当地儒学祭器，参见郑嘉励：《从黄石墓铜器看南宋州县儒学铜
礼器》，载浙江省文物考古研究所编《浙江省文物考古研究所学刊》（第 9 辑），第 350—359 页；有学
者提出反对意见，许雅惠指出鼎、方壶与钟不属于释奠祭器之类，一鼎二方壶可能组合为一炉二瓶
使用，作为案上的常供之器，也不排除是书斋清玩，见许雅惠：《宋、元〈三礼图〉的版面形式与使用——
兼论新旧礼器变革》，《台大历史学报》2017 年第 60 期。

（一）磬折之貌

吕大雅石磬中吕景山所刻铭文云："诎而不肆兮，体君之恭"，"诎而不肆"状磬曲折之貌，并寓意大雅之谦恭。磬折最早见于《周礼·考工记》，程瑶田在《通艺录·磬折古义》中将磬折进一步解释为"盖磬氏为磬者，为磬折也，为磬折而有倨句"[1]。倨句为磬之折角，《周礼·考工记》记："磬氏为磬，倨句一矩有半。"[2] 磬最为直观的特征即磬折，尽管有关磬折的几何角度学界至今仍有争议，但本书主要关注磬折的延伸意涵，因此对磬折的具体角度不做探究。[3]

古人常以磬折之曲折比喻人身之微屈，如《礼记·曲礼》云："立则磬折垂佩"，"磬折，谓身微偻，如磬之曲折"[4]；另《史记·滑稽列传》记："西门豹簪笔磬折"[5]；唐张守节《正义》曰："簪笔，谓以毛装簪头，长五寸，插在冠前，谓之为笔，言插笔备礼也。磬折，谓曲礼揖之，若石磬之形曲折也。磬，一片黑石，凡十二片，树在虡上击之，其形皆中曲垂两头，言人腰则似也"[6]。有学者引汉代画像石历史故事画和拜谒图，指出其中一些人物面朝尊者，腰身前倾，形成一定角度，这种身形应为磬折或微磬[7]。可见至少从汉代开始，磬折不仅是石磬的直接特征，而且用来形容人屈身之态，具有谦恭之隐喻。

曹植《箜篌引》中将磬折与君子相联系："谦谦君子德，磬折欲所求。"[8] 对于君子之修养品德的重视也是自古以来儒家学者关注的重点。

1　〔清〕程瑶田：《程瑶田全集1》，陈冠明等校点，黄山书社，2008，第299页。
2　〔清〕孙怡让：《周礼正义》卷八十《冬官·考工记》，第4044页。
3　有关磬折角度的问题，参见闻人军：《"磬折"的起源与演变》，《杭州大学学报（自然科学版）》1986年第2期，第166—174页。
4　〔清〕孙希旦：《礼记集解》卷五，第106页。
5　〔汉〕司马迁：《史记》卷一二六《滑稽列传》，中华书局，1982，第3212页。
6　同上。
7　马怡：《汉画像所见"磬折"与"微磬"》，载陈建明主编《湖南省博物馆馆刊（第七辑）》，岳麓书社，2011，第312—317页。
8　〔三国魏〕曹植：《曹植集校注》，赵幼文校注，中华书局，2016，第685—686页。

吕大临《礼记解》中解"是以君子恭敬尊节,退让以明礼"一句时提道:
"礼者,敬而已矣;君子恭敬,所以明礼之实也。"[1]可见,在吕大临看来,
君子恭敬是礼之精要所在。"礼者,敬而已矣"取自《孝经》,有敬父、
敬兄、敬君之悦[2],传为北宋李公麟的《孝经图》中"广要道"一节应
正是君子恭敬之写照(图3-55),班宗华曾指出画中互相恭敬行礼的二人
可能为当时著名的苏轼、苏辙兄弟。[3]

　　宋陈旸《乐书·磬师》中明确提到磬曲折之形以分贵贱,辨亲疏
长幼之理,致君臣和敬,父子和亲,长幼和顺。[4]那么,吕氏石磬是否
体现出父子长幼之别呢?

　　随葬石磬的6座墓,主要集中建于1110年之后,整体上看,大字
辈(父辈)的石磬尺寸要大于山字辈(子辈)石磬,但在大字辈内部,
4件石磬并没有按照长幼形成规律性特征,如年纪最长的吕大忠墓石
磬又小又薄,且铭文简略,从嫡长子角度,吕大圭为同辈中最长者,
但他墓中石磬并非最大(根据考古报告,吕大钧墓出土石磬最大最厚)。
可见,吕氏石磬大体上体现出辈分之别,但并未根据辈分内部的长幼
做特别区分。

　　吕大临在《礼记解》中"解曲礼"一节解"立则磬折垂佩"时也
提到磬折示尊卑,并进一步指出君臣恭敬之礼:"君臣授受之节也,如
前所谓'尊卑垂帨'也,凡授受者,尊卑皆磬折,故垂佩也。然臣当
加恭于君,故有佩倚、佩垂、佩委之差也……"[5]从这段文字来看,吕

1　〔宋〕吕大临等:《蓝田吕氏集》,第8页。

2　《孝经注疏·广要道章第十二》,载〔清〕阮元校刻《十三经注疏》,第5559页。

3　Barnhart, Richard M. "Li Kung-Lin's Hsiao Ching Tu, Illustration of the Classic of Filial Piety." Ph.D.
　　dissertation, Princeton University, pp115—116.

4　"磬之为器,其音石,其卦《乾》,其位西北,而天屈之以为无有曲折之形焉,所以立辨也。故于方有西有
　　北,于时有秋有冬,于物有金有玉,以分有贵贱,以位有上下,而亲疏、长幼之理皆辨于此矣。古人之论磬,
　　谓其有贵贱焉,有亲疏焉,有长幼焉,此三者行,然后万物成,天下乐之。故在庙朝闻之,君臣莫不
　　和敬;闺门闻之,父子莫不和亲;族党闻之,长幼莫不和顺。夫以一器之成而功化之敏有至于此,则磬
　　之尚声可知矣。"见〔宋〕陈旸:《乐书》点校》(上册)卷四十九《周礼训义·磬师》,第247页。

5　〔宋〕吕大临等:《蓝田吕氏集》,第41页。

图 3-55　北宋　李公麟　《孝经图》之"广要道"　绢本白描　纽约大都会艺术博物馆藏

大临认为磬折所体现的恭敬为君臣授受之礼，尤其是臣对君的恭敬，这与文献中记载的吕大临登进士而不仕的形象形成某种张力。另有部分吕氏成员如吕大雅和吕义山石磬铭文中均流露出对于墓主官位低微的遗憾，如"然而位不阶于八品""有四德而位不过县大夫"，随葬仿古器的墓主均为文散官，位居八品，官阶不高。由此反观蓝田吕氏随葬仿古石磬之实践，在礼乐象征之外，磬曲折之貌隐喻了墓主谦恭之德，有着士人恭敬的深层意涵。

（二）磬之质地

以石为乐器，与石质之坚固稳定有关，沈括在谈及乐律时曾指出："乐器须以金石为准，若准方响，则声自当渐变。古人制器用石与铜，取其不为风雨燥湿所移，未尝用铁者，盖有深意焉。"[1]制磬之石又往往与自然相关，如《宋史》记："磬，石也，天成之物也。以其律为之长短、厚薄，而其声和，此出于自然，而圣人者能知之，取以为法……"[2]

自古制磬有专门之石，最为著名的要数磬石山的灵璧石，《尚书》所记古徐州的泗滨浮磬[3]即出于此。磬常以"石之似玉者为之"[4]，故多为青石材质，吕氏仿古磬即延续了这一传统。吕氏所处的关中地区自唐代始便是出产磬石的重要区域，陕西耀州隋唐时称华原，华原磬应为耀州磬石，白居易曾作诗记录华原磬取代泗滨磬[5]，《陕西通志》记有西安府耀州磬玉山："山出青石，唐天宝中取为磬，遂废泗滨磬"[6]。尽管考古报告据吕大雅墓石磬铭文"斫南山之石兮以创此器"可知，吕氏石磬就近取材于终南山，但蓝田距耀县（今耀州区）也仅100多千米，

---

1 〔宋〕沈括：《梦溪笔谈》补笔谈卷一《乐律》，第279页。

2 〔元〕脱脱等：《宋史》卷一二八《乐志三》，第2990页。

3 〔清〕孙星衍：《尚书今古文注疏》卷三，陈抗、盛冬铃点校，中华书局，2004，第156页。

4 〔宋〕王与之：《周礼订义》卷七十六，载〔清〕纪昀、永瑢等编《景印文渊阁四库全书》第93册，第33页。

5 〔唐〕白居易：《白居易诗集校注》卷第三，谢思炜校注，中华书局，2006，第294页。

6 〔明〕马理等纂《陕西通志》卷之二《西安府·耀州》，董健桥等校注，三秦出版社，2006，第83页。

且吕氏墓中出土大量耀州窑瓷器，因此亦不排除吕氏制磬受到耀县出产青石为磬的影响。

具体到吕氏仿古石磬，吕大圭石磬铭文中特别强调的"凛然"和"温润"尤为显眼，"凛然其质，温润而良"直接指出磬之质地，"凛然"状磬石之风骨，"温润"为石透明润泽之质。杜绾在《云林石谱》中多次描述所记之石"温润而坚""温润莹彻"[1]，并比之如玉，吕大圭石磬铭文开头便自名"玉磬"。二者既为磬石的特性，更蕴含着墓主风节不可屈和温良之意。

温润亦是宋人品石的重要标准，宋代品石之风日盛，士大夫多好石且家有藏石，如米元章曾拜怪石[2]，李公麟洗玉池中曾置有泗滨乐石。这一时期出版了一系列专门讨论石的论著和石谱笔记，如赵希鹄《洞天清录》专设《怪石辨》一节，杜绾撰有《云林石谱》，祖秀则有《宣和石谱》等，反映出时人对于石的兴趣和关注点。就《云林石谱》来看，杜绾品石常使用"温润""坚润""清润"等语[3]，可见温润为优质之石的重要品质，且吕大临在解子贡问孔子"君子贵玉"时亦强调"温润而泽"为玉石之精髓，并比之如君子之仁[4]。与温润并列的另一宋人品石标准为清越，清越为磬之音声，与制磬之材质——石密切相关，较早出于《礼记》，"清越"亦为吕大圭石磬铭文的重要内容。

---

1 见杜绾对于石的品评赏鉴，〔宋〕杜绾等：《云林石谱（外七种）》，王云、朱学博、廖连婷整理校点，上海书店出版社，2015。
2 "米元章守濡须，闻有怪石在河壖，莫知其所自来，人一为异而不敢取，公命移至州治，为燕游之玩。石至而惊遽，命设席拜于庭下曰：'吾欲见石兄二十年矣……'"见〔宋〕费衮：《梁溪漫志》卷六，上海古籍出版社，1985，第71—72页。
3 见杜绾对于石的品评赏鉴，〔宋〕杜绾等：《云林石谱（外七种）》，2015。
4 陈俊民辑校《蓝田吕氏遗著辑校》，第418页。

（三）磬之音声

　　磬作为乐器,最为重要的特性是其音声,如《诗经》记:"钟鼓喤喤,磬筦将将",吕氏石磬铭文中的"清越"和"林钟"均为音声。

　　"清越"为乐之音色,与"浊"相对,"林钟"为音律,属音高范畴。周人十分重视乐音,如《国语·周语》中记有周景王欲将无射钟融化,铸大林钟,单穆公劝周景王:"耳之察和也,在清浊之间,其察清浊也,不过一人之所胜。"[1]在历代演进中,二者在传载本意的同时,亦衍生出深层意涵。吕大圭石磬铭文"亮乎其声,清越以长",突出磬音之"清越"。

　　先来看"清越"。

　　磬清越之音与其材质有关,前述清越为与温润并列的另一宋人品石标准,陈旸在《乐书》中进一步解释了石声清越的原因:"石于八音为最重,其声出于自然,制作甚简而能不变其本体,扣之,其声清越,在自然之妙。故乐器,磬最为重。"[2]即石为自然天成之物,磬制作简单基本不改变石的本体,因此磬声清越在于自然之妙。

　　清浊本为音色之辨,古人贵清,对清越的推崇与儒家观念中"君子比德于玉",玉声之"清越以长"有关[3]。自古玉磬与石磬有别,如杜佑《通典》记:"凡磬,天地之神用石,宗庙及殿庭用玉。"[4]朱熹《诗集传》在注《诗经·商颂》"既和且平,依我磬声"一句时曾明确指出:"磬,玉磬也。堂上升歌之乐,非石磬也。"[5]但事实上,时代越晚近,二者的差异越仅存于观念层面,每每谈及磬,常喻之以玉磬,如《宋史·乐志》记:"金玉禀气于乾,纯精至贵,故钟必以金,磬必以玉,始备金

1　徐元诰:《国语集解·周语下》,王树民、沈长云点校,中华书局,2002,第108页。
2　王守伦等校注《律吕正声校注》卷三十七,中华书局,2012,第336页。
3　"夫昔者君子比德于玉焉:温润而泽,仁也,缜密而栗,知也,廉而不刿,义也,垂之如队,礼也,叩之,其声清越以长,其终诎然,乐也。"见〔清〕孙希旦:《礼记集解》卷六十一,第1466页。
4　〔唐〕杜佑:《通典》卷一四四《乐四》,中华书局,1988,第3687页。
5　〔宋〕朱熹注《诗集传》诗卷第二十《商颂四之五》,王华宝整理,凤凰出版社,2007,第284页。

声玉振之全,此中兴所以继作也。"[1]对玉磬清越的推崇尤盛于两宋文人间,玉磬成为清越的代名词,如苏轼在《玉磬》中曾写道:"其清越以长者,玉也,听万物之秋者,磬也"[2],赵希鹄记灵璧石"声清越如金玉"[3]。吕大圭墓石磬自名为"玉磬",并铭曰:"清越以长",或正与当时士人间推崇玉磬之清越观念有关,体现墓主的清雅志趣和君子品节。

此外,磬清越之声可为明辨,如《周礼订义》记:"石声磬,磬以立辨。惟其声之清,故动出而能辨也。"[4]而吕大雅石磬铭文"辨而不流",或为此意。

再来看"林钟"。

吕大雅石磬立沿刻"林钟 庚辰六月";股正面:"其孤仲山斫石以林钟之磬,备物而纳诸圹中";鼓正面:"斫南山之石兮,以创此器。声中林钟兮,如矩之制。"（图3-56）吕大雅石磬为其子吕仲山制作,从子吕景山撰铭,从子吕锡山、从孙吕德修和吕辅修分别作挽词,铭文中三次提到"林钟"。那么,何为林钟?

林钟为古乐十二律之一,《国语·周语下》所记伶州鸠答周景王之问时,解释了音律的作用和成因,并指出六律(黄钟、太簇、姑洗、蕤宾、夷则、无射)和六吕(大吕、夹钟、仲吕、林钟、南吕、应钟)[5]。阳音为律,阴音为吕,林钟属阴音,但前文已提到,吕氏6件石磬出土时均平置于墓中,而非悬于簨虡之上,因此吕氏石磬上作为音律的林钟并无实际意义。

古时十二律常与历法相配,代表十二月份,《吕氏春秋》最早记载

---

1 〔元〕脱脱等:《宋史》卷一三十《乐志五》,第3034页。
2 〔宋〕苏轼:《苏轼文集》卷十九,第559页。
3 〔宋〕赵希鹄等:《洞天清录·外二种》,第31页。
4 〔宋〕王与之:《周礼订义》卷七十六,载〔清〕纪昀、永瑢等编《景印文渊阁四库全书》第93册,第33页。
5 "律所以立均出度也,古之神瞽考中声而量之以制,度律均钟,百官轨仪,纪之以三,平之以六,成于十二,天之道也,夫六,中之色也,故名之曰黄钟,所以宣养六气九德也。"见徐元诰:《国语集解·周语下》,第113—114页。

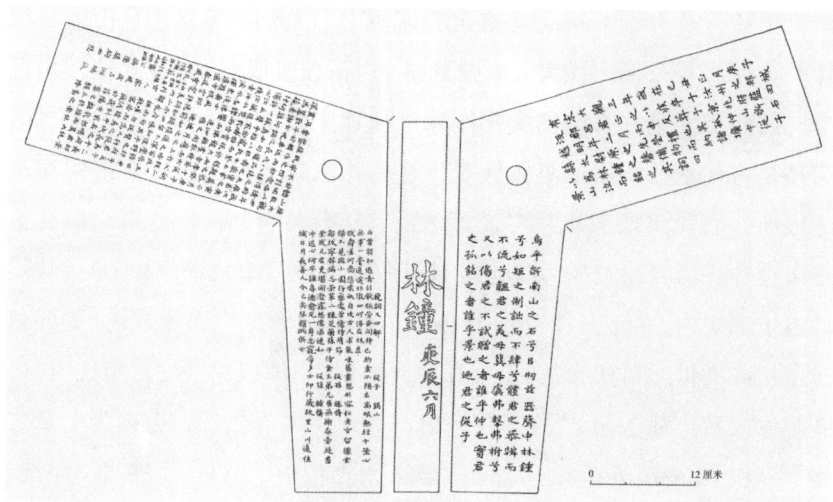

图 3-56　吕大雅石磬铭文（线图）

音律纪月："季夏生林钟……林钟之月，草木盛满，阴将始刑，无发大事，以将阳气。"[1] 另《礼记·月令》记季夏之月，律中林钟[2]，可见林钟为季夏之月六月律。《史记·律书》进一步解释了六月律林钟所代表的物象："六月也，律中林钟，林钟者，言万物就死气林林然，其于十二子为未。未者，言万物皆成，有滋味也"[3]，即林钟代表死亡之声。此外，《宋史·乐志》记："林钟为徵，是谓地统"[4]，"祭地祇，其宫函钟，即林钟也。林钟生于未之气，未为坤位，而天社、地神实在东井、舆鬼之外，故为地宫"[5]，即在礼乐祭祀范畴，林钟是谓地统，为地宫，也与其所代表的死亡之声一脉相承。

1　〔秦〕吕不韦编《吕氏春秋集释》卷六，许维遹集释，梁云华整理，中华书局，2009，第 134—137 页。

2　〔清〕孙希旦：《礼记集解》卷一六，第 455 页。

3　〔汉〕司马迁：《史记》卷二五《律书第三》，第 1247 页。

4　〔元〕脱脱等：《宋史》卷一二九《乐志四》，第 3006 页。

5　〔元〕脱脱等：《宋史》卷一三十《乐志五》，第 3036 页。

由此，吕大雅石磬立沿铭文"林钟"既为乐律标识，也为历法纪月，林钟为六月律，代表死亡之声，正与石磬立沿铭文"六月"相吻合，因此吕大雅墓石磬铭文中使用"林钟"严格参照古制。以十二律纪月是古代依月用律的具体体现，这一礼法在唐代以前主要停留在理论层面，唐代实现了礼制实践。北宋宫廷沿袭唐制，宫廷祭祀典礼依月律设钟磬，如政和三年（1113）议礼局上亲祠登歌之制"设十二镈钟、特磬于编架内，各依月律"[1]。唐宋文人间亦流行这一用律方式，如韩愈曰："忆昨夹钟之吕初吹灰，上公礼罢元侯回"[2]，即以夹钟之吕指代二月；欧阳修《秋声赋》曰："故其在乐也，商声主西方之音，夷则为七月之律"[3]；沈括《梦溪笔谈》"乐律一"载："天之功毕于三月，故终之以姑洗。地之功见于正月，故先之以太簇；毕于八月，故终之以南吕。"[4]

既然林钟指代死亡之声和六月，立沿上紧邻"林钟"的"庚辰"又指代什么呢？

吕大雅墓石磬上的铭文记录他卒于北宋大观三年，即1109年，根据《中国历史纪年表》，北宋庚辰年只有1040年和1100年，可推断立沿上"庚辰"不是纪年，又根据《中国古代纪时考》所记纪月方法，六月在未，而非辰[5]，因此"庚辰"也非纪月，故应为纪日。吕大雅石磬铭文为不同子侄分别于大观三年（1109）和大观四年（1110）所刻，从铭文内容来看，磬正面铭文中两次提到"林钟"，又根据吕大雅墓志记载："明年庚寅二月丙申举以葬"，可推测立沿"林钟 庚辰六月"应为吕仲山制此器、吕景山首次撰铭时所刻，即大观三年（1109），另石磬的制作时间应在下葬之前，也排除了"庚寅"误为"庚辰"的可能，

1 〔元〕脱脱等：《宋史》卷一二九《乐志四》，第3014页。
2 〔唐〕韩愈著，〔清〕方世举编年笺注《韩昌黎诗集编年笺注》卷三，郝润华、丁俊丽整理，中华书局，2012，第190页。
3 〔宋〕欧阳修：《欧阳修诗文集校笺》，洪本健校笺，上海古籍出版社，2009，第477—478页。
4 〔宋〕沈括：《梦溪笔谈》卷五《乐律一》，第38页。
5 张衍田：《中国古代纪时考》，上海古籍出版社，2019，第61—63页。

因此"庚辰六月"为1109年6月7日[1]。此外，石磬鼓、股上铭文也均使用干支纪日。

使用干支纪日始于殷商，据甲骨文提供的纪时实物资料可知，商代中后期已经普遍使用干支纪日方法[2]。虽然"庚辰"在上（前），"六月"在下（后）的顺序似乎不符合今人书写月日的习惯，但王国维曾注意到商周时期青铜器铭文中"书法先日、次月、次年者，乃殷周间记事之体"[3]。由于商至西周纪时资料残缺，目前尚难贯通后世与殷代之间的纪日干支，由延续至今的干支纪日向上逆推，准确而又连续的干支纪日可以推算到春秋时期。[4]吕大雅石磬使用干支纪日，显然亦是复古行为。除吕大雅石磬外，吕氏家族墓出土其他几件刻有铭文的石磬、石敦、石鼎，以及大部分墓志铭上也多使用干支纪年和纪日。据墓志记载，吕大观"年十余岁读史至律历志"，吕氏使用的纪月和纪日方式既为复古，又有其家学传统。

至此，吕氏为何选择磬随葬就很好理解了。一方面，仿古磬均为"毋簴毋虡，弗击弗拊"的明器，既为貌而不用，其貌就尤为重要，而磬最为直观的特征即其形——磬折，磬折如人屈身之态，自古有谦恭之意，吕氏更以铭文"诎而不肆"进一步解释，强调君子谦恭之德。另一方面，磬的材质——石，出于自然，为天成之物，其凛然、温润之质，既是优质磬石的特性，更寓意吕氏风骨和温良之德；同时磬制作简单，几乎不改变石的本体，因而磬声清越，有自然之妙[5]，吕氏亦以"清越"寄寓其清雅和恭敬谦卑之志。北宋士人常将磬之特性与君

---

1 根据张衍田《中国古代纪时考》以及方诗铭、方小芬《中国史历日和中西历日对照表》计算得出。

2 张衍田：《中国古代纪时考》，第11页。

3 王国维：《观堂集林：外二种》，第16页。

4 张衍田：《中国古代纪时考》，第11—12页。

5 "石于八音为最重，其声出于自然，制作甚简而能不变其本体，扣之，其声清越，在自然之妙。故乐器，磬最为重。"见〔明〕王邦直：《律吕正声校注》卷三十七，第336页。

子相关联，如苏轼曾以磬比喻好友杨杰为君子。[1] 此外，吕大雅石磬标音为林钟，以乐律"林钟"纪月，为吕氏复古的重要方式，林钟指代六月，象征死亡之声。显然，磬石自身所具有的特性，即其形、质和音声，是吕氏选择磬进行随葬的根本原因所在。欧阳修、苏轼一脉文人十分推崇超然俗世、远离尘器之气的君子雅趣，而对君子及其修为的彰显亦体现在吕氏墓石敦铭文和吕氏墓志上。

然而，从外部形态上看，磬石材质和音声之特性无法像磬折那样直观呈现，因此吕氏又将"凛然""温润""清越"和"林钟"以题写的方式刻于磬表面，强调其质地和音声特质。在器或物上题写为北宋的文化风尚，尤在文人群体间流行，常用以记录事物之特性，或个人看法和情感之表达。吕氏墓中，包括石磬、石敦和石鼎在内的仿古器均使用了这一题写方式，反映出鲜明的时代特征。吕氏墓随葬的多件古器（乳钉纹簋、鱼虎纹带盖小鼎和朱雀熏炉，均为被盗品）上刻有铭文"自牧"或"牧"，应取自《周易》"谦谦君子，卑以自牧"之说，以表达自我修养之意。

因此，墓中随葬石磬，既为吕氏追复古礼的重要途径，更是君子修为的重要象征，同时体现出北宋文人在面对历史和当代文化时所做出的回应和特殊的个人表达。

余论

宋代文人所推崇的磬之清越，在明代文人间进一步发展，如明代高濂《遵生八笺》卷十四《燕闲清赏笺》中引《澄怀集》："江南李建勋，尝蓄一玉磬尺余，以沉香节按柄扣之，声极清越。客有谈及猥俗之语

1　如苏轼曾记"杨次公家浮磬铭"："清而直，朴而一，虽有郑卫，无自而入，以托于君子之室。"见〔宋〕苏轼：《苏轼文集》卷十九《杨次公家浮磬铭》，第561页。

图 3-57　汪廷讷撰《人镜阳秋》卷　版画　万历二十八年（1600）　金陵环翠堂刊

者，则起击玉磬数声，曰聊代清耳。一竹轩，榜曰四友：以琴为峄阳友，磬为泗滨友，《南华经》为心友，湘竹为梦友。"[1] 另明代环翠堂刊《人镜阳秋》卷（图3-57）十二刻月夜山间唐宗室李约坐于潺潺流水之山石上，背后立一簨虡石磬，面前一猿猴，举杯饮酒，该版画旁配有文字，记载李约不好俗谈，寄情世外。可见在明代士人看来，磬是清雅的象征，磬声之清可消解猥俗之语，寄寓世外之雅兴。明清之际磬常作为清玩置于文人书房中，现存明代版画大量可见；另，清宫旧藏碧玉龙纹磬为当时书格中的玩器，悬于磬架作为文人雅好之物，此外，清宫中流行的《岁朝图》《行乐图》中常见磬与戟一同出现，寓意吉庆。而磬在不同时代意义的演变，是另一个重要的话题。

1　〔明〕高濂：《遵生八笺》，王大淳整理，浙江古籍出版社，2017，第 584 页。

第四节

古物改造与石材的意味

蓝田吕氏家族墓出土了一系列唐代器物，这些唐代器物部分作为藏品被埋葬墓中，部分被刻意改造并重新使用，如何认识和处理唐代遗物，是深入了解吕氏家族对于古的认识和复古实践的一个重要剖面。

墓志改造

蓝田吕氏家族墓出土的吕大雅墓志和吕大钧墓志，分别为唐人墓志和唐墓石翁仲残块改造而成。

据考古报告记录，吕大雅墓志志盖背面呈盝顶式，曾有篆书铭文，似为"大唐故定州刺史上柱国李君墓志之铭"，周边阴刻连珠纹与波浪状忍冬纹，上刹及左刹面残留朱雀、青龙图案，较窄立沿上饰波浪状二方连续忍冬纹，吕氏将此唐人墓志盖背面打磨后再利用，制成吕大雅墓志。

吕大钧墓生土隔梁北端出土一件石人像残块（图3-58），似为唐代墓前圆雕石翁仲的上半身残块。石翁仲即墓前石人，正面衣褶线条流畅，

图 3-58　石人像残块　吕大钧墓出土

背面打磨抛光，被改成墓志，据发掘者推测原有墨书志文，后因水泡墨迹全失。

　　从原墓志铭文和石翁仲的设立来看，二者所属墓主身份等级均较高，唐代上柱国为正二品勋职[1]，墓前立石翁仲至少为五品以上官员[2]，宋时三品以上勋戚大臣墓前立石人[3]。五代以来，关中唐代墓葬不断被发现，想必唐墓器物对于北宋人来说司空见惯。吕氏将两件前代高规格的器物改造并再利用，一方面就地取材，有其便利性，同时体现了北宋自仁宗以来提倡的尚俭之风；另一方面，也反映出地域传统和吕氏族人对于前代文化的态度，饶有意味。

　　墓中随葬前代器物的例证并不鲜见，早在商代妇好墓中就随葬有

1　〔唐〕李林甫等：《唐六典·尚书吏部卷第二》，陈仲夫点校，中华书局，1992，第 40 页。
2　《唐六典》记载："凡石人、石兽之类，三品以上用六，五品以上用四。"见《唐六典·尚书礼部卷第四》，第 120 页。
3　〔元〕脱脱等：《宋史》卷一百九《礼志二十七》，第 2912 页。

图 3-59　刘胜墓出土金缕玉衣　局部

新石器时代玉器[1]，而改造前代器物并葬于墓中，至迟见于汉代，最为著名的要数西汉中山靖王刘胜墓出土的金缕玉衣（图3-59），其中保护生殖器的玉套为玉琮改造而成[2]。琮原本为祭地之礼器，经改造后用于刘胜玉衣[3]上，显然其功能和象征意义发生了重要改变，制作者看重的是玉石蕴含永恒的特性和升仙的美好愿望，而不再是琮的礼仪象征功能。当然，这种对于古代珍贵器物的改造在墓葬中并不常见，但对于前代墓葬中遗物的再利用在魏晋墓葬中已多次出现，巫鸿曾指出考古发掘

1　中国社会科学院考古研究所编著《殷墟妇好墓》，文物出版社，1980。

2　对于这一问题早有学者注意到，并多有研究，如夏鼐先生最早指出这一现象，见夏鼐：《汉代的玉器——汉代玉器中传统的延续和变化》，载中国社会科学院考古研究所编《夏鼐文集》，社会科学文献出版社，2000，第50—72页；[英] 杰西卡·罗森：《西汉的永恒宫殿——新宇宙观的发展》，载 [英] 杰西卡·罗森《祖先与永恒：杰西卡·罗森中国考古艺术文集》，第241—306页；李零：《铄古铸今：考古发现和复古艺术》，第25—36页。

3　巫鸿认为是玉人，与玉衣、玉套不同，玉人已完全替换了尸体，本书仅就玉琮作为古物被重新改造利用这一现象来谈，至于玉衣或玉人的具体功能不做讨论，见 [美] 巫鸿：《"玉衣"还是"玉人"？满城汉墓与汉代墓葬艺术中的质料象征意义》，载 [美] 巫鸿著，郑岩、王睿编《礼仪中的美术：巫鸿中国古代美术史文编》，第123—142页。

者多次在魏晋墓葬中发现东汉画像石，这些画像石被当成石料，或铺于地面，或以灰浆覆盖其画像[1]，如山东嘉祥宋山发现的汉画像石[2]、嘉祥五老洼发现的汉画像石[3]等。而就宋代而言，吕氏家族墓也并非孤例。

山东邹城北龙河村南曾发现4座石室墓[4]，除M2外，其余3座墓在建造主体上均使用前代墓葬遗物并进行改造和再利用，墓室构件多取自汉代画像石，有石椁板、过梁、立柱、藻井及盖板，还有少量石阙和祠堂构件，其中M4全部利用汉代石椁墓构件建造。根据建墓的需要，有的石刻两端被凿短或被开挖凹槽。该墓群随葬品较少，据出土的铜钱和瓷器的特征推测，4座墓葬年代为北宋晚期至元代初年间。邹城北龙河村北附近曾发现大量汉代墓葬，宋金墓应为就地取材，使用的汉代石刻可能来自该村汉代墓地，这种对于汉代画像石再利用的做法应与山东地区的地域传统紧密关联，更受到北宋以来儒学复兴和古物发现的影响。古物再利用最重要的前提条件是对包括古代墓葬在内的古物的重新发现，北宋中后期金石学的兴起为此提供了必要条件。

古物被发现后如何利用，是本书关注的重点，这与墓主或墓葬建造者的动机和思想观念密切相关。如M1在墓顶藻井、左侧立柱和墓室后壁发现有三块汉画像石刻，其中墓室后壁的画像石上有文字题记600余字和画像。经释读可知，该画像石原为文通祠堂题记刻石，由高平石工雕造，文字记述了祠主的里籍、官职、建祠、祔葬、叙哀、言孝和丧葬习俗，并详细记录了祠主男丁和女眷的家族世系。题记两侧绘有戴冠、着宽袍大袖的人物形象和鹿、犬等动物图像，从图像特征上看，可能与升仙观念有关。[5]（图3-60）值得注意的是，题记和画像一

1 ［美］巫鸿：《从"庙"到"墓"：中国古代宗教美术发展中的一个关键问题》，载《礼仪中的美术：巫鸿中国古代美术史文编》，第5页。
2 嘉祥县武氏祠文管所：《山东嘉祥宋山发现汉画像石》，《文物》1979年第9期，第1—6页。
3 嘉祥县文管所、朱锡禄：《嘉祥五老洼发现一批汉画像石》，《文物》1982年第5期，第71—78页。
4 邹城市文物局：《山东邹城峄山北龙河宋金墓发掘简报》，《文物》2017年第1期，第35—49页。
5 胡新立：《邹城新发现汉安元年文通祠堂题记及图像释读》，《文物》2017年第1期，第76—85页。

上：图 3-60　山东邹城北龙河宋金墓群 M1 墓室内部
下：图 3-61　山东邹城北龙河宋金墓群 M3 墓室内部

面朝向墓室内部且位于正壁，可见墓主的重视，也很可能与题记中记录的原祠主奉读儒家经典有关；M3 仅墓室后壁出土一块汉画像石，绘斗鸡和格斗场景，虽画面也朝向墓室内部，但画面倒置（图3-61），显然建造者再利用时较为草率，未注意画面内容，也可能此石的画面内容对于墓主或建造者来说并不重要，仅作为装饰使用。M4 已被破坏，该墓出土 3 件汉画像石，分别绘击剑、水榭、河伯出行和璧纹。M3 和 M4 未见墓主信息，从墓葬尺寸、对建造石材处理的粗糙程度以及随葬品情况来看，墓主级别应不高，至多为稍有财力和文化的普通平民。

西安地区宋墓中，如西安西郊热电厂北宋淳于广墓（1034），为竖穴土洞墓，出土 1 块墓志，上下侧面残留有缠枝蔓草纹饰，应为唐代旧碑石或墓志改造而成，据墓志记载，淳于广曾任溧阳县尉。[1]

再如西安孟氏家族墓为宣和五年（1123）墓葬，出土了 4 方由唐代石葬具改刻而成的墓志，与蓝田吕氏墓情况类似。除 M12 有砖券外，其余 4 座也均为土洞墓，葬具均为木棺，除两座被盗墓情况不明外，其余 3 座墓均出土仿古鼎式炉。该家族墓还出土了一系列石砚、墨锭等文房用品[2]。可见无论是从墓葬形制、葬具、随葬品种类，还是使用前代遗物改刻墓志等方面，孟氏家族墓均与蓝田吕氏家族墓相似，但级别略低。据墓志可知，孟氏家族墓墓主属北宋底层文人，为陕府阌乡县主簿孟轼的配偶和诸子，囿于发掘报告暂未发表，具体细节尚不可知。此外，西安长安区郭杜镇李唐后裔家族墓中李保枢墓志也为唐代墓志改刻而成[3]。

以上几例墓主均有一定文化修养，除邹城北龙河宋金墓群墓主身份不明外，其他墓主均为文人或贵族，因此，这些墓葬改刻前代墓志应并非出于经济原因，而是就地取材，或有其对前代遗风的追仿，也与所属地区的地域传统有关，如邹鲁地区在汉代曾流行画像石墓，西安地区曾为唐代墓葬聚集地，这些客观因素在金石学和复古之风盛行的宋代，成为时人建造墓葬时利用古物取材的便利条件。而这一时期对古代或古物重新发现并注重考据和解读的新风尚，更为古物何以被改造并使用提供了话语支撑。值得注意的是，以上例证在对前代遗物的处理方式上，与前述嘉祥宋山和五老洼发现的汉画像石以石灰覆盖

1　西安市文物管理处：《西安西郊热电厂基建工地清理三座宋墓》，《考古与文物》1992 年第 5 期，第 64—72 页。

2　《西安发现北宋孟氏家族墓地 出土罕见耀州窑青釉瓷器》，中国考古网，2020 年 11 月 18 日，http://kaogu.cssn.cn/zwb/xccz/202011/t20201118_5218730.shtml；胡松梅、苗轶飞、张锦阳：《生不满卅 金石千秋——陕西长安杜回北宋孟氏家族墓地考古发现》，《中国文物报》2020 年 12 月 4 日第 008 版。

3　西安市文物保护考古所：《西安长安区郭杜镇清理的三座宋代李唐王朝后裔家族墓》，《文物》2008 年第 6 期，第 36—53 页。

画像并倒置于墓底或墓壁，即仅作为石料的处理方式完全不同。

吕氏唐物观

在北宋，除墓葬之外，还有大量汉唐石碑被发现。这些石碑常面临两种境遇：一种是为当时文人所珍视，记录并制成拓片收藏或移迁保存[1]，如欧阳修被贬乾德令时曾率地方学生参拜后汉儒者娄寿之墓，并"据图经迁碑还县，立于敕书楼下"[2]；一种是被改造再利用，甚者几近毁坏失传，如赵明诚曾记载，被欧阳修称赞与三代彝鼎铭无异的唐《崔潭龟诗》，在元祐时被守京兆者取其石为柱础，故而失传[3]，另唐颜真卿的勤礼碑也于元祐间因守长安者后圃建亭榭，被取为基址，尽管此碑几毁而存，但铭文被磨去，甚为可惜[4]。可见，北宋时期京兆地区发现唐代碑刻数量之多和被改造现象之普遍，这一现象也反映出时人对于唐代石刻的不同态度。此外，唐代器物对于宋人来说并非古物，如赵希鹄在《洞天清录》记录"句容器"时明确指出："句容器非古物，盖自唐天宝间至南唐后主时，于升州句容县置官场以铸之……虽可爱，要非古器。"[5] 那么，吕氏对于唐代遗物是何种态度呢？

吕大临《考古图》中收录的主要为三代和秦汉古器物，没有唐代遗物，可见在吕大临看来，唐代遗物不属于古物之列，但在吕氏家族墓中，除唐代石葬具和陵墓雕刻外，还出土了其他唐代器物，且吕氏对于后者的处理方式与前者有别，对于不同处理方式的细致观察，有助于更进一步了解吕氏对于"古"的认知和复古实践的不同面向。如

1　见〔宋〕欧阳修、欧阳棐：《集古录跋尾 集古录目》，上海古籍出版社，2020；〔宋〕赵明诚：《金石录》。
2　〔宋〕欧阳修、欧阳棐：《集古录跋尾 集古录目》卷三，第 145 页。
3　〔宋〕赵明诚：《金石录》卷第二十七，第 225 页。
4　〔宋〕赵明诚：《金石录》卷第二十八，第 235 页。
5　〔宋〕赵希鹄：《古钟鼎彝器辨》，载赵希鹄等：《洞天清录：外二种》，第 26 页。

图 3-62　鎏金錾花匜　高 7.8cm　口沿径 26cm　蓝田吕氏墓出土（被盗品）

吕氏墓出土的鎏金錾花匜（图 3-62），从形制纹饰上推断属唐代，器外底心阴刻仿金文："惟政和元年（1111）十一月壬申，孤子吕世修为考承议郎作匜，以纳于圹。"文字格式和内容与折耳带盖圆鼎器底铭文相似，可见吕氏对于这件唐代器物的处理方式与其他古器相似，即在不破坏原始形态的基础上加刻铭文，原封不动地随葬于墓中，与生前收藏品的埋葬方式相同，而与前述唐代墓志和石翁仲被改造和使用的处理方式有别，以此反观后者，将唐代墓志和石翁仲上的纹饰打磨，并在其背面刻录铭文埋葬于墓中，吕氏应有其特殊考虑。

　　首先，墓志和石翁仲这两件唐物在吕氏族人看来不具独特性，并非珍贵的"古董"，或为司空见惯之物。正如文献记载，唐代墓葬自五代以来发现不断，盗墓现象猖獗，如《嘉祐杂志》记载长安宝货行"搜奇物者毕萃焉，唐诸陵经五代发掘皆空，太平兴国中，具衣冠掩塞，长老犹见之"[1]。北宋时期唐墓出土品十分常见，时人习以为常。因此尽管为前代遗物，但并不珍贵，故而吕氏将其进行打磨、改造后用于自家墓中。

1　〔宋〕江休复：《嘉祐杂志》，载〔清〕纪昀、永瑢等编《景印文渊阁四库全书》第 1036 册，第 570 页。

其次，上述两件器物原出于唐代墓葬，吕氏对于两件唐墓之物的改造并不彻底，从目前呈现的状态来看，虽经改造打磨，但原本的雕刻线条和铭文字迹仍清晰可见，即在改造的同时并没有完全抹去唐代的痕迹，保留了唐代风格，故而两件器物兼具唐和宋的意味，使得今人一看便知其为由唐物改造的宋人墓志。因此，对于吕氏来说，两件器物本身就是"历史"，或者说是对于历史的记忆，吕氏并非将历史完全抹去，而是在对于历史的改造中重新书写，正如蓝田吕氏学术上对于前人礼学和古器物知识的修正，因此两块墓志已不是简单的墓石，而是有着历史传承的记忆之石。这既是保存前代遗物，即吕氏所推崇的复古的另一种方式，也是吕氏将自身置入历史的脉络中。

再者，墓志和翁仲均为石质，石之坚硬不朽自古象征永极，故又有着长生无极之意。前述墓葬中被改造再利用的前代遗物，无一例外均为石质，这从侧面反映出宋人对于石这一材质的态度：石即使被打磨改造，也不会改变其坚固永极之特质。因此，吕氏墓对于唐代墓志和石翁仲改造和再利用的特殊处理方式，一方面源于吕氏观念中唐物不"古"的认知，但更为重要的是，应与两件器物材质即石质有关。

值得注意的是，1074 年迁葬太尉塬之后建造的吕氏墓葬中多随葬石器，除本章第二、第三节重点讨论的仿古器外，还有碗、壶、盏、炉、钵等。其中除了少部分可能为实用器[1]，大部分为专为墓葬制造的明器，如吕大临墓出土的壶底与壶身非一体的带盖执壶、无底小直口鼓腹罐以及仿古器等。蓝田一带盛产骊山石是吕氏墓大量随葬石器的直接原因，但石器制作工艺较为复杂，如《营造法式》记载了当时的石作程序："造石作次序之制有六：一曰打剥，二曰粗搏，三曰细漉，四曰褊棱，五曰斫砟，六曰磨砻。其雕镌制度有四等：一曰剔地起突，二曰压地隐起华，三曰减地平钑，四曰素平。如减地平钑，磨砻毕，先用

墨蜡,后描华文钑造。若压地隐起及剔地起突,造毕并用翎刷细砂刷之,令华文之内石色青润。"[1]虽然该书主要面向官方,民间石作应有所减省,但就其复杂的工艺而言,吕氏选择以石制造明器,应有其特殊考虑。

石材的意味

石材早在汉代丧葬中已是寻常之物,常见于汉代的石祠、石碑以及墓葬中。蓝田吕氏虽未采用石质葬具,但以石作明器随葬于墓中;另,北宋安阳韩琦家族墓中出土多件石函[2],南宋江西杜师偃墓出土石簋[3]。从文献记载中可知,宋人对于石尤为重视,尤对石之坚忍、火烧不坏的特性最为推崇,如苏轼曾作有《石鼎铭》,指出石"有坚而忍,为釜为鬲,居焚不炎,允有三德"[4];再如文彦博曾授司马光以家谱,并请他为自己的家庙撰写碑志,曰:"予欲志族世之所从来,及庙制所由立,垂示后昆,而为我续其事,款于石"[5],文彦博立此碑的目的是希望后人了解文氏家族的源流和家庙建立的缘由,因此请司马光将这些内容刻于石上,以垂示后世。这段记录不仅道出了该家庙碑建立的初衷,也反映出"刻于石"这一行为对于垂示后世的重要意义。吕氏家族墓出土墓志和器物铭文中也常提到石之"无穷"和"永极",如吕大忠夫人樊氏墓志铭中"勒铭幽石,以诏无穷",吕义山墓出土石鼎铭文"著于殉鼎,以配永极"等。

宋代另一个以石为媒材的流行器物为砚台,北宋士大夫对于砚台十分喜爱且多有研究,苏轼曾作有多则砚铭,米芾撰有《砚史》。蓝田

1　〔宋〕李诫:《营造法式》卷三《石作制度》,浙江人民出版社,2013,第113页。
2　河南省文物局编著《安阳韩琦家族墓地》。
3　陈伯泉、刘玲:《高安、清江发现两座宋墓》,《文物》1959年第10期,第86页。
4　〔宋〕苏轼:《苏轼文集》卷十九《石鼎铭》,第558页。
5　李之亮笺注《司马温公集编年笺注》卷七九《文潞公家庙碑》,第21页。

吕氏家族多座墓中随葬砚台,部分为陶砚,吕大雅墓、吕景山墓等 6 座墓出土石砚,被盗品中亦有两件石砚(详见附录 2)。宋墓中随葬砚台较为常见,如江西清江周氏墓[1]、赵时舟墓及曹氏墓[2],浙江衢州史绳祖墓[3],浙江诸暨桃花岭武氏墓[4],福州茶园山许峻墓[5] 等也出土石砚,前文已指出以上墓葬墓中大多也出土有仿古器,且墓主也多为文人。另,现藏于台北故宫博物院的米芾的《紫金研帖》记录了苏轼欲随葬砚台之事(图3-63):苏轼从瞻州返回江南,专程拜访米芾,"苏子瞻携吾紫金研去,嘱其子入棺,吾今得之,不以敛。传世之物,岂可与清净圆明本来妙觉真常之性同去住哉"[6]。

文人喜爱砚台自然与砚所承载的文化意义有关,但以石为砚,反映出文人群体对于石的特别青睐和他们眼中石材的特殊意味。如苏轼的《端砚铭》记:"与墨为入,玉灵之食。与水为出,阴鉴之液。懿矣兹石,君子之侧。匪以玩物,维以观德。"[7]端砚产自端州,在今广东肇庆东郊的端溪,发墨快,研出的墨汁细腻,为宋代文人所喜爱,苏轼在另一篇为其友人王颐的端砚作铭中称赞道:"其色马肝,其声磬,其文水中月,真宝石也。而其德则正,其形天合。"[8]苏轼常将砚与君子之德相连。吕氏墓出土的石砚虽并非名贵的端砚,但在具体意义上,很可能与当时文人间推崇的砚石观念有关。

此外,宋代文人对于石有特殊关注,如米芾对于石的痴迷,曾拜石,

1　薛尧:《江西南城、清江和永修的宋墓》,《考古》1965 年第 11 期,571—576 页。

2　同上。

3　崔城实:《浙江衢州市南宋墓出土器物》,《考古》1983 年第 11 期,第 1004—1018 页。

4　宋美英:《诸暨桃花岭南宋纪年墓研究》,《东方博物》2009 年第 4 期,第 13—23 页。

5　郑辉:《福州茶园山南宋许峻墓》,《文物》1995 年第 10 期,第 22—33 页。

6　见原帖文,另据曾枣庄、刘琳主编《全宋文》(第 121 册)卷二六〇三《米芾七·书紫金研事》,第 45 页。

7　〔宋〕苏轼:《苏轼文集》卷十九《端砚铭》,第 552 页。

8　〔宋〕苏轼:《苏轼文集》卷十九《故人王颐有自然端砚 砚之成于片石上稍稍加磨治而已铭》,第 555—556 页。

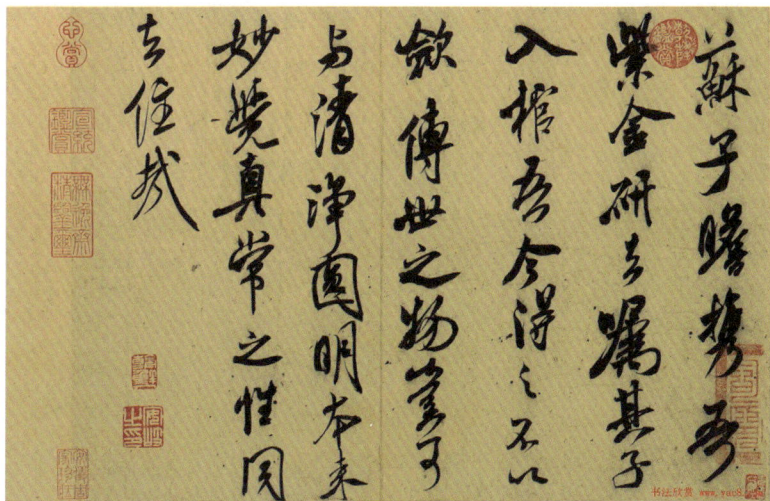

图 3-63　北宋　米芾 《紫金研帖》 纸本墨书　台北故宫博物院

并作《研山记》赞研山奇石:"研山出层碧,峥嵘宝天工"[1];杜绾《云林石谱》详述了当时可见各地名石,进一步促进了宋代赏石文化的兴盛。

1　曾枣庄、刘琳主编《全宋文》(第 121 册) 卷二六〇三《米芾七·研山记》,第 43 页。

本章聚焦蓝田吕氏墓出土古器、仿古器铭文的具体形式和题写行为。器表满刻铭文的特殊方式，在形式上与北宋文人间流行的器物题铭、题壁、题石以及书画题跋较为相似，应有关联。对于题写现象的深入剖析，有助于进一步审视北宋文人的文化风尚、反观仿古器似古非古的现象，乃至吕氏家族古器物实践的面向及复古实践问题。

第四章

题写的场域与意图

第一节

北宋器物题铭

　　吕氏家族墓出土仿古器多满刻铭文：吕大雅墓石磬铭文 33 列，连同立沿上的"林钟　庚辰六月"共 671 字；吕景山墓石磬铭文 4 列，连同自名"磬"共 28 字；吕大圭墓石磬铭文共 5 列 53 字，石敦铭文环口沿一周共 34 字；吕大临墓石敦铭文共 7 列 43 字；吕义山墓石磬铭文 6 列，连同自名"磬"共 113 字，石敦铭文共 11 列 53 字，石鼎铭文共 16 列 108 字。所有铭文均位于器表，除吕大圭墓石敦铭文为环带状外，其余大多布满器表腹壁的一侧，其中，吕大雅墓石磬鼓、股两面均刻满铭文。而同时代其他士大夫墓出土仿古器，即便刻有铭文也较为简短，较少出现长篇铭文。[1]

　　器物上题刻长篇铭文可追溯到周代，西周礼器上开始出现长篇铭文，但多于器物内壁，目前已知较早在器物外壁镌刻铭文的实例是战国中山王墓出土的平山三器，那么，蓝田吕氏在器物外壁满刻铭文的做法有何渊源，又有何特殊意义呢？在进入这一问题之前，首先应对

---

[1]　详见第三章第一节"共性还是特例"部分关于两宋士大夫墓葬出土仿古器的论述。

这批仿古器铭文的性质做判定。

吕氏墓出土仿古器的铭文性质

吕氏墓出土仿古器上刻长篇外向铭文的做法并非随古制，且题铭内容上也与周代古器铭文完全不同。从内容上看，无论是考古发掘还是吕大临《考古图》中，收录周代古器的铭文多侧重追享祖先，以及寄托子孙永宝用之愿[1]，吕氏墓随葬仿古器则不再突出此作用，而是注重对器物归属和墓主修为德行的强调，赞美之词多取自儒家经典，如吕大临墓石敦铭文"任重而道远"取自《论语·泰伯》中曾子所说的"士不可以不弘毅，任重而道远"[2]，吕大圭墓石磬铭文"温润而良""清越以长"取自《礼记》："夫昔者君子比德于玉焉：温润而泽，仁也；缜密以栗，知也；廉而不刿，义也；垂之如队，礼也；叩之，其声清越以长，其终诎然，乐也"[3]。以上均为儒家观念中君子之重要品德，且所取之句颇具文人性。这一转向体现出蓝田吕氏对于自身修养德行的格外重视，因此这些仿古器不仅仅体现了吕氏对于古礼的遵从，而是彰显自身德行和修为的载体。

吕氏墓出土仿古石器均属专为死者制作的明器，那么，从丧葬系统来看，这些铭文有着怎样的渊源呢？吕氏仿古敦和鼎上常出现四言铭文，多为赞美之词，类似古代"铭诔"和"祭文"。"诔"为夸赞墓主德行之哀文。《文心雕龙》记载："周世盛德，有铭诔之文。大夫之材，临丧能诔。诔者，累也；累其德行，旌之不朽也。"[4] 又记："中代祭文，

---

1 如公诚鼎、散季敦、彝敦铭文等多件，不一一举例，参见〔宋〕吕大临等：《考古图：外五种》。

2 〔梁〕皇侃：《论语义疏》卷第四《泰伯第八》，高尚榘校点，中华书局，2013，第192页。

3 〔清〕孙希旦：《礼记集解》卷六十一，第1466页。

4 〔梁〕刘勰：《增订文心雕龙校注》卷三《诔碑》，黄叔琳注，李详补注，杨明照校注拾遗，中华书局，2012，第154页。

兼赞言行，祭而兼赞，盖引神而作也……是以义同于诔，而文宝告神，诔首而哀末，颂体而祝仪，太史所作之赞，因周之祝文也。"[1]可见祭文源于周代之祝文，在意义上与诔有相同之处，但为前赞后哀。

反观吕氏墓仿古石器铭文：吕义山墓仿古敦铭文"受实惟宏，致养惟裕"，仿古鼎铭文"吕宗文武，皇于四国，粤先君子，世载诚德。施及嗣人，刚重而立，其实维和，荐以典则"，皆为赞颂墓主德才兼备之词；吕大圭墓仿古敦铭文"受实惟宏，致养惟备"，仿古磬铭文以磬之特性喻墓主"温润而良""清越以长"之修养，继而"呜呼君也，斯其不忘"，哀叹墓主之亡，表达生者之悼念；另，吕义山墓和吕大雅墓仿古磬铭文篇幅较长，尤其吕大雅墓仿古磬正反两面满刻铭文，子孙辈分别铭之赞颂并悼念，且在情感表达上，充满切身的哀痛，如石磬鼓正面大雅之从子景山铭曰："声中林钟兮，如矩之制，诎而不肆兮，体君之恭，辨而不流兮，韫君之美，毋箕毋虡，弗击弗拊兮，又以伤君之不试。"另，股背面的吕景山之铭，短短数句内三次感叹"呜呼"或"呜呼哀哉"，即便今日观者也可体会到其强烈的悲痛之情，充满了撰写者对于死者的尊敬与怀念，这也是祭文与墓志铭在行文上最大的不同之处。此类祭文在北宋时期并不鲜见，如苏轼曾为欧阳修、韩琦、司马光、范镇等多位北宋名臣撰写祭文和哀词[2]，赞颂他们的生前德行修为并表达深切的痛惜怀念之情。尽管吕氏墓仿古石器上的铭文篇幅不及苏轼撰写祭文篇幅之长，但在具体内容和情感表达上基本相似，均兼具赞颂和哀悼之情。

由此可见，吕氏墓出土仿古石器上的铭文属祭文一类，并非简单的溢美之词，更饱含了生者对于死者的悲痛惋惜之情，充斥着强烈的情感表达，非程式化之作，但将祭文满刻于器物表面，未见古制，也

1　〔梁〕刘勰：《增订文心雕龙校注》卷二《祝盟》，第123页。
2　〔宋〕苏轼：《苏轼文集》卷六十三《祭文》《哀词》，第1937—1969页。

不见于同时代其他士大夫墓中，应为吕氏家族的个体行为，加刻铭文可以看作是对于仿古器的再制作。这种再制作显然暗含着对于该器物的又一次强调，以及对铭文所记内容的强调，即在"仿古"之外，附加了另一层意涵。器物的具体名称和器型承载了其仿古的性质，铭文的加刻，则进一步彰显了所有者的修为和德行。而这一题写行为，亦可见于北宋流行的器物题铭中。

北宋器物题铭

相比于商周青铜礼器，蓝田吕氏将铭文刻于器物外壁有一客观原因，即器物尺寸的大大缩小，内壁刻铭文在技术上已不可行。当然，更为重要的是，器物外向铭文有其视觉传统，应与这一时期器物题铭的流行有关。

李公麟曾为古器自作铭文，翟耆年《籀史》记载："（李公麟）又刻所得拱宝琥瑞等，自作钟鼎笺窾于池，云：元祐惟五年庚午，正月初吉，舒李伯时公麟父曰：友善陈散侯，惠我泗滨乐石，□敬怀义德不敢辞，乃用珊古宝十有六玉，环四周，受泉其中，命洗玉池。永嘉明德，恭祈寿康。子子孙孙，无疆惟休，其宝用之无已。"[1]苏轼也曾为这件洗玉池作铭文："世忽不践，以用为急。秦汉以还，龟玉道熄。六器仅存，五瑞莫辑。赵璧妇玩，鲁璜盗窃。鼠乱郑璞，鹊抵晋棘。维伯时父，吊古啜泣。道逢玉人，解骖推食。剑璲鋷秘，错落其室。既获拱宝，遂空四壁。哀此命世，久就沦蛰。时节沐浴，以幸斯石。孰推是心，施及王国。如伯时父，琅然环玦。援手之劳，终睨莫拾。得丧在我，匪玉欣戚。仲和父铭之，维以咏德。"[2]该篇题铭作于元祐八年

---

1 〔宋〕翟耆年：《籀史》，载〔清〕纪昀、永瑢等编《景印文渊阁四库全书》第 681 册，第 436 页。
2 〔宋〕苏轼：《苏轼文集》卷十九《洗玉池铭》，第 564 页。

（1093），此时李公麟仕京师，得马台石并置于斋中，苏轼建议"以所藏玉时出而浴之，具刻其形于四旁"，并铭刻于洗玉池其唇[1]。苏轼铭文中指出，秦汉以来古器多遭盗掘不为时人所重视，而李公麟钟爱古器，多有收藏并视为至宝，赞李公麟吊古藏宝之德。后徽宗到李公麟家拜访，见到了这件洗玉池，但因元祐党争时苏文被禁，李公麟之子李硕遂将洗玉池上的苏文磨掉以授使者。

有关宋人在器物上作铭的记录颇多，如《苏轼文集》中记录他曾作琴铭、鼎铭、钟铭、泉铭、砚铭等，仅砚铭就有近三十篇。苏轼十二岁时与群儿凿地为戏得异石，因琢为研并作铭以记之。此事被记录于《天石砚铭》中："轼年十二岁，于所居纱縠行宅隙地中，与群儿凿地为戏，得异石，如鱼肤温莹，作浅碧色，表里皆细银星，扣之铿然，试以为砚，甚发墨，顾无贮水处。先君曰：'是天砚也，有砚之德，而不足于形耳。'因以赐轼，曰：'是文字之祥也。'轼宝而用之，且为铭曰：'一受其成，而不可更，或主于德，或全于形，均是二者，顾予安取。仰唇俯足，世顾多有。'"后苏轼获罪下狱，流放途中将该砚视为传家宝，传于其子苏迨、苏过。[2]苏轼得天石砚的逸事被明代画家李宗谟选取绘于《东坡先生懿迹图》_(图4-1)中。画中苏轼端坐于书斋中，正执笔准备书写，书桌右上角的砚台即为天石砚。再如《墨庄漫录》的作者张邦基在京西时，曾得一璞玉，琢为砚台，其舅在砚背刻铭云："琢云根，陪玄颖，赞斯文，贻久永，无磷缁，坚以璟，之子操，同其炳。"[3]该砚南渡之后不存。吕景山墓出土三足歙砚的底部刻有仿金文铭文，赞誉景山为温润、净泽之君子[4]。现藏于台北故宫博物院的澄泥括囊砚，于

1　〔宋〕吕大临等：《考古图·外五种》，第118页。
2　〔宋〕苏轼：《苏轼文集》卷十九《天石砚铭》，第556页。
3　〔宋〕张邦基：《墨庄漫录》卷七《砚石评》，第210页。
4　铭文为："吕子，故大丞相汲公之子，死宣义郎，于其葬，友人王持名其砚云：贞而温，净而泽，君子似之。同瘗于岁，亿万斯年，惟以诒后人。"

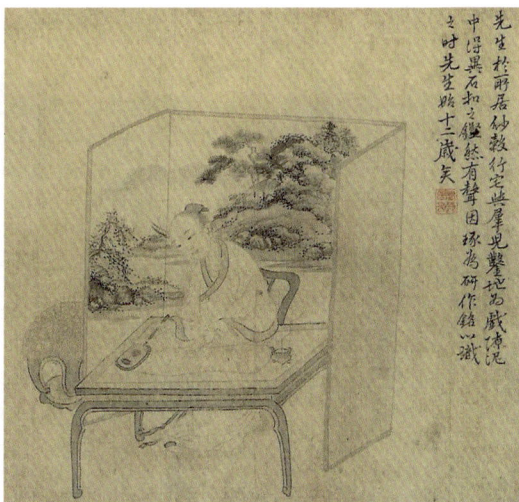

先生松醪居砂教行宝岘崖见磐地为戏沸沉中得异石和之铿然有声因琢为研作铭以识之时先生年十二岁矣

图 4-1　明　李宗谟　《东坡先生懿迹图》局部　故宫博物院藏

北宋元丰六年（1083）制成，砚背刻有仿金文铭文，传为苏轼的从星砚和传为姜夔的端石七星砚，砚侧刻有铭文。（图4-2）通过以上几件砚台实物可以了解北宋文人刻砚铭的大体情况。

　　宋代有一类奇石，表面纹理似有画意，有如月亮、山水等，故作石屏。石屏常被文人置于书桌前，为砚旁的小屏风，文献记载欧阳修曾藏有紫石屏，因其奇特古之未见，欧阳修曾请画工绘其图，欧阳修、梅尧臣、苏舜钦等文人都曾赋诗，如"石色紫而月白，月中有树森森然，其文黑而枝叶老劲，虽世之工画者不能为，盖奇物也"[1]，"每到月满时，石在暗室光出檐"[2]。《洞天清录》中记录了黄庭坚的乌石研屏及其刻铭之事："古无研屏，或铭研，多镌于研之底与侧。自东坡、山谷始作研屏，既勒铭于研，又刻于屏以表而出之。山谷有乌石研屏铭，今在婺

---

1 〔宋〕欧阳修：《欧阳修全集》卷六十五《居士外集·月石砚屏歌序》，第 951 页。

2 〔宋〕欧阳修：《欧阳修全集》卷四《居士集·紫石屏歌》，第 64 页。

图 4-2
上：澄泥括囊砚（正、背面）　北宋元丰六年（1083）　台北故宫博物院藏
下：传为姜夔的端石七星砚（正、背面）　台北故宫博物院藏

州义乌一士夫家。南康军乌石，盖乌石坚耐，他石不可用也。"[1] 黄庭坚还曾为其石秉文砚屏作铭："东方作矣，照耀万物。太白睒睒，犹配寒月。影落石中，千岁不灭。"[2] 在书斋中的研屏加刻铭文，此举既增添了研屏的文化内涵，又增添了书斋的文雅之气，对其所有者而言更是一种自身学养的升华。

由此可见，上述刻铭器物均与文人学识、书斋生活有关，或怀古

1　〔宋〕赵希鹄等：《洞天清录：外二种》，第 34 页。
2　曾枣庄、刘琳主编《全宋文》（第 107 册）卷二三二九《黄庭坚五二·石秉文砚屏铭》，第 297 页。

藏宝，或浸于文房。就题铭本身而言，这些专为器物所作的铭文并非简单的归属标记，而是侧重凸显器物本身特性，且常与所有者的经历和德行相联系。这些铭文皆位于器表，从外部可视，具有一定视觉性。上述器物无论是在形式还是载体上都与吕氏墓仿古石器十分相似，它们很可能存在某种关联，而这种针对某一实物的题写方式，还可见于同时期盛行的文人题壁和书画题跋中。

北宋文人题写

北宋文人题写盛行，其中，器物题铭、石壁题写和书画题跋尤为突出。此三者均依托于某一物质载体，且具有一定视觉传统。前文已对器物题铭做探讨，本节则主要讨论文人题壁和书画题跋。

文人题壁

与器物题铭相类似，题写石壁也依托于某一坚硬的物质媒介。唐代时已有文人题石或题壁的记录，如《邵氏闻见后录》记载，牛僧孺和李德裕均好赏石，曾在赏石上题字："今洛阳公卿园圃中石，刻奇章者，僧孺故物，刻平泉者，德裕故物，相半也。"[1] 题壁诗在唐代已普遍流行[2]，除诗文本身外，题壁的事件也被记录下来，如唐代著名诗人李白、

1　〔宋〕邵博：《邵氏闻见后录》卷二十七，李剑雄、刘德权点校，中华书局，1983，第 212 页。
2　罗宗涛：《唐人题壁诗初探》，载中国唐代文学学会、西北大学中文系、广西师范大学出版社主编《唐代文学研究》（第三辑），广西师范大学出版社，1992，第 56—90 页。

白居易都曾作有题壁诗，文献中详细记载了其题壁的经过，对此商伟曾作专文讨论[1]。

北宋时期，题壁、题石进一步在文人圈中流行：苏轼曾在江西庐山西林寺的墙壁上题写诗文，即著名的《题西林壁》，另有《题嘉祐寺壁》[2]等多篇题壁诗，以及《题凤翔东院王画壁》等多篇画壁题跋[3]；《墨庄漫录》收录有《苏子瞻蒋颖叔吴安中题灵璧石》，记录了苏子瞻、蒋颖叔、吴安中三人于宿州灵璧县张氏兰皋园一奇石上题跋之事[4]；米芾曾有《岳麓寺碑侧题名》："元丰庚申元日，同广惠道人来襄阳，米芾"[5]。此外，前文提到的《洗玉池铭》，苏轼曾将该篇"更写得小字一本，比之大字者稍精"，刻于石柱上[6]。

这一时期文人题壁不仅被文字大量记录，还被描绘下来，如藏于美国纽约大都会艺术博物馆的宋代团扇《吕洞宾过岳阳楼图》(图4-3)中，酒肆右侧的墙壁上绘有骑驴者和草木，并写有草书，虽具体文字不可辨认，但通过画作中对街巷酒肆旁题壁文字的再现，可以想见当时题壁现象的流行。《西园雅集图》记录了当时文人雅集的诸种活动，其中绘有米芾题壁(图4-4)。此段不仅描绘了被题写的石碑，还再现了文人题壁的场景：画中米芾着唐巾深衣，正昂首题石[7]，神情舒展恣意，旁有侍从和观赏者，观赏者专注的目光进一步将该段的重心置于米芾题壁的行为上。题写的具体内容固然重要，但不同于文献中对于题壁或题石

1　商伟：《题写名胜：从黄鹤楼到凤凰台》，生活·读书·新知三联书店，2020，第109—118页。

2　〔宋〕苏轼：《东坡题跋》，白石点校，浙江人民美术出版社，2016，第231页。

3　同上书，第166页。

4　苏轼题曰："东坡居士醉中观此，洒然而醒"，蒋颖叔见之复题云："荆溪居士暑中观此，爽然而凉"，吴右司师礼安中为宿守，题其后云："紫溪翁大暑醉中读二题，一笑而去。"见〔宋〕张邦基《墨庄漫录》卷七《砚石评》，第40页。

5　曾枣庄、刘琳主编《全宋文》（第121册）卷二六〇三《米芾七·岳麓寺碑侧题名》，第47页。

6　〔宋〕苏轼：《苏轼文集》卷五十一《与李伯时一首》，第1509页。

7　《西园雅集图记》记："唐巾深衣，昂首而题石者为米元章"，见曾枣庄、刘琳主编《全宋文》（第121册）卷二六〇三《米芾七·西园雅集图记》，第41—42页。

图 4-3

上：元　佚名　《吕洞宾过岳阳楼图》　绢本设色　纽约大都会艺术博物馆藏

下：《吕洞宾过岳阳楼图》局部

图 4-4　（传）南宋　刘松年　《西园雅集图》之"米芾题壁"　绢本设色　台北故宫博物院藏

文字的明确记录，画中被描绘的墙壁上，所题大多寥寥几字甚至不可辨认，显然在绘画中，题写的内容已退居其次，尤其当题写与文人相关联时，题写的行为本身被着重记录下来，成为视觉焦点，似为一种公开的表演。类似的场景亦可见于《西园雅集图》首段中，画中，诸人正围观苏轼写书法（图4-5）。在此类文人题写的场景中，题写行为的公开性和观众的在场十分重要。

　　宋代出现的访碑图也反映出类似问题。访碑是宋人追思古代的主要途径，如传为李成和王晓合作的《读碑窠石图》（图4-6）。此画中一骑驴者驻足于寒林中，全神凝望石碑，石碑上却未见一字，可见该画表

图 4-5 （传）南宋　刘松年　《西园雅集图》之"苏轼书法"　绢本设色　台北故宫博物院藏

现的并非读碑而是访碑，碑上所刻文字并不重要，而访碑的行为尤为突出。对于访碑行为的视觉记录，将复古活动情景化、经典化，使人身临其境体会到宋人怀古、复古之幽思。

书画题跋

　　从文献记载来看，跋尾在六朝时已经出现，唐代沿用，题跋在宋代开始盛行，宋人文集始有收入 [1]。就书画作品而言，张彦远《历代名

1　朱迎平：《宋代题跋文的勃兴及其文化意蕴》，《文学遗产》2000 年第 4 期，第 84—93 页。

图 4-6 （传）北宋 李成、王晓 《读碑窠石图》 绢本设色 大阪市立美术馆藏

画记》专设"叙自古跋尾押署"，记录晋宋隋代收聚图画之押署跋尾情况 [1]，但晋唐绘画传世较少，且多为宋人摹本，目前存世的唐画上不见时人题跋，如现藏于伦敦大英博物馆的传为顾恺之《女史箴图》唐摹本，卷后除了"顾恺之画"四字，并无题跋；藏于故宫博物院的唐代纸本作品《五牛图》后，最早的题跋为元代赵孟頫题。然而，并非唐代绘画都没有唐人题跋，如传为阎立本的《步辇图》（一般认为是宋摹本）[2] 据米芾《画史》所记："唐太宗《步辇图》，有李德裕题跋，人

1 〔唐〕张彦远：《历代名画记》，俞剑华注释，江苏美术出版社，2007，第 62 页。
2 徐邦达：《古书画伪讹考辨》（一），载故宫博物院编《徐邦达集（十）》，故宫出版社，2015，第 57—60 页。

后脚差是阎令画真笔，今在宗室仲爱君发家"[1]，现存的宋摹本画后有章伯益的小篆题记，其中虽未提及此事，但明确提到李德裕曾于大和七年（833）为该画重装背，并记录了画中所绘的故事情节，这些信息很可能都是过录原画上李德裕题跋[2]。宋代洪迈《容斋随笔》中收录《李卫公辋川图跋》[3]一则，记录《辋川图》后李吉甫和李德裕题跋，从中可知王维《辋川图》为李吉甫家旧藏，李吉甫所藏书画多用方镇印记，洪迈在该条记录后评述道："虽今所传云临本，然正自超妙"[4]，可见虽然洪迈所记跋文具体翔实，但事实上，他很可能未曾见过李吉甫和李德裕本人题跋的原本《辋川图》。李德裕生活的时期已近晚唐，此时安史之乱后的古文运动已经进行了半个多世纪，为唐宋士人思想转型做好了重要的准备[5]，与北宋文化复兴一脉相承，而此前唐人在书画上题跋的普遍程度已无从知晓。

宋代开始出现题跋著作，较早者有欧阳修的《集古录跋尾》。无论从现存宋画还是文献记载来看，书画题跋盛于北宋，文人群体是这一行为的主要力量，尽管文人书画题跋并非文人画的必备要素，但这一行为的出现应与文人画的兴起密切相关，反映出文人画家作为新兴阶层在社会交往时的重要方式。

宋代文人十分喜爱在书画上题跋，部分为题画诗，部分为品评和记事，如北宋苏轼、米芾、黄庭坚、黄伯思、董逌等人均有大量题跋存世[6]。品题书画对象涵盖当时很多书画名家，其中最为活跃且题跋最

1 〔宋〕米芾：《画史》，载于安澜编《画品丛书》，第189页。
2 傅璇琮、周建国：《〈步辇图〉题跋为李德裕作考述》，《文献》2004年第2期，第66页。
3 〔宋〕洪迈：《容斋随笔》，孔凡礼点校，中华书局，2005，第497页。
4 同上。
5 ［美］包弼德：《斯文：唐宋思想的转型》，刘宁译，江苏人民出版社，2017。
6 除苏轼外，其余四人题跋见〔宋〕米芾：《米芾集》，辜艳红点校，浙江人民美术出版社，2019；〔宋〕黄庭坚：《黄庭坚诗集注》，〔宋〕任渊、〔宋〕史容、〔宋〕史季温注，刘尚荣点校，中华书局，2003；另有〔宋〕黄庭坚：《山谷题跋》，白石点校，浙江人民美术出版社，2016；〔宋〕黄伯思：《东观余论》，人民美术出版社，2010；〔宋〕董逌：《广川画跋》，载于安澜编《画品丛书》；〔宋〕董逌：《广川书跋》。

234

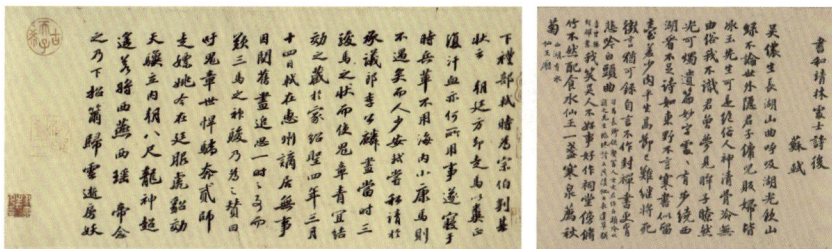

左：图 4-7　北宋　苏轼　《三马图赞并引残卷》局部　纸本墨书　故宫博物院藏
右：图 4-8　北宋　林逋　《自书诗》卷后苏轼所作《书和靖林处士诗后》　纸本墨书　故宫博物院藏

多者非苏轼莫属，明代毛晋辑刊的《津逮秘书》收录大量苏轼题跋，今人据此集结成《东坡题跋》[1]。如苏轼曾为其子苏过的《竹石图》题诗："老可能为竹写真，小坡今与石传神"[2]，称赞苏过的绘画；观王诜画《烟江叠嶂图》后写下《书王定国藏〈烟江叠嶂图〉》[3]，即著名的《烟江叠嶂歌》；苏轼之弟苏辙曾为李公麟《阳关图》题诗[4]，将其与王维的《渭城曲》相联系，诗画相通正是北宋文人艺术活动的一大特色。苏轼还曾为其过眼的顾恺之、陆探微、韩幹、郭忠恕、文同、李公麟等人绘画作赞，收录于苏轼文集中[5]。然而，苏轼题跋原作多已不存，故宫博物院藏有苏轼《三马图赞并引残卷》（图 4-7）是其中之一。苏轼曾私请李公麟画《三马图》，并自作赞文于画后，此段赞文记录了苏轼请李公麟作《三马图》的缘由和作赞始末，但遗憾的是，李公麟所画原图与赞分离，赞文前半段也遗失，目前仅存此后半段及部分宋人题跋。另故宫博物院藏林逋《自书诗》卷，苏轼于卷后作《书和靖林处士诗后》

---

1 〔宋〕苏轼：《东坡题跋》。
2 〔宋〕苏轼：《苏轼文集编年笺注》附录一《题过所画枯木竹石三首》，李之亮笺注，巴蜀书社，2011，第 452 页。
3 〔宋〕苏轼：《苏轼诗集》卷三十《书王定国所藏〈烟江叠嶂图〉》，〔清〕王文诰辑注，孔凡礼点校，中华书局，1982，第 1607—1609 页。
4 〔宋〕苏辙：《苏辙集》卷十六《李公麟阳关图二绝》，陈宏天、高秀芳点校，中华书局，1990，第 324 页。
5 〔宋〕苏轼：《苏轼文集》卷十九《天石砚铭》，第 556 页。

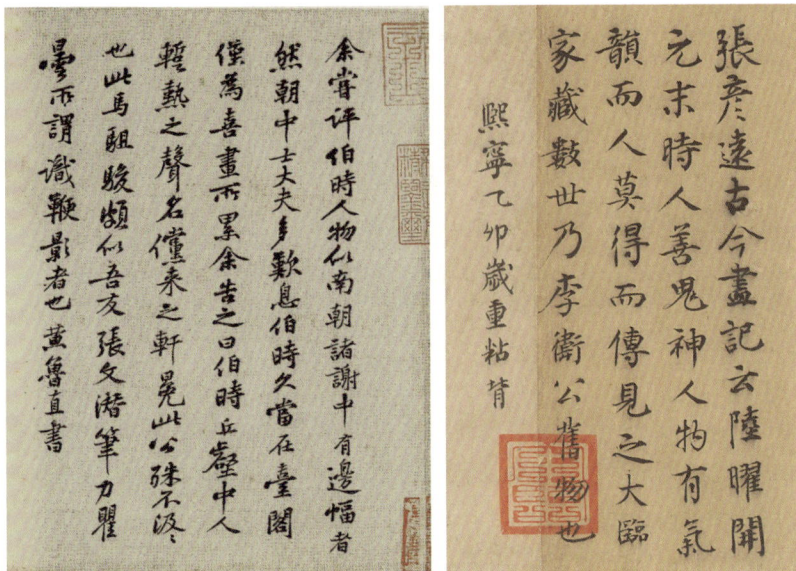

左：图 4-9　北宋　李公麟　《五马图》之黄庭坚跋语　纸本设色　东京国立博物馆藏
右：图 4-10　（传）唐　陆曜　《六逸图》卷后吕大临题跋　纸本设色　故宫博物院藏

（图4-8），赞颂林逋高节绝俗之质。该卷为目前唯一保持原始装裱形态的苏轼题跋作品 [1]。此外，黄庭坚曾有《题郭熙山水扇》《题惠崇画扇》《题郑防画夹五首》《题画孔雀》《题晁以道雪雁图》等 [2]，还曾为李公麟《五马图》题记和跋语（图4-9）。米芾曾于苏轼《枯木竹石图》后题跋，米友仁曾将后汉杨凝式《神仙起居法》鉴定为真迹并书于后……此类例证不一一列举。

现藏于故宫博物院的《六逸图》卷后有吕大临题跋（图4-10）："张彦远古今画记云，陆曜，开元末时人，善鬼神，人物有气韵，而人莫得

1　郁文韬：《东坡鸿影——故宫博物院藏苏轼主题书画精品述略》，载故宫博物院编《千古风流人物：故宫博物院藏苏轼主题书画特展图录》，故宫出版社，2020，第 15 页。

2　〔宋〕黄庭坚：《黄庭坚诗集注》。

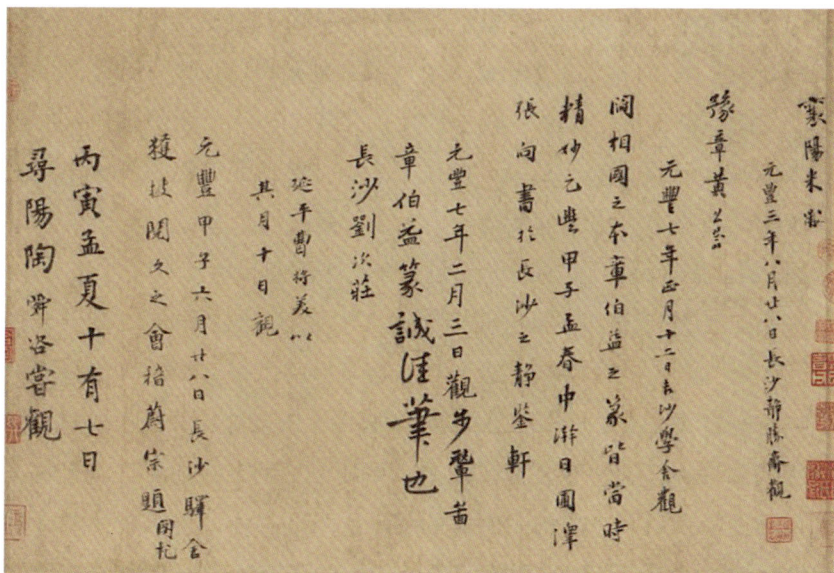

图 4-11　唐　阎立本　《步辇图》（宋摹本）卷后题跋（局部）　绢本设色　故宫博物院藏

而传见之。大临家藏数世，乃李卫公旧物也。熙宁乙卯岁重粘背。"由此可知，该画原为李德裕旧藏，后由吕氏家族收藏数世。学者多就这幅画的年代做探讨，一般认为是宋画[1]，但对此段题跋出自吕大临并未提出异议。由此可见，吕氏家族不仅收藏古器，还藏有书画作品，并曾在画上留下题跋。

多人卷后题跋的现象亦是北宋时期书画题跋的一大特征，以《步辇图》北宋摹本为例。该画早见于米芾《画史》，卷后有宋初章伯谦小篆题记，拖尾有米芾、黄公器、张向、刘次庄、曹将美、关杞、陶舜咨、

1　启功：陆名不确；傅熹年：宋画，陆名后所加；徐邦达：古摹本。见中国古代书画鉴定组编《中国古代书画图目 十九》，文物出版社，1999，第 39、332 页。杨仁恺记录："此图曾寓目，乃旧画本，在宋、元之间"，见杨仁恺：《国宝沉浮录——故宫散佚书画见闻考略》，上海人民美术出版社，1991，第 413 页。萧燕翼认为此本非李德裕原藏真本旧物，而是摹写副本，见萧燕翼：《唐陆曜〈六逸图〉记》，《紫禁城》1991 年第 5 期，第 42—44 页。

刘忱、李康年、张舜民、邓忠臣、张偓佺、张知权等十几位北宋文人的题跋（图4-11），内容大多为记录观画时间和观画者，以示"已阅"之意，部分为赞颂章伯益之篆文。其中，元祐元年（1086）汝阴张知权的题跋较为完备："静力居士所蓄名画法书悉皆佳绝，而唐相阎公所作太宗步辇图尤为善本，故后世传之一为宝玩。建安章伯益复以小篆载其事于后，伯益用笔圆健，名闻于时，亦二李之亚欤。元祐元年三月十五日，汝阴张知权题。"这段题跋在记录观画者、观画时间的同时，还记录了该画的所有者，并对画作本身和章伯益篆书给予很高赞誉。现藏于故宫博物院的《王羲之行书兰亭序卷》，旧传为唐褚遂良摹本，现基本认定为北宋摹本，卷后有北宋范仲淹、米芾、王尧臣、刘泾，以及宋末元初龚开等人题跋，均为观画后的题款，没有具体评述。现分藏于世界多地博物馆的宋人《睢阳五老图册》，绘北宋名臣五人，图后有宋、元、明、清文人题跋，今为册页形式，每册一幅画像，图后各有一册页题跋，另有包括欧阳修、司马光、张载、程颐、程颢、苏轼、黄庭坚等北宋文人的唱和诗等。另据文献记载，北宋哲宗元祐年间，一批士大夫曾共同为一篇名为《李氏述先记》的文章题写跋文，参与者包括苏轼、苏辙、苏颂、吕大防、刘挚在内的十余位朝中高官[1]。尽管《李氏述先记》为文章而非书画，但题跋的题写者和具体方式与上述书画题跋较为相似。以上宋人题跋形成一种"景观"，于今天研究者而言，亦为画作的一部分，其价值有时甚至超过原作本身，而这一风气在明清时更为盛行。

上述宋人题跋呈现出一个突出特征，题跋者大多属于苏轼的朋友圈，为与其有共同主张的志同道合之士，且与洪迈记载李吉甫、李德裕题跋最大的不同是，李氏所题跋的绘画为其家藏，而宋人题跋的绘画虽亦有家藏，但更为显著的特征是，宋人还常为友人收藏的书画作

---

[1] 相关研究见陈广胜：《苏辙等题〈李氏述先记〉跋文辑考》，《古籍整理研究学刊》2019年第6期，第53—57页；苗书梅：《北宋中期官僚士大夫的一次群体题跋行为考论》，《河北大学学报（哲学社会科学版）》2020年第4期，第1—9页。

题跋，且题跋行为经常发生在文人雅集一类集体交友、赏鉴活动中，而非仅在个人家庭内部。

从今天研究者的角度，书画题跋无疑为我们提供了包括作者、收藏者、流传及相关事件在内的作品信息，是了解和研读画作十分重要的信息来源，而面对一件没有题跋的古画，研究者往往无从下手。还有一个问题更值得重视，即宋人为什么题跋，也就是说，题跋对于宋人来说意味着什么。显然，题跋是文人鉴赏的一种方式，于题跋者而言，为公开发言、发表态度的重要途径，于作品本身，有着深化作品内涵，使其经典化的重要作用，正如明代毛晋所述："元祐大家，世称苏、黄二老，二老亦相互推重……凡人物书画，一经二老题跋，非雷非霆，而千载震惊，似乎莫可伯仲。"[1]因此，无论对于题写者还是被题写的事物，题写的行为本身和具体文字内容都十分重要，二者共同构成了制造"名胜之物"的过程。

---

1 〔宋〕苏轼撰：《东坡题跋》卷之六，第 240 页。

第三节

吕氏仿古器题铭的意图

　　器物铭文、题写石壁与书画题跋同时流行于北宋并非偶然，三者的写作者均为士大夫群体，且题写的内容大多是标榜身份或彰显德行，而吕氏家族墓出土的刻铭仿古石器与此三者在写作者——即文人群体——以及题写方式和内容上有着一定共性，这为理解吕氏墓仿古石器外壁满刻铭文的特殊形式提供了一种可能的路径。尽管如前文所述，吕氏墓仿古石器上的铭文内容可能来源于丧葬的祭文传统，但在题写行为和表现形式上很可能受到当时文人题写的影响，应与文人器物题铭和书画题跋的盛行有关。

　　如前文所述，仿古石器全部出土于吕氏大字辈和山字辈的墓中，即第三代和第四代吕氏成员。他们的墓葬均建造于 1074 年吕氏祖园迁葬太尉塬后，且大部分在 1090 年以后，即蓝田"四吕"影响较大的时期。而迁葬前所建墓葬，即便是大字辈成员墓，也不见随葬仿古石器，显然，是否随葬仿古石器与墓葬建造时间关联密切。元祐年间，吕大防出任宰相，与苏轼同朝为官，苏轼与吕氏家族成员交往密切，苏轼曾多次为吕大防写制词，皆为褒扬赞美之词，苏轼在外任职期间，与吕大防书信来往不断，且吕大防信中常表示对苏轼的欣赏，肯定了苏轼的才华[1]，苏轼还曾为吕大临作《吕与叔学士挽词》[2]。可以想见，吕大防、吕大临的志趣主张和行为举止很可能受到苏轼等人的影响，或者说，以苏轼为首的北宋文化圈有着共同的志趣主张与行为好尚。此外，《西园雅集图》中所绘16位参与者中，苏轼、李公麟、蔡天启和王仲至均为吕大临《考古图》中收录古器的收藏者（见附录1），尽管关于西园雅集这一件事是否真正发生过，学界至今仍有争议，但绘画作品的艺术之真与历史之真不同[3]，因此画家将这些人选中并聚集于一图中，应有其合理性，想必这些人在当时生活中多有交集。

　　从宋人笔记和诗文中常可看到，当时文人对于俗世的鄙夷和对尘外、雅事的追求。如司马光曾自题写真，并自比林野人："黄发霜须细瘦身，从来未识漫相亲。居然不可市朝住，骨相天生林野人"[4]，与米芾《西园雅集图记》开篇提到的"林下风味，无一点尘埃气"[5]异曲同工。梅尧臣咏欧阳修所藏紫石屏"独立笔砚间，莫使浮埃度"[6]，虽字面意为砚台障尘之用，但显然亦有远离尘埃之意。欧阳修曾自述："予性专而嗜古，凡世人之所贪者，皆无欲于其间，故得一其所好于斯"[7]，强调其收藏金石拓片的喜好与世俗之玩好不同。前文多次提及的苏轼更是远离常俗的大力提倡者，无论是其诗文还是他人评述，都常反映出苏轼"超然俗世之外""绝于俗"的人生态度，如苏轼的《超然台记》和为林逋《自

1　李如冰：《吕大防与苏轼》，《文史知识》2010年第1期，第76—81页。

2　"言中谋猷行中经，关西人物数清英。欲过叔度留终日，未识鲁山空此生。论议凋零三益友，功名分付二难兄。老来尚有忧时叹，此涕无从何处倾。"详见陈俊民辑校《蓝田吕氏遗著辑校》，第4页。

3　梁建国：《〈西园雅集图〉与北宋东京士人雅集》，载上海博物馆编《翰墨荟萃——细读美国藏中国五代宋元书画珍品》，北京大学出版社，2012，第356—377页。

4　李之亮笺注《司马温公集编年笺注》附录卷五《温公自题写真》，巴蜀书社，2009，第211—212页。

5　"人物秀发，各肖其形，自有林下风味，无一点尘埃气，不为凡笔也。"见曾枣庄、刘琳主编《全宋文》（第121册）卷二六〇三《米芾七·西园雅集图记》，第41页。

6　李之亮笺注《欧阳修集编年笺注》卷四《居士集·紫石屏歌》附载，第150页。

7　〔宋〕欧阳修：《集古录目序》，载〔宋〕欧阳修、欧阳棐《集古录跋尾 集古录目》，第400页。

书诗卷》所作的画赞等。可以想见北宋时期，欧阳修、苏轼一脉文人及其交往圈对于雅趣、脱俗的特别崇尚。那么，这种"绝俗之资"如何体现呢？对于当时人来说，莫过于通过行为举止和文化好尚体现之，而对于千年之后的研究者而言，除传世文献外，他们的遗物无疑是最为直观的证据。至此，反观吕氏大字辈和山字辈部分成员墓随葬刻铭仿古器的行为，似有深意。

吕氏墓出土刻有铭文的仿古器全部为石质，但墓中出土的石器品类丰富，除仿古器外，还有壶、碗、铫、钵、杯、盘、盏、碾、炉、盒、勺、砚、笔架等（见附录 2），主要出土于 1074 年迁葬太尉塬之后建造的墓葬中。从做工和使用痕迹看，这些石器中部分为生前实用器，如吕锡山墓出土茶釜，通体有使用痕迹，另一部分为明器，如吕大临墓出土的带盖执壶，壶底与壶身非一体制成，而是通过圈足沿上的小孔以短销钉固定[1]。这一做法应出于制作方便的考虑，同时反映出其为明器，不具有实用功能，另有一件小直口鼓腹罐，无底，应属同样性质。除仿古器外，吕氏家族墓出土的大部分石器没有铭文，仅吕景山和吕至山墓出土的三足歙砚底部有刻铭、吕省山夫人墓出土的"风"字形砚底部有墨书题记，但这三件砚台的石质与其他石器明显不同，且部分使用痕迹明显，应为生前用品随葬，而非专为墓葬制作的明器。

由此可见，吕氏在题写铭文的器类选择上有着明显的偏向，显然，这些被选择的仿古石器并非简单的明器，将仿拟古意的石器与赞誉德行且饱含情感之祭文有机结合，既赞颂了墓主独特的喜好与深厚的学识修为，又进一步强调了其君子身份的指向，这也正是吕氏区别于其他士大夫最为关键和显著的特征。当然，以上讨论多从视觉形式出发，并无直接证据，因此吕氏仿古器上铭文的处理方式是否确与北宋文人题写文化的盛行有关，文人题写的行为与丧葬语境又是怎样的关系等

1　陕西省考古研究院、西安市文物保护考古研究院、陕西历史博物馆编著《蓝田吕氏家族墓园》，第 300 页。

一系列问题，有待更多出土实物证据的支撑，此处仅提出这一有趣的
现象并略加分析。

相比于《读碑窠石图》中石碑上"铭文的缺席"，吕氏仿古器上
满刻的铭文呈现出另一种表达方式。如果说前者具有普遍性的境遇[1]，
那么后者则蕴含了对某一特殊群体或个体的纪念方式。这些仿古器的
材质和特殊的处理方式显然具有一定意味，而这一意味势必与其所处
时代、文化环境、交往人群和个体经历息息相关。基于这一认识，这
批仿古器不再是埋藏于黑暗地下的冷冰冰的明器，而是有着历史温度，
承载着文人喜好和时代悸动的有意味的器物。

至此，反观吕氏家族的古器物实践，仿古器在名和形上，大体遵
循三代之制，面对的是历史中的"古"，寄托着吕氏的复古理想；而在
器物铭文的处理方式和具体内容上，则以当时如题写等文化风尚为先，
一方面以题写的方式将铭文满刻器表，另一方面在内容上，不同于以
往古器铭文追享祖先、子孙永宝之公文，而侧重墓主文化修为的彰显，
更具有文人性。因此，这批仿古器无论从制作之初还是最终呈现出的
面貌来看，都与吕氏严格践行古礼的丧葬实践有着明显的差异。而题
写的形式和颇具文人性的铭文，正为这种差异提供了一种解释，也就
是说，在制作和随葬这批仿古器时，吕氏面对的不仅仅是向外的"追
三代之遗风"，更是当下的向内的自身。

1　［美］巫鸿：《废墟的故事：中国美术和视觉文化中的"在场"与"缺席"》，第 31 页。

复古
——士大夫的焦虑还是理想？

　　通过以上讨论，我们看到了蓝田吕氏复古实践的不同层次和不同面向，而这一认识，也为重新思考吕氏的复古和礼制问题提供了另一视角。

　　以往关于蓝田吕氏及北宋复古问题的讨论中，吕大临的《考古图》作为核心材料，始终被当作史料，或作为探讨北宋时期古器物收藏与研究的重要依据，或被用来与吕氏墓出土古器、仿古器相互对照，进而讨论吕氏的古礼实践问题。然而，稍做比对则不难发现，吕氏墓出土仿古器不仅与商周古铜器差距较大，亦与《考古图》收录同类器不完全相同，但学界往往对这些差异关注不足，分析有待深入[1]。这或源于人们习惯于在宏大的历史中寻找答案，而忽略了文人在面对所处时代时特殊的个人表达。因此，当我们有意识地在历史与个人的侧重上稍做区分，并将其中涉及的不同层次的"古"相互剥离时，或许会有新的认识。

1　许雅惠曾注意到吕氏墓仿古器与实际商周古铜器间的差异，将其解释为吕氏兄弟追求的是百代不变的古人之"精义"，不强调外观的相似，未做深入讨论。见许雅惠：《宋代士大夫的金石收藏与礼仪实践——以蓝田吕氏家族为例》，载浙江大学艺术与考古研究中心编《浙江大学艺术与考古研究》（第三辑），第151页。

三种"古"

就蓝田吕氏而言，至少存在三种不同的"古"。

一为真实的"古"，即历史中真实存在过的三代。对于研究者而言，这是一个不断发展的知识体系，不同时代有不同认识，就吕氏而言，这是他们致力于研究并试图接近的历史本身。

一为吕大临书中的"古"，即指吕氏所认识的历史中的三代，面向真实的历史，集其过目之古器物和事件为一体，无论从行文方式还是最终目的而言，仍为传统史学范畴，且在当时人看来，吕氏《考古图》是最接近三代古器真实面貌的重要史料。[1] 相对而言，书中的"古"记录的是具有普遍性的历史知识与规范，而非某一个体。

一为吕氏家族墓中的"古"，更多面向自身，即处于北宋特定时代的作为文人阶层的吕氏家族个体。在这一层面上，"古"一方面仍含有三代古礼之意，另一方面，在具体外化中又被赋予更多意涵。这批仿古石器均为自制，从其具体面貌上可以看到诸多似古非古的现象，这一差异应为吕氏在面对自身身份和境遇时选择的结果。相对书中的"古"而言，吕氏墓中的"古"微观且更具个人性。

另外，不同于墓中的"古"，以墓群布局规划为主的丧葬实践，虽亦为吕氏复古实践的重要部分，但具体来说，更多的是面向礼制，是制度，而非历史。因此墓地布局排列有序，严格遵循古礼中的昭穆制度和宗子法，为古礼制度之延续与继承，而较少个人化特征。

由此，三种不同层次的"古"有着不同的内涵和面向，而将其中任意两者简单对应势必会显现出差异，明确三种"古"的不同面向，种种差异自然就不难理解了，而这些差异之间所形成的缝隙，或正为时人对于时代的回应和个人表达。那么，蓝田吕氏对于时代有着怎样

---

1 如绍兴四年（1134）明堂之议中，国子监丞王普指出，当时明堂祭器实仿聂崇义《三礼图》出于臆度，未尝亲见古器，吕大临《考古图》乃亲得三代之器，验得三代之器，可以为据。详见〔元〕马端临：《文献通考》卷七十四《明堂》，第 2302—2303 页。

的回应和个人表达呢？

斯文与自牧

安史之乱以后，中晚唐文人力倡儒家复兴[1]，宋初欧阳修、石介、柳开等人沿着韩愈的文化方向，继续推行古文运动，以三王治人之道重建宋代政治、文化秩序，思想上逐渐由以文学为中心向以道学为中心转变，正如柳开门人张景在《柳公行状》中曾道："天下用文治，公足以立制度，施教化，而建三代之治。"[2] 显然，对于欧阳修指出的"三代而下，礼乐为虚名"的问题[3]，时人已经寻找到一条出路，即"建三代之治"。北宋自太祖时已开始制礼作乐，"考论声明文物之治，道德仁义之风"[4]。不同的是，关于复古问题一直存在两条主线：北宋中期以前皇家制礼作乐侧重于制度本身，目的在于恢复太平盛世，重建社会秩序，仁宗以后虽开始转向"回向三代"，但仍具有明确的政治意图，面向政治制度本身。而从学术层面，以碑刻古器物等追三代之制，以"考古"实现"复古"，则是在斯文已丧之时士大夫所做出的回应。

阎步克曾指出，儒生的"礼"乃是特指，特指古代与经书说的那个样子[5]。虽然他针对的是汉代的古礼复兴，但这一论断同样适用于认识北宋士大夫的复古态度，尤其是北宋中期以后士大夫群体的复古主张，他们所复的"古"和"礼"均为三代古礼，而非历代延续的礼仪制度。不同的是，汉代儒生复古、复礼依据的是经书，而北宋士大夫在经书

1　关于唐宋思想转型的重要著作，见陈弱水：《唐代文士与中国思想的转型（增订本）》，台大出版中心，2016；〔美〕包弼德：《斯文：唐宋思想的转型》。

2　〔宋〕柳开：《柳开集·附录》，李可风点校，中华书局，2015，第221页。

3　礼制研究领域的学者就欧阳修这一论断是否符合史实有不同意见，本书仅关注欧阳修本人的态度和看法，这也是后来部分士大夫以实际行动复兴三代的前提，至于是否符合史实，本书不予讨论。欧阳修原文详见〔宋〕欧阳修、〔宋〕宋祁：《新唐书·礼乐志一》，中华书局，1975，第307页。

4　"遂使三代而降，考论声明文物之治，道德仁义之风，宋于汉、唐盖无让焉。"见〔元〕脱脱等《宋史》卷三《太祖本纪三》，第51页。

5　阎步克：《服周之冕：〈周礼〉六冕礼制的兴衰变异》，中华书局，2009，第17页。

的基础上，开始"考古"，面向古物金石的考订，试图寻找古的真实面目。本书关注的蓝田吕氏复古实践，正处于北宋中后期士大夫"考古"的文化浪潮下。

吕大临《考古图》及一系列文集为蓝田吕氏考订古礼的重要研究成果。蓝田吕氏不仅考古，而且躬行古礼，注重实践。就目前考古发现而言，与复古实践有关的实物遗存较少，而吕氏家族墓无疑是一个绝佳案例。无论是墓地尊卑有序布局的设置，还是随葬古器、仿古器的特殊行为，都是吕氏家族将古礼付诸实践的重要方式，共同构成了该家族的复古实践。宏观上说，以上研究和实践成果均为吕氏家族面对所处时代所做出的回应，即以著书立说和身体力行实现复古以追三代之制。

具体来看，在吕氏著书立说和躬行实践的内部，又显现出诸多差异和实践的不同层面。如在《考古图》等吕氏遗著中，吕氏寻本探源，试图探究古器、古礼的真实面目，以相对严谨的态度，如实记录所见、所学和所思，详细考订；在墓园布局上，严格践行古礼，参照昭穆制度、宗子法及袝葬观念设计规划。前者寻求历史的本真，后者注重古礼制度的延续，二者均为吕氏面对北宋时代的发展走向而选择的道路。这条路早在欧阳修、刘敞时已有了方向，而吕氏在这条路的实践上更进一步，不仅正史传之阙谬，更身体力行，以重建斯文。

在吕氏家族墓随葬仿古器的制作上，则显现出诸多与三代古器的差异性特征。这可能与传统儒家"重道轻器"的观念有关，但更为重要的是，吕氏似乎刻意与古拉开距离，如吕氏墓中随葬的石敦，在器类和铭文字体上仿古，但在具体材质、形制、铭文写法和题写方式上，又与三代古器有所区别，似古非古；随葬的石磬倨句多呈直角或稍大，在形制上与《考古图》所记倨句几乎成180°的"造磬"不同。石磬、石敦的随葬者为蓝田吕氏家族中最为显赫的大字辈及其部分子辈——山字辈。尽管当时蓝田吕氏在学术上有很高声望，但从官阶来看，除吕大防曾任哲宗朝宰相外，其余成员大多为官阶不高的文散官，或登进士而不仕，而家族中官阶最高的吕大防最终于流放途中去世。因此，相比于身居高位直接参与朝政的士大夫，蓝田吕氏更重于学术，虽与部分朝中官员交往密切，且其著书立说中不乏政治态度的显露，在整体倾向上，更面向"内"而非"外"，注重自身学统、修为和品位的建立，讲求自牧以独善其身。在这一点上，全面且深入地追复和践行古礼无疑是其重要途径，进而实现修养德行的君子之志。而随葬仿古器上诸多似古非古之处，以及题写方式的考量，或正是这一目的的具体体现。相比于以往墓葬中对墓主身份地位的彰显，蓝田吕氏墓更强调体现家族的学问修养和雅好志趣。由此可见，吕氏的复古实践，既面向历史，更面向自身。

当然无可否认的是，就目前考古发现而言，无论从古器物实践还是丧葬实践角度，吕氏家族的复古追求与身体力行实属特例，既无先例，也无后来者，是北宋时代的特立独行者。历史的毛细血管往往牵动着时代的脉搏，正是这一特例，让我们看到具体且鲜活的北宋士大夫家族形象。吕氏家族尊古复礼的学术传统，虽大体符合北宋仁宗以来从宫廷到士大夫阶层的复古浪潮，但他们对于古礼的恪守与全方位地复古实践，相比于仁宗及徽宗时期的复古实践，有着不同的面向和追求。而这种差异，既为我们了解整个北宋时期不同阶层复古活动的丰富性和多样性提供了重要视角，也为反观古器物研究与实践在整个吕氏家族复古实践中的位置找到了突破口。

更为有趣的是，北宋这个在蓝田吕氏等当时的文人看来斯文已丧的时代，正是一千年后陈寅恪所提出的中华文化之"造极之世"，更是我们今天所普遍认为的文化高度发展之时代，这种古与今认知间的张力一直存在于中国数千年的历史文化中，循环往复，故而当代学者驰骋于"历史"与"历史记忆"之间，虽漫漫长路，却乐此不疲。

附录

附录 1
吕大临《考古图》收录古器及其来源

藏家	收录古器	出土地	数量
秘阁	蚕鼎、父辛旅彝、方文方壶、三耳大壶、篆足豆、兽环细文瓿、𨱎2	未知	9
	宋君夫人餗鉹鼎	京兆	
太常	走钟5、迟父钟	未知	6
内藏	牛鼎、方乳曲文大鬲、伯勋父圜旅甗、周敦、螭耳敦、壶尊、秦铭勋钟、双鱼四钱大洗、双鱼洗、金饰小鼎、方耳鼎、直耳鼎、瑽盘	未知	15
	仲信父方旅甗	好畤	
	大公缶	冯翊	
河南文氏潞公	王子吴飤鼎、匚旅鬲、单伯彝、伯玉敦盂、季姬匜	京兆	16
	乙鼎	邺郡	
	弁口鬲、垂环鬲、文足甗、圜甗、篆口耳足敦、方壶、兽环壶一、周阳侯甗鏓、曲耳小鼎	未知	
	细文鬶	荥阳	
丹阳苏氏子容	小子师簋、牛匜、丞相府漏壶	未知	4
	郮子钟	颍川	
临江刘氏邁父	晋姜鼎	韩城	10
	公诚鼎	上雒	
	彝敦	螯屋（凤翔）	
	邢敦、伯庶父敦、叔高父旅簋	扶风	
	伯百父敦	骊山白鹿原	
	中言父旅敦	未知	
	岠中簠、岠伯旅匜	蓝田	
河南张氏景先	某父鬲	凤翔（螯屋）	9
	直耳鬲、单㲉癸彝	河南（河清）	
	戠敦、师奂父旅簋、齐豆	扶风	
	单㲉从彝一、单㲉从彝二、单㲉从彝五	未知	
睢阳王氏仲至	虢姜敦、篆带爵、季姜盂、大官铜鍊	未知	7
	寅簋、师馀象彝	京兆	
	中朝事后中尊	岐山	
新平张氏舜民、芸叟	直耳饕餮鼎、直耳篆带鼎、虘彝、五彝、田卣、圜乳方文彝、兽环大腹四廉壶、主人举爵、癸举、兽环盂、汉镫、侈耳区鼎、连环壶鼎	未知	13

藏家	收录古器	出土地	数量
庐江李氏公麟、伯时	庚鼎、辛鼎、癸鼎、四足疏盖小敦、三牛敦、杜嬬铺、簠盖、持戈父癸卣、召中考父壶、觚、龙文瓿、削、琥、琫珌、水苍珮、有柄行镫、熏炉、侈耳鼎、鐎斗、携瓶、温壶、三足香炉、凤奁	京师	68
	郑方鼎、虎彝、父丁爵、双鱼洗2	新郑	
	丁父鬲、单彝从彝四、父己足迹卣、象尊、玉杯、白玉云钩、玉环、玉玦、珇玉蟠螭、玉环玦、龙虎鹿卢灯、好畤共厨鼎、有柄温壶（炉）、书镇、舞镜、玉甲带钩、金蟠螭革带钩、瑟瑟细山水字钩、银错螳螂钩、雕狐钩、宝钉钩	未知	
	父己人形彝、兽环细文壶一、己举爵、戈、璃玉璩、连环壶鼎	寿阳紫金山	
	主父己足迹彝、仲姞旅匜	京兆	
	足迹罍	邺郡	
	挈壶、辟邪镫	河滨	
	弩机	婺之兰溪	
	璧	洛阳	
	玉带钩、玉鹿卢	长垣	
	弇上象斗	天台	
	一耳卮、博山香炉	投子山	
	兽炉	寿春	
开封刘氏瑗、伯玉	四足鬲、师兑父旅簋、乐司徒从卣、小方壶、中爵、一华鸡足镫、两耳杯、携奁	未知	8
京兆田氏棨	孔文父饮鼎、篆带彝、史孙殷盘、鹿卢灯	未知	6
	虢叔彝、父癸方彝	京兆	
扶风乞伏氏	东宫方鼎、史剢簠	扶风	3
	雁侯敦	未知	
京兆吕氏	父己鬲、螭首平底斗、螭首平底三足铛	颍城	10
	散季敦、兽环细文壶二	乾之永寿	
	兽环壶二	京兆	
	特钟、编钟、首山宫雁足灯、甘泉上林宫行镫	未知	
京兆薛氏绍彭、道祖	细足爵、有柄凤龟镫	未知	2
眉山苏氏子瞻	楚卭仲妳南和钟	钱塘	1
颍川韩氏持正			

续表

藏家	收录古器	出土地	数量
京兆范氏巽之	牧敦	扶风	1
洛阳曾氏			
东平荣氏启道	从单彝	河南河清	3
	木父乙卣、三耳壶	未知	
河南寇氏准	聘钟	未知	1
丹阳蔡氏肇，天启	祖丁彝	未知	1
河南许氏	伯戋鑫、伯戋颎盘	河内太行石室	2
河南	娟式鼎	未知	1
扶风王氏筌子真	造磬	未知	1
京兆孙氏求，祖修	邢敦	扶风	3
	轵家釜、轵家甑	京兆	
邺郡窦氏	饕餮鼎	邺郡	1
河南王氏康功，师文	亶甲觚	邺郡亶甲城	1
鄱阳法相院	龙文三耳卣	彭泽马山洞穴	1
河南李氏	秦权	未知	1
东平王氏禹玉			
京兆毋氏沇，清臣	车宫承烛盘	未知	1
京兆李氏庠彭			
东明刘氏㮚，仲平	兽环细文壶三	未知	1
京兆陈氏	甘泉内者镫	未知	1
华阴宋氏子安，道卿	高奴鼎	未知	1
京兆孙氏默	轵家釜、轵家甑	京兆	2
成都大慈寺僧	犀灯、羊灯	未知	2
庐江高氏			
睢阳赵氏			
未知藏家	云鼎、虢叔盨、叔殷毂鬲、单夒从彝三	未知	10
	庚甗	京师	
	商兄癸彝	邺郡	
	父丁彝	洛郊	
	父乙卣	未知	
	言父爵	洛阳	
	方耳鼎	未知	

续表

藏家		收录古器	出土地	数量
所藏姓氏 未录	淮阳赵氏 （或为睢阳 赵氏）	圆篆甒	未知	9
	河南刘氏	单爵	洛阳	
	京兆苏氏	镫	未知	
	邛州天宁 寺僧道	捧敕珮 2	临邛天宁僧	
	苏台蒋氏	蛟镫	未知	
	河东王氏	秦权	未知	
	鲁氏	己丁敦	龙游	
	洛阳鲁氏	立戈父己卣	龙游	

注：

1. 本表内器物数量除特别标注外，其他皆为 1 件。
2. 本表中的器物名称参照《考古图：外五种》（上海书店出版社，2018 年 1 月第 1 版第 2 次印刷）
   著录。
3. 本表中空白处为《考古图》中仅载录姓氏，但未收录藏品。

附录 2
蓝田吕氏家族墓出土石器

墓葬 （建造时间）	仿古礼器			食器				茶具				香具	酒具		文房		其他		
	鼎	敦	磬	碗	壶	盘	罐	盏	碾	铫	斗	炉/熏	壶	杯	砚	笔架	钵	盒	盘状器等
M1（1110） 吕大雅夫妇墓			1•												1				
M2（1093） 吕大临夫妇墓		2•		6	1		1	1 套	1			1		2			5		1
M4（1111） 吕景山夫妇墓		1•	1•												1•				白石盘 1
M5（1107） 吕省山夫人墓						1						1			1•			1	
M6（不详，但与 M5 似，约 1107 年 左右）吕仲山夫人 墓						1						1			1			1	
M7（1108） 吕倩蓉墓						碟 2		1							1			1	菊花形盘 2
M12（1117） 吕大圭夫妇墓		1•	1•												1				
M15（1075） 吕氏庶母马夫人墓																	1		石珠 1
M20（1100） 吕大忠夫妇墓			2	1•		2/ 碟 1		1						2				3	菊瓣盘、 器纽、饰 件、残底 各 1
M22（1112） 吕大钧夫人墓				1															器底、盖 钮各 1
M25（1108） 吕锡山夫人墓						1													釜 1
M26（1102） 吕义夫妇葬墓	1•	2•	1•	2	1					1		1	1					1	鑑 1、盒 盖、器盖、 六边形残 器盖、子 母狮镇、 镂孔佩饰 各 1
M28（1074 迁） 吕大观墓															1				
被盗品					1	1		2 套		1				1	2（其 中 1 件 刻有铭 文）		1	1	菊瓣盘 1

注：
1. 未特殊标明单位者均为件。
2. "•"指刻有铭文。

附录 3
吕氏成人墓葬设置

墓葬名称	入葬太尉塬时间	墓葬形制	合葬方式	随葬品数量	空穴
M1 吕大雅夫妇墓	1110/1093	前后双室	同穴异室	31（遭盗扰）	
M2 吕大临夫妇墓	1093	一前室双后室	同穴异室	123（遭盗扰）	2
M3 吕大防墓	1097	单室	/	/	
M4 吕景山夫妇墓	1111	单室	同室异棺椁	43（遭盗扰）	
M5 吕省山夫妇墓	1107	单室	单人葬	30	
M6 吕仲山夫妇墓	不详，推测 1107	单室	单人葬	43	
M7 吕倩蓉墓	1108	单室	单人葬	36	
M8 吕通夫妇墓	1074	单室	同室同椁异棺	7（遭盗扰）	
M9 吕英夫妇墓	1074/1093	单室	同室同椁异棺	23（遭盗扰）	
M12 吕大圭夫妇墓	1117/1074	单室	同室异椁棺	69	1
M14 吕大受墓	1074	单室	单人葬	13	
M15 马夫人墓	1075	单室	单人葬	22	
M16 吕大章墓	1074	单室	单人葬	9	
M17 吕蒉夫妇墓	1074	单室	同室同椁异棺	24（遭盗扰）	
M20 吕大忠夫妇墓	1100/1074（姚）/1096（樊）	一前室双后室	同穴异室	56（遭盗扰）	1
M22 吕大钧夫妇墓	1082/1074（马）/1112（种）	并列双室	同穴异室	62（遭盗扰）	
M25 吕锡山夫人墓	1103（侯）/1110（齐）	并列双室	同穴异室	57	
M26 吕义山夫妇墓	1102	主室带侧室	同穴异室	73	
M28 吕大观墓	1074	单室	/	14	
M29 吕至山夫妇墓	1111	单室	未见葬具和遗骸，推测为夫妇合葬	8（遭盗扰）	

注：
1. "合葬方式"一栏"/"代表未见，如 M28 吕大观墓为 1074 年迁葬，未见葬具。
2. "入葬太尉塬时间"一栏"/"前后分别为夫和妇的入葬时间，以 M1 吕大雅夫妇墓为例，"1110"为吕大雅入葬时间，"1093"为夫人贾氏入葬时间，如遇墓葬为两位夫人合葬，则在具体年代后标明夫人姓氏。夫妇合葬墓中只标明一个入葬时间的，为夫妇迁葬时间或男性入葬时间。

附录4
夫妇合葬墓男女随葬品统计

墓葬	入葬时间	男性随葬品						女性随葬品					
		瓷器	陶器	铜器	铁器	石器	其他	瓷器	陶器	铜器	铁器	石器	其他
M1 吕大雅夫妇墓	1110/1093	白釉双系罐、黑釉金兔毫盏、青白釉葵口碟	"卍"字圆盒、"风"字砚、灯盏、围棋子	带饰、铜钱	剪刀2、铁铧、柄形器、棺环	磬、墓志2		茶叶末釉小口瓶2、白釉圆盒、白釉浅腹碗	小口鼓腹罐3、素面圆盒	铜钱	执壶、镇纸、锥状器		
M2 吕大临夫妇墓	1093	青釉刻花瓶2、青釉瓶2、青白釉瓜棱腹带盖执壶2、黑釉双系壶、素烧广口罐、黑釉双系罐、酱釉双系罐、黑釉鼓腹双系罐、青白釉熏炉、青釉圆盒3、青釉刻花碗9、黑釉金兔毫盏、黑釉银兔毫盏、姜黄釉印花盏、姜黄釉印花双鱼纹盘、青白釉六曲葵口碟、黑釉灯盏	带盖罐、罐4、筒形盒4、澄泥砚、风字形砚3、镇纸、灯盏2、球形器	瓜棱腹带盖执壶、漆背镜、扁球形把手、铜钱	带盖鼎、剑、三足盘、尺形镇、剪刀4、铁铧	敦2、带盖执壶、小直口鼓腹罐、盘状器、茶碾、台盏、博山熏炉、钵5、六曲葵瓣碗6、托杯、耳杯	锡梳、六曲玻璃碗4、广口玻璃盏、深腹玻璃盘、松香多件	青釉刻花瓶2、青釉刻花鼓腹瓶、酱釉尊2、黑釉双系钵、姜黄釉印花莲纹盘、黑釉盘	圆盒、灯盏	提手、环扣、铜钱、铁牛2、铁猪2			白玉印坯、残棒状玻璃器
M4 吕景山夫妇墓	1111	黑釉小口瓶、酱釉小口瓶、黑釉双系罐、酱釉双系罐、黑釉金兔毫盏、白釉盘2	鼓腹罐、带盖圆盒、风字形砚	净瓶、衣尺2、鎏金带具、球状器柄、铜钱	剑、铁铧	石敦2、磬、三足歙砚	钵状玻璃器、圆底刻花玻璃器	黑釉双系罐、黑釉微盘口双系罐、白釉圆盒盖、青白釉印花六曲葵口碗、黑釉银兔毫盏、青白釉六曲葵口碟		净瓶、团菊纹镜	熨斗、剪刀2		
M8 吕通夫妇墓	1074	不详	不详										

续表

墓葬	入葬时间	男性随葬品						女性随葬品					
		瓷器	陶器	铜器	铁器	石器	其他	瓷器	陶器	铜器	铁器	石器	其他
M9 吕英夫妇墓	1074/1093	不详						不详					
M12 吕大圭夫妇墓	1117/1074	黑釉盘口瓶、黑釉带盖瓜棱罐2、白釉双系瓜棱罐、白釉台盏		牡丹纹镜、瑞兽纹镜、渣斗、鎏金带饰3、鎏金铜器柄、铜钱	佩刀、剪刀、铁钵、棺环、铁钱	石敦、磬、风字形砚	银扣边6						墨
M17 吕黄夫妇墓	1074	白釉台盏2	风字形砚	龙虎纹镜、蘑菇形器柄、带饰、铜钱	铁剑、棺环		笏板（骨器）、木器	茶叶末釉盘口瓶2、青釉壶盖		簪2、钗、花蕾形耳坠、铜钱	剪刀		
M20 吕大忠夫妇墓	1100/1096	青釉刻花牡丹纹广口瓶2、茶叶末釉双系罐	黑衣大圆盒、黑衣筒形盒4		铁钵	敦2、磬、香薰2、钵3、盘3、菊瓣盘、碟、器纽、饰件、残器底、墓志2（吕大忠和姚夫人）	玉箫、玻璃围棋子、墨块	青釉六曲葵瓣浅腹碗4、青釉深腹碗、青釉托盏		簪2（西）带扣、铜钱（东、西）	圆形器底（西）		锡托盏（西）
M22 吕大钧夫妇墓	1082/1074/1112	不详	不详										
M26 吕义山夫妇墓	1102	青釉刻花小口瓶2、黑釉双系罐3、白釉带盖深腹碗、白釉六曲葵瓣碗5、白釉六曲葵瓣碗2、黑釉盘、青釉碟、白釉六曲葵瓣小碟3	围棋子	鎏金铜佛像、素面钵、星云纹镜、衣尺、器足、铜钱	剪刀2、铁钵	鼎、敦2、磬、鎏、温碗、带盖执壶、八棱执壶、茶铫、博山熏炉、素面小碗、素面圆盒、圆盒盖、器盖、六边形残器盖、子母狮镇、镂孔佩饰		黑釉盘口双系罐、黑釉筒形腹双系罐、白釉六曲葵瓣碗3、青釉白釉印花盏、黑釉油滴盏、白釉六曲葵瓣盘9、青釉碟、白釉六曲葵瓣小碟、青釉圆盒	罐	铜钱	带盖执壶、熨斗、剪刀3、长柄圆铲		

续表

墓葬	入葬时间	男性随葬品						女性随葬品					
		瓷器	陶器	铜器	铁器	石器	其他	瓷器	陶器	铜器	铁器	石器	其他
M29 吕至山夫妇墓	1111	不详	不详										

注:

1. 本表中"入葬时间"特指入葬太尉塬时间。
2. 残片暂不列入统计。
3. M2 中女性墓大部分随葬品出于东后室,仅黑釉盘出于西后室;M20 吕大忠夫妇墓女性墓大部分随葬品出于东后室,出于西后室者均特殊标明"(西)"。
4. 单室墓部分随葬品位于东、西棺椁之间者,无法确定归属,暂不列入统计。
5. M12 吕大圭墓位于 K2 附近的随葬品均未列入统计。
6. M9 吕英墓、M12 吕大圭墓和 M17 吕黉墓、M20 吕大忠妻樊夫人的墓志均出于壁龛内。
7. M22 吕大钧夫妇墓中,因葬具、葬式不明,无法判断吕大钧所葬位置,仅根据磬出于西墓室,推测吕大钧可能与继妻种氏同葬于西室,故男性、女性随葬品无法区分,暂不列入统计。、
8. 本表中器物数量除特别标注外,其他皆为 1 件。

附录 5
吕氏家族墓出土仿古器情况

墓葬名称	入葬太尉塬时间（男/女）	男墓主身份（据墓志）	石磬				石敦			其他（单位为cm）
			数量	制作者/刻铭者	鼓长：最长边（单位为cm）	倨句角度（约）	数量	制作者/刻铭者	通高/腹径（单位为cm）	
吕大雅夫妇墓	1110/1093	承务郎	1	吕仲山、吕景山、吕锡山、吕德修、吕辅修	44.5	135°		/		
吕大临夫妇墓	1093	左奉议郎，秘书省正字		/			2	吕大圭	23.5/18.8	1件石质博山炉盖和底座
吕景山夫妇墓	1111	宣议郎	1	吕为修	29.5	105°	1	吕为修	15.7/23.3	
吕英夫妇墓	1074/1093	著作佐郎		/				/		1件瓷簋17.4/21.4
吕大圭夫妇墓	1117/1074	朝散郎		王彦方	58.5	105°	1	吕德修	11.6/16.2	
吕大忠夫妇墓	1100/1074（姚）/1096（樊）	朝散大夫	1	吕锡山	24	135°	2	/	残高9.5/13	
吕大钧夫妇墓	1082/1074（马）/1112（种）	宣议郎	1	/	63	90°		/		
吕锡山夫人墓	1103（侯）/1110（齐）	承奉郎		/				/		1件陶鼎13.5/19.5
吕义山夫妇墓	1102	宣议郎	1	吕德修、吕辅修	42	90°	2	吕德修、吕辅修/孙求	13/16.6 13.7/17.5	1件石鼎，王安中刻铭，20.6/16.8；1件石质博山炉，通高20.6

参考书目

文献：

徐元诰集解，王树民、沈长云点校，《国语集解》，中华书局，2002。

〔秦〕吕不韦编，许维遹集释，梁云华整理，《吕氏春秋集释》，中华书局，2009。

〔汉〕许慎撰，〔宋〕徐铉校定，《说文解字》，中华书局，1963。

〔汉〕刘熙撰，〔清〕毕沅疏证，〔清〕王先谦补，《释名疏证补》，中华书局，2008。

陈立疏证《白虎通疏证》，中华书局，1994。

〔汉〕班固撰，〔唐〕颜师古注，《汉书》，中华书局，1962。

〔汉〕司马迁撰，《史记》，中华书局，1982。

〔汉〕郑玄注，〔唐〕贾公彦疏，黄侃经文句读，《周礼注疏》，上海古籍出版社，1990。

〔三国魏〕曹植著，赵幼文校注，《曹植集校注》，中华书局，2016。

〔南朝宋〕范晔撰，〔唐〕李贤等注，《后汉书》，中华书局，1965。

〔梁〕皇侃撰，高尚榘点校，《论语义疏》，中华书局，2013。

〔梁〕刘勰著，黄叔琳注，李详补注，杨明照校注拾遗，《增订文心雕龙校注》，中华书局，2012。

〔后晋〕刘昫等撰，《旧唐书》，中华书局，1975。

〔唐〕姚思廉撰，《梁书》，中华书局，1973。

〔唐〕魏征、〔唐〕令狐德棻撰，《隋书》，中华书局，1973。

〔唐〕韩愈著，〔清〕方世举编年笺注，郝润华、丁俊丽整理，《韩昌黎诗集编年笺注》，中华书局，2012。

〔唐〕白居易著，谢思炜校注，《白居易诗集校注》，中华书局，2006。

〔唐〕杜佑撰，《通典》，中华书局，1988。

〔唐〕李林甫等撰，陈仲夫点校，《唐六典》，中华书局，1992。

〔唐〕张彦远著，俞剑华注释，《历代名画记》，江苏美术出版社，2007。

〔宋〕蔡絛著，沈锡麟、冯惠民校点，《铁围山丛谈》，中华书局，1983。

〔宋〕赵明诚著，刘晓东、崔燕南点校，《金石录》，齐鲁书社，2009。

〔宋〕洪迈撰，孔凡礼点校，《容斋随笔》，中华书局，2005。

〔宋〕欧阳修撰，《集古录跋尾》；欧阳棐撰，《集古录目》，上海古籍出版社，2020。

〔宋〕欧阳修撰，《新五代史》，中华书局，1974。

〔宋〕欧阳修著，《欧阳修全集》，中华书局，2001。

〔宋〕欧阳修著，洪本健校笺，《欧阳修诗文集校笺》，上海古籍出版社，2009。

〔宋〕苏轼撰，孔凡礼点校，《苏轼文集》，中华书局，1986。

〔宋〕苏轼撰，白石点校，《东坡题跋》，浙江人民美术出版社，2016。

〔宋〕苏轼撰，〔清〕王文浩辑注，孔凡礼点校，《苏轼诗集》，中华书局，1982。

〔宋〕苏辙撰，陈宏天、高秀芳点校，《苏辙集》，中华书局，1990。

〔宋〕米芾撰，辜艳红点校，《米芾集》，浙江人民美术出版社，2019。

〔宋〕黄庭坚撰，〔宋〕任渊、〔宋〕史容、〔宋〕史季温注，刘尚荣校点，《黄庭坚诗集注》，中华书局，2003。

〔宋〕黄庭坚撰，白石点校，《山谷题跋》，浙江人民美术出版社，2016。

〔宋〕黄伯思著，《东观余论》，人民美术出版社，2010。

〔宋〕柳开撰，李可风点校，《柳开集》，中华书局，2015。

〔宋〕李焘撰，《续资治通鉴长编》，中华书局，2004。

〔宋〕司马光编著，〔元〕胡三省音注，《资治通鉴》，中华书局，1956。

〔宋〕吕大临等著，曹树明点校整理，《蓝田吕氏集》，西北大学出版社，2015。

〔宋〕聂崇义著，《新定三礼图》，浙江人美出版社，2015。

〔宋〕张载著，章锡琛点校，《张载集》，中华书局，1978。

〔宋〕吕大临等撰，廖莲婷校点，《考古图：外五种》，上海书店出版社，2016。

〔宋〕王黼著，诸莉君整理校点，《宣和博古图》，上海书店出版社，2017。

〔宋〕苏易简撰，《文房四谱》，中国书店，2017。

〔宋〕沈括撰，金良年点校，《梦溪笔谈》，中华书局，2015。

〔宋〕杜绾等著，王云、朱学博、廖莲婷整理校点，《云林石谱：外七种》，上海书店出版社，2015。

〔宋〕董逌著，何立民点校，《广川书跋》，浙江人民美术出版社，2016。

〔宋〕邵博撰，李剑雄、刘德权点校，《邵氏闻见后录》，中华书局，1983。

〔宋〕程颢、程颐著，王孝鱼点校，《二程集》，中华书局，1981。

〔宋〕赵希鹄等著，尹意点校，《洞天清录：外二种》，浙江人民美术出版社，2016。

〔宋〕陈振孙撰，徐小蛮、顾美华点校，《直斋书录解题》，上海古籍出版社，2015。

〔宋〕晁公武撰，孙猛校证，《郡斋读书志校证》，上海古籍出版社，1990。

〔宋〕郑樵撰，王树民点校，《通志二十略》，中华书局，1995。

〔宋〕宋敏求撰，〔元〕李好文撰，辛德勇、郎洁点校，《长安志·长安志图》，三秦出版社，2013。

〔宋〕费衮撰，金圆校点，《梁溪漫志》，上海古籍出版社，1985。

〔宋〕李诚著，《营造法式》，浙江人民美术出版社，2013

〔宋〕朱熹注、王华宝整理，《诗集传》，凤凰出版社，2007。

〔宋〕陈旸撰，张国强点校，《〈乐书〉点校》，中州古籍出版社，2019。

〔宋〕黎靖德编，王星贤点校，《朱子语类》，中华书局，1986。

〔宋〕李心传撰，徐规点校，《建炎以来朝野杂记》，中华书局，2000。

〔宋〕翟耆年撰，《籀史》，载〔清〕永瑢、纪昀等撰《景印文渊阁四库全书》，台湾商务印书馆，1986。

〔宋〕程大昌撰，黄永年点校，《雍录》，中华书局，2002。

〔宋〕王明清撰，《挥麈录》，上海书店出版社，2009。

〔宋〕江休复撰，《嘉祐杂志》，载〔清〕永瑢、纪昀等撰《景印文渊阁四库全书》，台湾商务印书馆，1986年。

〔宋〕王与之撰，《周礼订义》，载〔清〕永瑢、纪昀等撰《景印文渊阁四库全书》，台湾商务印书馆，1986年。

〔宋〕张邦基撰，孔凡礼点校，《墨庄漫录》，中华书局，2002。

〔元〕脱脱等撰，《宋史》，中华书局，1985。

〔元〕马端临撰，上海师范大学古籍研究所、华东师范大学古籍研究所点校，《文献通考》，中华书局，2011。

〔明〕高濂著，王大淳整理，《遵生八笺》，浙江古籍出版社，2017。

〔明〕冯从吾撰，陈俊民、徐兴海点校，《关学编（附续编）》，中华书局，1987。

〔明〕《蓝田县志》，明隆庆五年（1571）刻本。

〔明〕马理等纂，董健桥等校注，《陕西通志》，三秦出版社，2006。

王守伦等校注，《律吕正声校注》，中华书局，2012。

〔明〕陶宗仪等编，《说郛三种》，上海古籍出版社，1988。

〔清〕李遇孙、陆心源、褚德彝著，桑椹点校，《金石学录三种》，浙江人民美术出版社，2017。

〔清〕钱坫著，《十六长乐堂古器款识考》，浙江人民美术出版社，2015。

〔清〕舒其绅等修，〔清〕严长明等纂，何炳武、高叶青、党斌校点，董健桥审校，《西安府志：乾隆四十四年》，三秦出版社，2011。

〔清〕程瑶田撰，陈冠明等校点，《程瑶田全集1》，黄山书社，2008。

〔清〕黄宗羲原著，〔清〕全祖望补修，陈金生、梁运华点校，《宋元学案》，中华书局，1986。

〔清〕黄宗羲著，沈芝盈点校，《明儒学案》，中华书局，2008。

〔清〕赵翼撰，栾保群点校，《陔余丛考》，中华书局，2019。

〔清〕郭嵩焘撰，梁小进主编，《郭嵩焘全集2·校订朱子家礼》，岳麓书社，2012。

〔清〕阮元校刻，《十三经注疏》，中华书局，2009。

〔清〕刘沅著，谭继和、祁和晖笺解，《十三经恒解（笺解本）》，巴蜀书社，2016。

〔清〕孙希旦撰，沈啸寰、王星贤点校，《礼记集解》，中华书局，1989。

〔清〕孙怡让撰，王文锦、陈玉霞点校，《周礼正义》，中华书局，2013。

〔清〕孙星衍撰，陈抗、盛冬铃点校，《尚书今古文注疏》，中华书局，2004。

〔清〕田文镜撰，《河南通志》，载〔清〕纪昀、永瑢等编《景印文渊阁四库全书》，台湾商务印书馆，1986。

〔清〕刘于义撰，《陕西通志》，载〔清〕纪昀、永瑢等编《景印文渊阁四库全书》，台湾商务印书馆，1986。

王云五主编，《丛书集成初编》，商务印书馆，1935。

陈俊民辑校，《蓝田吕氏遗著辑校》，中华书局，1993。

丁传靖辑，《宋人轶事汇编》，中华书局，2003。

曾枣庄、刘琳主编，《全宋文》，上海辞书出版社，2006。

于安澜编，《画品丛书》，上海人民美术出版社，1982。

李之亮笺注，《司马温公集编年笺注》，巴蜀书社，2009。

朱杰人、严佐之、刘永翔主编，《朱子全书外编2》，华东师范大学出版社，2010。

考古报告及简报：

湖南省博物馆、中国科学院考古研究所编，《长沙马王堆一号汉墓》（上、下集），文物出版社，1973。

中国社会科学院考古研究所编著，《殷墟妇好墓》，文物出版社，1980。

河北省文物研究所编，《嚳墓——战国中山国国王之墓》，文物出版社，1996。

中国社会科学院考古研究所、河北省文物研究所编著，《磁县湾漳北朝壁画墓》，科学出版社，2003。

浙江省文物考古研究所编著，《浙江宋墓》，科学出版社，2009。

洛阳市第二文物工作队编，《富弼家族墓地》，中州古籍出版社，2009。

陕西省考古研究院、渭南市文物保护考古研究所、韩城市景区管理委员会编著，《梁带村芮国墓地：2007年度发掘报告》，文物出版社，2010。

河南省文物局编著，《安阳韩琦家族墓地》，科学出版社，2012。

宿白著，《白沙宋墓》，生活·读书·新知三联书店，2017。

陕西省考古研究院、西安市文物保护考古研究院、陕西历史博物馆编著，《蓝田吕氏家族墓园》，文物出版社，2018。

河南省文化局文物工作队著，《信阳长台关第2号楚墓的发掘》，《考古通讯》1958年第11期。

冯文海著，《山西忻县北宋墓清理简报》，《文物参考资料》1958年第5期。

陈伯泉、刘玲著，《高安、清江发现两座宋墓》，《文物》1959年第10期。

薛尧著，《江西南城、清江和永修的宋墓》，《考古》1965年第11期。

宝鸡茹家庄西周墓发掘队著，《陕西省宝鸡市茹家庄西周墓发掘简报》，《文物》1976年第4期。

随县擂鼓墩一号墓考古发掘队著，《湖北随县曾侯乙墓发掘简报》，《文物》1979年第7期。

嘉祥县武氏祠文管所著，《山东嘉祥宋山发现汉画像石》，《文物》1979年第9期。

彭适凡、唐昌朴著，《江西发现几座北宋纪年墓》，《文物》1980年第5期。

甘肃省博物馆、漳县文化馆，《甘肃漳县元代汪世显家族墓》，《文物》1982年第2期。

嘉祥文管所、朱锡禄著，《嘉祥五老洼发现一批汉画像石》，《文物》1982年第5期。

叶红著，《浙江平阳县宋墓》，《考古》1983年第1期。

崔城实著，《浙江衢州市南宋墓出土器物》，《考古》1983年第11期。

河南信阳地区文管会、光山县文管会著，《春秋早期黄君孟夫妇墓发掘报告》，《考古》1984年第4期。

江西省文物工作队、铅山县文化馆著，《江西铅山县莲花山宋墓》，《考古》1984年第11期。

赵国祥、毛晓云著，《峡江清理两座古墓》，《江西历史文物》1986年第2期。

陈定容著，《江西金溪宋孙大郎墓》，《文物》1990年第9期。

中国社会科学院考古研究所、河北省文物研究所、邺城考古工作队著，《河北磁县湾漳北朝墓》，《考古》1990年第7期。

袁华著，《浙江德清出土南宋纪年墓文物》，《南方文物》1992年第2期。

西安市文物管理处著，《西安西郊热电厂基建工地清理三座宋墓》，《考古与文物》1992年第5期。

洛阳市第二文物工作队著，《洛阳邙山宋代壁画墓》，《文物》1992年第12期。

庄文彬著，《四川遂宁金鱼村南宋窖藏》，《文物》1994年第4期。

郑辉著，《福州茶园山南宋许峻墓》，《文物》1995年第10期。

王支援著，《元赛因赤答忽墓的发掘》，《文物》1996年第2期。

常德市博物馆著，《常德黄土山宋墓》，载湖南省文物考古研究所、湖南省考古学会编《湖南考古2002》，岳麓书社，2004。

杭州市文物考古所著，《杭州老虎洞南宋官窑址》，《文物》2002年第10期。

陕西省考古研究所著，《西安市湖滨花园小区宋明清墓发掘简报》，《考古与文物》2003年第5期。

雷玉华著，《彭州宋代青铜器窖藏》，《成都考古发现》2006年4期。

赵一新、赵婧、蒋金治著，《金华南宋郑继道家族墓清理简报》，《东方博物》2008 年第 3 期。

西安市文物保护考古所著，《西安长安区郭杜镇清理的三座宋代李唐王朝后裔家族墓》，《文物》2008 年第 6 期。

杨文成等著，《四川彭州宋代青铜器窖藏》，《文物》2009 年第 1 期。

陕西省考古研究院著，《西安南郊孟村宋金墓发掘简报》，《考古与文物》2010 年第 5 期。

陕西省考古研究院著，《陕西蓝田县五里头北宋吕氏家族墓地》，《考古》2010 年第 8 期。

安阳市文物考古研究所、河南省文物局南水北调文物保护办公室著，《河南安阳市宋代韩琦家族墓地》，《考古》2012 年第 6 期。

南京博物院、扬州市文物考古研究所、苏州市考古研究所著，《江苏扬州市曹庄隋炀帝墓》，《考古》2014 年第 7 期。

西安市文物保护考古研究所著，《西安北宋范天佑墓发掘简报》，《中国国家博物馆馆刊》2017 年第 6 期。

邹城市文物局著，《山东邹城峄山北龙河宋金墓发掘简报》，《文物》2017 年第 1 期。

胡松梅、苗轶飞、张锦阳著，《生不满卅 金石千秋——陕西长安杜回北宋孟氏家族墓地考古发现》，《中国文物报》2020 年 12 月 4 日第 008 版。

专著：

胡文楷著，《历代妇女著作考》，商务印书馆，1957。

杨荫浏著，《中国古代音乐史稿》，人民音乐出版社，1981。

顾颉刚编著，《古史辨》，上海古籍出版社，1982。

潘天寿著，《中国绘画史》，上海人民美术出版社，1983。

台北故宫博物院编委会著，《商周青铜粢盛器特展图录》，台北故宫博物院，1985。

容庚编著，张振林、马国权摹补，《金文编》，中华书局，1985。

俞伟超著，《先秦两汉考古学论集》，文物出版社，1985。

陈俊民著，《张载哲学思想及关学学派》，人民出版社，1986。

余英时著，《士与中国文化》，上海人民出版社，1987。

马承源主编，《中国青铜器》，上海古籍出版社，1988。

中国考古学会编，《中国考古学年鉴·1987》，文物出版社，1988。

杨仁恺编著，《国宝沉浮录——故宫散佚书画见闻考略》，上海人民美术出版社，1991。

杜廼松著，《中国青铜器发展史》，紫禁城出版社，1995。

李衡眉著，《昭穆制度研究》，齐鲁书社，1996。

李纯一著，《中国上古出土乐器综论》，文物出版社，1996。

中国社会科学院考古研究所著，《南宋官窑》，中国大百科全书出版社，1996。

中国青铜器全集编委会著，《中国青铜器全集》，文物出版社，1993—1998。

［日］林巳奈夫著，杨美莉译，《中国古玉研究》，艺术图书公司，1997。

陕西省考古研究所、耀州窑博物馆著，《宋代耀州窑址》，文物出版社，1998。

中国古代书画鉴定组编，《中国古代书画图目 十九》，文物出版社，1999。

《中国音乐文物大系》总编辑部编，《中国音乐文物大系 山西卷》，大象出版社，2000。

台北故宫博物院编委会编，《千禧年宋代文物大展》，台北故宫博物院，2000。

葛兆光著，《中国思想史》，复旦大学出版社，2001。

区域与网络国际学术研讨会论文集编辑委员会编，《区域与网络——近千年来中国美术史研究国际学术研讨会论文集》，台湾大学艺术史研究所，2001。

顾颉刚撰，《当代中国史学》，上海古籍出版社，2002。

李松、贺西林著，《中国古代青铜器艺术》，陕西人民美术出版社，2002。

《中国大百科全书》总编委会、《中国大百科全书》编辑部编，《中国大百科全书：精华本》，中国大百科全书出版社，2002。

［英］罗森著，《中国古代的艺术与文化》，北京大学出版社，2002。

王国维著，《观堂集林（外二种）》，河北教育出版社，2003。

李玉珉主编，《古色：十六至十八世纪艺术的仿古风》，台北故宫博物院，2003。

北平燕京大学考古学社编，《考古学社社刊》（全四册），香港明石文化国际出版有限公司，2004。

金维诺著，《中国美术史论集》，黑龙江美术出版社，2003。

曾宪通编，《容庚文集》，中山大学出版社，2004。

秦大树著，《宋元明考古》，文物出版社，2004。

李零著，《入山与出塞》，文物出版社，2004。

郑州市文物考古研究所编著，《中国古代镇墓神物》，文物出版社，2004。

［美］巫鸿著，郑岩、王睿编，《礼仪中的美术：巫鸿中国古代美术史文编》，生活·读书·新知三联书店，2005。

郑州市文物考古研究所编著，《郑州宋金壁画墓》，科学出版社，2005。

李济著，张光直主编，《李济文集》，上海人民出版社，2006。

中国国家博物馆主编，《宋韵：四川窖藏文物辑粹》，中国社会科学出版社，2006。

王耀庭主编，《开创典范：北宋的艺术与文化研讨会论文集》，台北故宫博物院，2008。

蔡玫芬主编，《文艺绍兴：南宋艺术与文化·器物卷》，台北故宫博物院，2010。

［日］吾妻重二著，吴震、郭海良等译，《朱熹〈家礼〉实证研究》，华东师范大学出版社，2012。

林柏亭主编，《国宝菁华·器物篇》，台北故宫博物院，2013。

李零著，《铄古铸今：考古发现和复古艺术》，生活·读书·新知三联书店，2007。

中国社会科学院考古研究所，《殷周金文集成（修订增补本）》，中华书局，2007。

方诗铭、方小芬编著，《中国史历日和中西历日对照表》，上海人民出版社，2007。

容庚著，《商周彝器通考》，上海人民出版社，2008。

［美］巫鸿著，梅玫等译，《时空中的美术：巫鸿中国美术史文编二集》，生活·读书·新知三联书店，2009。

朱凤瀚著，《中国青铜器综论》，科学出版社，2009。

阎步克著，《服周之冕：〈周礼〉六冕礼制的兴衰变异》，中华书局，2009。

王国维著，谢维扬、房鑫亮主编，《王国维全集》，浙江教育出版社，2010。

滕固著，沈宁编，《滕固美术史论著三种》，商务印书馆，2011。

［英］杰西卡·罗森著，邓菲等译，《祖先与永恒：杰西卡·罗森中国考古艺术文集》，生活·读书·新知三联书店，2011。

姚明达撰，严佐之导读，《中国目录学史》，上海古籍出版社，2011。

余英时著，《朱熹的历史世界：宋代士大夫政治文化的研究》，生活·读书·新知三联书店，2011。

容庚著，莞城图书馆编，《容庚学术著作全集》，中华书局，2011。

文碧方著，《关洛之间：以吕大临思想为中心》，中华书局，2011。

叶国良著，《宋代金石学研究》，台湾书房出版有限公司，2011。

江林昌著，《考古发现与文史新证》，中华书局，2011。

苏荣誉著，《磨戟：苏荣誉自选集》，上海人民出版社，2012。

游鉴明、胡缨、季家珍主编，《重读中国女性生命故事》，江苏人民出版社，2012。

吴丽娱著，《终极之典：中古丧葬制度研究》，中华书局，2012。

吴镇烽编著，《商周青铜器铭文暨图像集成》，上海古籍出版社，2012。

李如冰著，《宋代蓝田四吕及其著述研究》，人民出版社，2012。

刘子健著，赵冬梅译，《中国转向内在：两宋之际的文化内向》，江苏人民出版社，2012。

上海博物馆编，《翰墨荟萃——细读美国藏中国五代宋元书画珍品》，北京大学出版社，2012。

［美］巫鸿著，肖铁译，《废墟的故事：中国美术和视觉文化中的"在场"与"缺席"》，上海人民出版社，2012。

陈海红著，《吕大临理学思想研究：兼论浙东学派的学术进程》，浙江工商大学出版社，2013。

林欢著，《宋代古器物学笔记材料辑录》，上海人民出版社，2013。

程旭编著，《金锡璆琳——蓝田吕氏家族墓出土文物》，三秦出版社，2013。

陕西省考古研究院、陕西历史博物馆、北京大学考古文博学院编，《异世同调：陕西蓝田吕氏家族墓地出土文物精品》，中华书局，2013。

陈建明主编，《复兴的铜器艺术——湖南晚期铜器展》，中华书局，2013。

汤池著，《轨迹：中国美术考古研究》，陕西人民美术出版社，2014。

邓小南著，《祖宗之法：北宋前期政治述略》，生活·读书·新知三联书店，2014。

余英时著，《余英时文集》，广西师范大学出版社，2014。

王宣艳主编，浙江省博物馆编，《中兴纪胜：南宋风物观止》，中国书店，2015。

阎步克著，《士大夫政治演生史稿》，北京大学出版社，2015。

张闻捷著，《楚国青铜礼器制度研究》，厦门大学出版社，2015。

陈芳妹著，《青铜器与宋代文化史》，台大出版中心，2015。

张懋镕主编，《中国古代青铜器整理与研究》，科学出版社，2015。

［美］查尔斯·法本斯·凯莱、陈梦家著，《白金汉所藏中国铜器图录：汉英对照》，金城出版社，2015。

［英］柯律格著，高昕丹、陈恒译，《长物：早期现代中国的物质文化与社会状况》，生活·读书·新知三联书店，2015。

故宫博物院编，《古书画过眼要录.元明清绘画》，故宫出版社，2015。

［加］卜正民著，方骏、王秀丽、罗天佑译，《纵乐的困惑：明代的商业与文化》，广西师范大学出版社，2016。

吴镇烽编著，《商周青铜器铭文暨图像集成续编》，上海古籍出版社，2016。

陈弱水著，《唐代文士与中国思想的转型（增订本）》，台大出版中心，2016。

陈梦家著，《陈梦家学术论文集》，中华书局，2016。

陈梦家著，《美国所藏中国铜器集录》，金城出版社，2016。

李零著，《万变：李零考古艺术史文集》，生活·读书·新知三联书店，2016。

陈淳著，《考古学前沿研究：理论与问题》，北京师范大学出版社，2016。

刘丰著，《北宋礼学研究》，中国社会科学出版社，2016。

杜正贤、周少华著，《中国古代名窑：南宋官窑》，江西美术出版社，2016。

北京大学中国考古学研究中心编，《两个世界的徘徊：中古时期丧葬观念风俗与礼仪制度学术研讨会论文集》，科学出版社，2016。

［美］罗泰著，吴长青、张莉、彭鹏等译，《宗子维城：从考古材料的角度看公元前1000至前250年的中国社会》，上海古籍出版社，2017。

陈梦家编纂，《海外中国铜器图录：全二册》，中华书局，2017。

［日］林巳奈夫著，［日］广濑薰雄等译、郭永秉润文，《殷周青铜器综览.第一卷,殷周时代青铜器的研究》，上海古籍出版社，2017。

李济著，《殷墟青铜器研究》，上海人民出版社，2017。

北京大学出土文献研究所编，《青铜器与金文》，上海古籍出版社，2017。

［美］包弼德著，刘宁译，《斯文：唐宋思想的转型》，江苏人民出版社，2017。

史正浩著，《宋代金石图谱研究》，河南大学出版社，2017。

王仲孚著，《中国上古史专题研究》，山东人民出版社，2017。

王世民著，《考古学史与商周铜器研究》，社会科学文献出版社，2017。

王屹峰著，《古砖花供：六舟与19世纪的学术和艺术》，浙江人民美术出版社，2017。

王逊编著，《中国美术史》，人民美术出版社，2018。

杨泓先生八秩华诞纪念文集编委会编，《考古、艺术与历史——杨泓先生八秩华诞纪念文集》，文物出版社，2018。

［美］许曼著，刘云军译，《跨越门闾：宋代福建女性的日常生活》，上海古籍出版社，2019。

谢明良著，《中国陶瓷史论集》，生活·读书·新知三联书店，2019。

张衍田著，《中国古代纪时考》，上海古籍出版社，2019。

林宛儒主编，《以文会友：雅集图特展》，台北故宫博物院，2019。

陈植锷著，《北宋文化史述论》，中华书局，2019。

［美］乔治·库布勒著，郭伟其译，《时间的形状：造物史研究简论》，商务印书馆，2019。

薛龙春著，《古欢：黄易与乾嘉金石时尚》，生活·读书·新知三联书店，2019。

［美］贝格利著，王海城译，《罗越与中国青铜器研究：艺术史中的风格与分类》，浙江大学出版社，2019。

曾瑞龙著，《北宋种氏将门之形成》，浙江大学出版社，2020。

冯茜著，《唐宋之际礼学思想的转型》，生活·读书·新知三联书店，2020。

商伟著，《题写名胜：从黄鹤楼到凤凰台》，生活·读书·新知三联书店，2020。

孔令伟著，《悦古：中国艺术史中的古器物及其图像表达》，上海书画出版社，2020。

故宫博物院编著，《千古风流人物：故宫博物院藏苏轼主题书画特展图录》，故宫出版社，2020。

陈芳妹著，《孔庙文物与政治：东亚视野中的台湾府学文物》，台大出版中心，2020。

苏芳淑著，褚馨、代丽鹃、许晓东译，《琢玉成器：考古艺术史中的玉文化》，上海书画出版社，2021。

文章专论：

王国维著，《宋代之金石学》，《国学论刊》1927年第1卷第3期。

杨殿珣撰，容庚校补，《宋代金石书考目》，《考古社刊》1936年第4期。

岑仲勉著，《宣和博古图撰人》，《历史语言研究所集刊》1948年第12本。

王逊著，《出土古文物与美术史的研究》，《美术》1954年第7期。

史树青著，《晋周芳命妻潘氏衣物券考释》，《考古通讯》1956年第2期。

李文信著，《上京款大晟南昌编钟》，《文物》1963年第5期。

陈梦家著，《宋大晟编钟考述》，《文物》1964年第2期。

常任侠著，《古磬》，《文物》1978年第7期。

李学勤、李零著，《平山三器与中山国史的若干问题》，《考古学报》1979年2期。

王仲殊著，《中国古代墓葬概说》，《考古》1981年第5期。

高明著，《中原地区东周时代青铜礼器研究》，《考古与文物》1981年第3期。

夏超雄著，《宋代金石学的主要贡献及其兴起的原因》，《北京大学学报》1982年第1期。

杨鸿勋著，《关于秦代以前墓上建筑的问题》，《考古》1982年第4期。

杨鸿勋著，《〈关于秦代以前墓上建筑的问题〉要点的重申——答杨宽先生》，《考古》1983年第8期。

叶国良著，《〈博古图〉修撰始末及其相关问题》，《幼狮学志》1984年第18卷第1期。

杜廼松著，《青铜器与金文书目简述》，《故宫博物院院刊》1984年第3期。

陈芳妹著，《盆、敦与簋——论春秋早、中期间青铜粢盛器的转变》，《故宫学术季刊》1985年第2卷第3期。

闻人军著，《"磬折"的起源与演变》，《杭州大学学报》1986年第13卷第2期。

刘克明著，《宋代金石学著作中的图学成就——读〈考古图〉和〈宣和博古图〉等》，《江汉考古》1989年3期。

李松著，《中国古代青铜器艺术》，《艺术探索》1991年第2期。

姚桂芳著，《略论杭州乌龟山南宋官窑的烧造年代及其来龙去脉》，《江西文物》1991年第4期。

萧燕翼著，《唐陆曜〈六逸图〉记》，《紫禁城》1991年第5期。

王辉著，《"造磬"辨伪》，载中国古文字研究会、中华书局编辑部编《古文字研究》第19辑，1992。

罗宗涛著，《唐人题壁诗初探》，载中国唐代文学学会、西北大学中文系、广西师范大学出版社主编《唐代文学研究》（第三辑），广西师范大学出版社，1992。

张光直著，陈星灿译，《考古学和中国历史学》，《考古与文物》1995年第3期。

宿白著，《西安地区的唐墓形制》，《文物》1995年第12期。

王辉、焦南锋、马振智著，《秦公大墓石磬残铭考释》，《历史语言研究所集刊》1996年第67本第2分册。

陈星灿著，《金石学及其向近代考古学的过渡》，载《中国史前考古学史研究（1895—1949）》，生活·读书·新知三联书店，1997。

陈梦家遗著，王世民整理，《〈博古图〉考述》，载《湖南省博物馆文集》（第4辑），《船山学刊》杂志社，1998。

梁启超著，《中国考古学之过去及将来》，载《梁启超全集》，北京出版社，1999。

信立祥著，《论汉代的墓上祠堂及其画像》，载中国历史博物馆考古部编《中国历史博物馆考古部纪念文集》，科学出版社，2000。

张临生著，《李公麟与北宋古器物学的发轫：宋代古器物学研究之一》，载台北故宫博物院编辑委员会编《千禧年宋代文物大展》，台北故宫博物院，2000。

夏鼐著，《汉代的玉器——汉代玉器中传统的延续和变化》，载中国社会科学院考古研究所编《夏鼐文集》（中），社会科学文献出版社，2000。

朱迎平著，《宋代题跋文的勃兴及其文化意蕴》，《文学遗产》2000年第4期。

李学勤著，《秦怀后磬研究》，《文物》2001年第1期。

陈芳妹著，《宋古器物学的兴起与宋仿古铜器》，《美术史研究集刊》2001年10期。

李玉奇著，《〈考古图〉钱曾藏本非影宋本考》，《古籍整理研究学刊》2001年第5期。

薛永年著，《滕固与近代美术史学》，《美术研究》2002年第1期。

杜正贤著，《杭州老虎洞南宋官窑窑址的考古学研究》，《故宫博物院院刊》2002年第5期。

余辉著，《宋本〈女史箴图〉卷探考》，《故宫博物院院刊》2002年第1期。

罗振玉著，《与友人论古器物学书》，载《雪堂类稿》，辽宁教育出版社，2003。

许雅惠著，《〈宣和博古图〉的“间接”流传——以元代赛因赤答忽墓出土的陶器与〈绍熙州县释奠仪图〉为例》，《美术史研究集刊》2003年第14期。

傅璇琮、周建国著，《〈步辇图〉题跋为李德裕作考述》，《文献》2004年第2期。

阎步克，《宗经、复古与尊君、实用（上）——中古〈周礼〉六冕制度的兴衰变异》，《北京大学学报（哲学社会科学版）》2005年第6期；《宗经、复古与尊君、实用（中）——〈周礼〉六冕制度的兴衰变异》，《北京大学学报（哲学社会科学版）》2006年第1期；《宗经、复古与尊君、实用（下）——〈周礼〉六冕制度的兴衰变异》，《北京大学学报（哲学社会科学版）》2006年第2期。

巫鸿著，郑岩译，《“华化”与“复古”——房形椁的启示》，《南京艺术学院学报（美术与设计版）》2005年第2期。

谢明良著，《记唐恭陵哀皇后墓出土的陶器》，《故宫文物月刊》2006年第279期。

唐俊杰著，《祭器、礼器、“邵局”——关于南宋官窑的几个问题》，《故宫博物院院刊》2006年第6期。

谢涛著，《彭州窖藏出土宋代仿古青铜器的初步认识》，《四川文物》2007年第1期。

程旭著，《吕大临与关学及〈考古图〉》，《文博》2007年第6期。

李红霞著，《吕大临〈中庸解〉简论》，载陈来主编《早期道学话语的形成与演变》，安徽教育出版社，2007。

陈平著，《从传统画史到现代艺术史学的转变——张彦远、郑午昌与滕固的绘画史写作方法之比较》，载卢辅圣主编《中国美术史学研究》，上海书画出版社，2008。

苏芳淑著，《古人拟古：近年西方学者看东周青铜器》，载故宫博物院编《故宫学术讲谈录》（第1辑），紫禁城出版社，2010。

李明著，《潼关税村隋代壁画墓石棺图像试读》，《考古与文物》2008年第3期。

刘雅萍著，《宋代家庙制度考略》，《兰州大学学报（社会科学版）》2009年第1期。

郑嘉励著，《从黄石墓铜器看南宋州县儒学铜礼器》，载浙江省文物考古研究所编《浙江省文物考古研究所学刊》（第9辑），科学出版社，2009。

李如冰著，《吕大临生卒年及有关问题考辨》，《宝鸡文理学院学报（社会科学版）》2009年第6期。

刘未著，《宋代的石藏葬制》，《故宫博物院院刊》2009年第6期。

宋美英著，《诸暨桃花岭南宋纪年墓研究》，《东方博物》2009年第4期。

张波著，《吕大临生卒年及有关其〈祭文〉之作者考辨》，《唐都学刊》2009年第2期。

王文娟著，《吕大临的"礼"论》，《兰州学刊》2010 年第 6 期。

郑岩著，《论"美术考古学"一词的由来》，《美术研究》2010 年第 1 期。

马怡著，《汉画像所见"磬折"与"微磬"》，载陈建明主编《湖南省博物馆馆刊》（第七辑），岳麓书社，2011。

许雅惠著，《评 Patricia B. Ebrey, Accumulating Culture:The Collections of Emperor Huizong》，《新史学》2010 年第 3 期。

李如冰著，《吕大防与苏轼》，《文史知识》2010 年第 1 期。

范淑英著，《隋唐墓出土的"古镜"——兼论隋唐铜镜图文的复古问题》，《故宫博物院院刊》2010 年第 6 期。

王正华著，《罗振玉的收藏与出版："器物""器物学"在民国初年的成立》，《美术史研究集刊》2011 年第 31 期。

许雅惠著，《关于宋代古物学之研究与讨论》，《中国史学》2011 年第 21 卷。

许雅惠著，《南宋金石收藏与中兴情结》，《美术史研究集刊》2011 年第 31 期。

范淑英著，《〈古镜记〉于中晚唐道教的"古镜"再造》，载荣新江主编《唐研究》（第 18 卷），北京大学出版社，2012。

袁泉著，《洛渭地区蒙元墓随葬明器之政治与文化考》，《中国国家博物馆刊》2013 年第 10 期。

袁泉著，《略论"洛—渭"流域蒙元墓葬的区域与时代特征》，《华夏考古》2013 年第 3 期。

苏荣誉著，《宋代铜豆初探》，载陈建明主编《复兴的铜器艺术——湖南晚期铜器展》，中华书局，2013。

黄晓枫著，《四川简阳东溪园艺场遗迹性质与年代探讨》，《考古与文物》2013 年第 3 期。

范桢著，《北宋吕大临考古图的版本考察》，《艺术生活》2014 年第 2 期。

石炯著，《政和"牛鼎"形制考》，《新美术》2014 年第 9 期。

张学峰著，《扬州曹庄隋炀帝墓研究六题》，《唐史论丛》2015 年第 2 期。

姚草鲜著，《论吕大临〈考古图〉对先秦青铜器的定名》，《文物春秋》2015 年第 3 期。

［美］方闻著，黄厚明、谈晟广译《中国青铜时代的艺术：研究方法与途径》，《西北美术》2015 年第 1 期。

袁泉著，《复古维新：洛—渭地区蒙元墓葬"复古化"的再思》，载北京大学考古学研究中心编《两个世界的徘徊：中古时期丧葬观念风俗与礼仪制度学术研讨会论文集》，科学出版社，2016。

杨效俊著，《中古墓葬中的复古现象研究》，载《陕西历史博物馆馆刊》（第 23 辑），三秦出版社，2016。

张蕴著，《蓝田墓地与北宋藏家吕大临的〈考古图〉》，《美成在久》2016 年第 1 期

史正浩著，《北宋画家李公麟的金石收藏与著述》，《艺术探索》2016 年第 2 期。

张志云、汤勤福著，《北宋太常礼院及礼仪院探究》，《求是学刊》2016 年第 3 期。

刘涛著，《吕氏家族墓出土的北宋耀州瓷》，《收藏》2016 年第 5 期。

刘未著，《昭穆贯鱼：北宋韩琦家族墓地》，载王煜主编《文物、文献与文化——历史考古青年论集》（第一辑），上海古籍出版社，2017。

张闻捷著，《战国时代的铜器复古》，《考古》2017 年第 4 期。

许雅惠著，《宋、元〈三礼图〉的版面形式与使用——兼论新旧礼器变革》，《台大历史学报》2017 年第 60 期。

陆敏珍著，《重写世界：宋人从家庙到祠堂的构想》，《浙江学刊》2017 年第 3 期。

许雅惠著，《宋代士大夫的金石收藏与礼仪实践——以蓝田吕氏家族为例》，载浙江大学艺术与考古研究中心编《浙江大学艺术与考古研究》（第三辑），浙江大学出版社，2018。

刘未著，《宋代皇陵布局与五音姓利说》，载浙江大学艺术与考古研究中心编《浙江大学艺术与考古研究》（第三辑），浙江大学出版社，2018。

陕西省考古研究院隋唐考古研究室著，《2008—2017年陕西三国隋唐宋元明清考古综述》，《考古与文物》2018年第5期。

许雅惠著，《北宋晚期金石收藏的社会网络分析》，《新史学》2018年第4期。

李溪著，《古雅：宋人对古铜器的"文人态度"》，《文艺研究》2018年10期。

黎晟著，《宋人三代古物图像知识的形成、传播与重构》，《民族艺术》2018年第1期。

王小蒙、于春雷著，《北宋吕氏家族墓及随葬品的若干问题》，载沈岳明、郑建明主编《两宋之际的中国制瓷业》，文物出版社，2019。

邓菲著，《"性别空间"的构建——宋代墓葬中的剪刀、熨斗图像》，《中国美术研究》2019年第1期。

陈广胜著，《苏辙等题〈李氏述先记〉跋文辑考》，《古籍整理研究学刊》2019年第6期。

胡译文著，《君子之器——陕西蓝田吕氏家族墓出土仿古敦研究》，《艺术学研究》2020年第5期。

苗书梅著，《北宋中期官僚士大夫的一次群体题跋行为考论》，《河北大学学报（哲学社会科学版）》2020年第4期。

硕士、博士学位论文：

叶国良著，《宋代金石学研究》，台湾大学博士学位论文，1982。

郭永禧著，《吕大临（1046—1092）〈考古图〉研究》，香港大学硕士学位论文，2004。

郑艳著，《明代中晚期博古题材在绘画中的表现和成因——以苏州和南京为例》，中央美术学院硕士学位论文，2007。

金玲著，《吕大临〈考古图〉研究》，北京大学硕士学位论文，2009。

李小旋著，《吕大临〈考古图〉研究》，中央美术学院硕士学位论文，2009。

谷朝旭著，《东周青铜敦研究》，陕西师范大学硕士学位论文，2010。

孟絜予著，《宋代青铜器工艺史的重新思考：以彭州青铜器窖藏为例》，台湾大学硕士学位论文，2010。

郭月琼著，《宋代仿古青铜礼器研究》，中国艺术研究院硕士学位论文，2011。

史正浩著，《宋代金石图谱的兴起、演进与艺术影响》，南京艺术学院博士学位论文，2013。

金连玉著，《宋代官员墓葬研究》，北京大学博士学位论文，2016。

王亚楠著，《吕大临礼学思想研究》，陕西师范大学硕士学位论文，2017。

潘静著，《北宋蓝田吕氏家族内部人际规范的构想与运行》，西北大学硕士学位论文，2018。

外文文章和著作：

Alain Schnapp. 2014. World Antiquarianism: Comparative Perspectives. Los Angeles: Getty Publications.

Bernhard Karlgren. 1936. "Yin and Chou in Chinese Bronzes." Bulletin of the Museum of Far Eastern

Antiquities 8.

Bernhard Karlgren. 1937. "New Studies on Chinese Bronzes." Bulletin of the Museum of Far Eastern Antiquities 9.

Dieter Kuhn, Helga Stahl. 2008. Perceptions of Antiquity in Chinese Civilization, Edition Forum.

Jessica Rawson. 1995. Chinese Jade: From the Neolithic to the Qing, London: British Museum.

Jeffrey Moser. 2012. "The Ethics of Immutable Things: Interpreting Lü Dalin's Illustrated Investigations of Antiquity." Harvard Journal of Asiatic Studies 72（2）.259-293.

Max Loehr. 1936. "Beiträge zur Chronologie der älteren chinesischen Bronzen." Ostariatische Zeitschrift 22.

Max Loehr. 1953 "The Bronze Styles of the Anyang Period (1300—1028 B.C.)." Archives of the Chinese Art Society of America7:42-53.

Noel Barnard. 1968. "The incidence of forgery amongst archaic Chinese bronzes: Some Preliminary Notes." Monumenta Serica 27:91-168.

Pierre Ryckmans. 1986. The Chinese attitude towards the Past.The Forty-seventh Morrison Lecture on 16 July.Canberra, ACT : Australian National University.

Patrica B.Ebrey. 2008. Accumulating Culture: The Collections of Emperor Huizong. Seattle : University of Washington Press.

Patrica Ebrey. 2010. "Replicating Zhou Bells at the Northern Song Court." in Reinventing the past:Archaism and antiquarianism in Chinese art and visual culture, edited by Wu Hung, Chicago: CAEA Art Media Resources.

Richard C. Rudolph. 1948. "Dynastic Booty: An Altered Chinese Bronze." Harvard Journal of Asiatic Studies 11:174-180.

Richard Rudolph. 1963. "Preliminary Notes on Sung Archaeology." The Journal of Asia Studies 22（2）:169-177.

Robert Poor. 1965. "Notes on the Sung Dynasty Archaeological Catalogs." Archives of the Chinese Art Society of America 19:33-44.

Rose Kerr. 1982. "The Evolution of Bronze style in the Jin, Yuan and Early Ming Dynasties." Oriental Art 28（2）: 150.

Rose Kerr. 1986. "Metalwork and Song Design: A Bronze Vase Inscribed in 1173." Oriental Art 32（2）:161-176.

Rose Kerr. 1990. Later Chinese Bronzes.London: Bamboo publishing Ltd. and the Victoria and Albert Museum.

Robert D. Mowry. 1993. China's Renaissance in Bronze: The Robert H.Clague Collection of Later Chinese Bronzes, 1100-1900. Arizona: The Phoenix Art Museum.

Robert E. Harrist. 1995. The Artist as Antiquarian: Li Gonglin and His Study of Early Chinese Art, Artibus Asiae 55（3/4）:237-280.

Robert Bagley. 2008. Max Loehr and the Study of Chinese Bronzes : Style and Classification in the History of Art, Cornell University Press.

Stephen Owen. 1986. Remembrances: The Experience of the Past in Classical Chinese Literature.

Cambridge, Mass, and London: Harvard University Press.

Sena, Yun-Chiahn Chen. 2010. "Cataloging Antiquity:A comparative study of the Kaogu tu and Bogu tu." in Reinventing the past:Archaism and antiquarianism in Chinese art and visual culture, edited by Wu Hung, Chicago:CAEA Art Media Resources.

Sena, Yun-Chiahn Chen. 2019. Bronze and Stone :The Cult of Antiquity in Song Dynasty China. Seattle:University of Washington Press.

William Watson. 1973. "On Some Categories of Archaism in Chinese Bronze."Arts Orientals 9:1-13.

Wu Hung. 2010. Reinventing the past:Archaism and antiquarianism in Chinese art and visual culture. Chicago: CAEA Art Media Resources.

Xiaolong Wu. 2017. Material Culture, Power, and Identity in Ancient China. Cambridge University Press.

Ya-Hwei Hsu. 2013. "Antiquities, Ritual Reform, And the shaping of new taste at Huizong's court." Artibus Asiae 73 (1):137-180.

外文博士论文:

Sena, Yun-Chiahn Chen. 2007. "Pursuing antiquity: Chinese antiquarianism from the tenth to the thirteenth century." PhD diss., University of Chicago.

Jeffrey Moser. 2010. "Recasting Antiquity: Ancient Bronzes and Ritual Hermeneutics in the Song Dynasty." PhD diss., Harvard University.

Hsu, Ya-hwei. 2010. "Reshaping Chinese material culture: The revival of antiquity in the era of print, 960-1279." PhD diss., Yale University.

后 记

　　本书是在我的博士论文《何以为古——北宋蓝田吕氏家族墓与吕氏复古实践》的基础上修改而成，出版时更名为《复古与自牧——北宋蓝田吕氏家族墓研究》，并对绪论做了大幅调整，其余部分做了相应的增补和删减。

　　以墓葬为题做个案研究，对于美术史博士论文写作而言是不小的挑战。我这样选择的初衷很简单，想从一批翔实且完整的考古材料出发，训练自己从美术史的视角提出问题并解决问题，蓝田吕氏家族墓这批材料刚好符合我的预期，又正值考古报告正式出版。尽管后来论文写作中遇到不少困难，且从目前成书面貌来看，对于一些问题的思考未免简单，也存在过度阐释的嫌疑，但至少对于我自己而言，能在庞杂的材料中爬梳出主线，建立框架，并分析思考一些有趣的问题，收获很大。写作过程中我深刻体会到，学术研究实质是在处理事物本身及其与周围事物的关系。研究如此，人生也一样。

　　本书能够顺利出版，承蒙诸多师友的指点与帮助。

　　母校中央美术学院一直是我的精神家园。感谢我的导师贺西林教授，十余年来跟随老师读书是我最大的幸运，老师在学术和人生道路上的引导和帮助，是我一生的财富。感谢尹吉男、李军、郑岩、张鹏、赵伟和黄小峰等师长在论文思路和方法上的启发，以及耿朔、章名未、万笑石三位老师在材料搜集上的帮助，每次交流都受益匪浅。感谢人文学院资料室的老师们在工作和学习上对我的帮助。

感谢芝加哥大学巫鸿教授、中国科学院大学苏荣誉教授、维也纳大学助理教授陈亮在 2019 年第六届古代墓葬美术研究国际学术会议上对论文提出的宝贵建议。感谢密歇根大学包华石教授、芝加哥大学林伟正教授以及芝加哥大学中国艺术史写作研习营的小伙伴们，每次思维的碰撞都更加激发我的学术热情。

感谢中国人民大学李梅田教授、北京大学韦正教授提供的学术材料以及对我的鼓励。感谢陕西省考古研究院张蕴、张建林、苗轶飞和西安碑林博物馆王庆卫四位老师在具体考古材料上给予提供和补充。感谢中国社会科学院考古研究所莫阳在论文思路和具体问题上的帮助。

感谢学友李啸非、谭浩源、纪东歌、王安伦、许金凌、王古今及师门同窗的建议和鼓励。同门热烈、开放的学术环境是我论文写作的重要土壤。

感谢我的父母和先生，尊重并支持我所选择的道路，为我的学术研究提供最强大的后盾。最要感谢我的儿子徐君实，陪我奋战论文，与我一同走上博士学位授予台。本书付梓之时，他已一岁有余。学术生涯第一本专著，是徐君实小朋友陪我一起完成的。

本书部分内容曾发表于期刊。感谢故宫博物院张露，中国艺术研究院杨梦娇、李卫，中央美术学院张鹏、段牛斗五位老师在文章发表过程中给予的帮助与鼓励。

感谢广西师范大学出版社谢赫女史以及所有编辑、设计师、校对的辛勤付出，为本书的顺利出版提供了最重要的保障。

本书正式出版之际，我的求学生涯也正式告一段落。学术是条孤独的路，但读书和思考的每一天都是简单、幸福的。读书中的每一道灵光、研究中每一个小小的发现，都会使我对前行的路更加自信而笃定。工作和生活中，很多事非一己之努力所能及，而读书和思考则始终是一分耕耘、一分收获，只要沉得下心、摒得住气，脚踏实地，总不会离期待太远。所以，于我而言，读书始终是通往理想之路最便捷也是最有效的途径。

　　修订初稿时，一场秋雨刚刚赶走暑伏的燥热，窗外天高云淡，正是明媚的时刻，我坐在洒满阳光的书桌前，小床里的儿子睡得正酣，世界安静下来。写下这段文字时，秋叶正红，寒冬未至。对吕大临及吕氏家族的关注，自其生活的北宋至今已一千余年，回响不断，本书只是众多回响之一，为理解蓝田吕氏及其复古实践提供一种可能。研究的过程也是不断向自我发问、不断审视自我的过程。因此，与其说本书研究的是吕氏家族及其时代，不如说是彷徨中的当下与自身。

胡译文

2022 年 11 月 1 日于望京寓所

复古与自牧：北宋蓝田吕氏家族墓研究
FU GU YU ZI MU：BEI SONG LAN TIAN LÜ SHI JIA ZU MU YAN JIU

出版统筹：冯波
责任编辑：谢赫
助理编辑：张尧钦
营销编辑：李迪斐　陈芳
责任技编：王增元
装帧设计：彭振威设计事务所

图书在版编目（CIP）数据

复古与自牧：北宋蓝田吕氏家族墓研究 / 胡译文著. --
桂林：广西师范大学出版社，2023.2
　　ISBN 978-7-5598-5691-3

　　Ⅰ . ①复… Ⅱ . ①胡… Ⅲ . ①墓葬（考古）－出土文物
－蓝田县 Ⅳ . ①K878.82

　　中国版本图书馆 CIP 数据核字（2022）第 229416 号

广西师范大学出版社出版发行

（广西桂林市五里店路 9 号　邮政编码：541004）
（网址：http://www.bbtpress.com）
出版人：黄轩庄
全国新华书店经销
广西昭泰子隆彩印有限责任公司印刷
（南宁市友爱南路 39 号　邮政编码：530001）
开本：710 mm × 1 000 mm　1/16
印张：17.75　　字数：224 千
2023 年 2 月第 1 版　　2023 年 2 月第 1 次印刷
定价：68.00 元

如发现印装质量问题，影响阅读，请与出版社发行部门联系调换。